CIDADE DE DEUS

a história de **Ailton Batata, o sobrevivente**

Alba Zaluar
Luiz Alberto Pinheiro de Freitas

CIDADE DE DEUS
a história de **Ailton Batata**, o sobrevivente

FGV EDITORA

Copyright © 2017 Alba Zaluar e Luiz Alberto Pinheiro de Freitas

Direitos desta edição reservados à
EDITORA FGV
Rua Jornalista Orlando Dantas, 37
22231-010 | Rio de Janeiro, RJ | Brasil
Tels.: 0800-021-7777 | (21) 3799-4427
Fax: (21) 3799-4430
editora@fgv.br | pedidoseditora@fgv.br
www.fgv.br/editora

Impresso no Brasil | Printed in Brazil

Todos os direitos reservados. A reprodução não autorizada desta publicação, no todo ou em parte, constitui violação do copyright (Lei nº 9.610/98).

Os conceitos emitidos neste livro são de inteira responsabilidade do autor.

1ª edição: 2017

Preparação de originais: João Sette Câmara
Revisão: Fatima Caroni e Perla Serafim da Silva
Projeto gráfico de miolo e diagramação: Mari Taboada
Capa: André de Castro

Ficha catalográfica elaborada pela Biblioteca Mario Henrique Simonsen

> Zaluar, Alba
>   Cidade de Deus: a história de Ailton Batata, o sobrevivente / Alba Zaluar e Luiz Alberto Pinheiro de Freitas. - Rio de Janeiro : Editora FGV, 2017.
>   288 p.
>
>   Inclui bibliografia.
>   ISBN: 978-85-225-1947-7
>
>   1. Bitencourt, Ailton Costa, 1955- . 2. Narcotraficantes – Biografia. 3. Tráfico de drogas – Cidade de Deus (Rio de Janeiro, RJ). I. Freitas, Luiz Alberto. II. Fundação Getulio Vargas. III. Título.
>
>   CDD – 920.936345

Para Achilles Emilio Zaluar, meu pai, que morreu em 1969, não sem antes me ensinar a lealdade aos amigos e a solidariedade aos que sofrem injustiças.

ALBA ZALUAR

Para Adelina Helena Freitas, companheira de uma vida no amor e na psicanálise.

LUIZ ALBERTO DE FREITAS

Dedico este livro aos meus pais Jorge Bitencourt (*in memoriam*) e Benedita MC Bitencourt pela sua dedicação a mim. Desejo merecê-la.

AILTON BITENCOURT

SUMÁRIO

Introdução: Tudo começou com um telefonema,
por Alba Zaluar   9

PARTE I **Crescendo sem consolo**

1. Infância interrompida   31
2. A dura e curta vida de trabalhador sem qualificação   59
3. Da transgressão para o crime: juventude transiente   67
4. O outro sexo: a febre da conquista e seus efeitos, os filhos   87

PARTE II **O negócio e a guerra**

5. O negócio da droga   117
6. Às armas! A guerra com Zé Pequeno   149
7. A polícia na rua e na delegacia   209
8. Uma conversa sobre a vida na prisão   235

Posfácio: Do mundo do crime ao mundo da ciência,
por Luiz Alberto Pinheiro de Freitas   269

INTRODUÇÃO
Tudo começou com um telefonema

ALBA ZALUAR

Estava eu posta em desassossego no ano cristão de 2002, na minha mesa de trabalho na Universidade do Estado do Rio de Janeiro (Uerj), quando o telefone tocou: "A senhora não me conhece, mas conhece a minha família e os meus vizinhos". Eu havia assistido uns dias antes à estreia do filme *Cidade de Deus*, e já estava preocupada com as possíveis consequências da história de uma guerra, sobre a qual eu havia escrito fazia cerca de 20 anos, que apareceu publicamente com imagens fortes, controversas e fora de contexto histórico. Aquele homem ao telefone só podia ser o Ailton Batata, protagonista dessa guerra, a primeira entre traficantes na cidade do Rio de Janeiro. Ele aparecia no filme e no romance, que carregam o mesmo nome, sob a alcunha de Sandro Cenoura. Perguntei ao meu interlocutor para grande surpresa dele:
— Ailton?
— Como você sabe?
— Acabo de ver o filme *Cidade de Deus* — respondi enfim.
Isso já foi um bom começo para a difícil conversa que se seguiria face a face. Ailton perguntou primeiro, educadamente, se poderia vir se encontrar comigo na Uerj. Para ele, conforme depois me contou, a história se dera assim:

> Eu estava tranquilamente na prisão até que um belo dia, vendo televisão, eu vi anunciando a estreia do filme *Cidade de Deus*. Mané Galinha, Zé Pequeno, Bené, Cenoura... eu olhei: "Que porra de Cenoura é essa? Quem

dava tiro no Zé Pequeno era eu!". Aí eu fiquei tonto com aquilo: "O que está acontecendo?". Como eu estava no regime semiaberto e tinha aquelas três saídas, lembrei daquela matéria do *Jornal do Brasil* que eles fizeram comigo na Cidade de Deus. Então pensei: "Esses caras aí sabem do problema, eu vou lá no *Jornal do Brasil*; pelo menos os caras me contam que porra de Cenoura é esse". Aí encontrei o Alexandre Werneck, foi onde ele falou da senhora pra mim: "Eu não tenho certeza, não, mas acho que ela está querendo falar com você". E me deu o telefone daqui. Aí, eu liguei para a senhora, e a senhora me perguntou: "Você está aonde, está na rua, na liberdade?". Eu respondi: "Estou aqui na cidade".[1]

Apareceu na minha sala tenso, acompanhado de uma mulher, perguntando na lata por que a história vivida por ele fora contada num romance e num filme sem que ele tivesse autorizado. Respirei fundo, continuei olhando dentro dos seus olhos e respondi: "Ailton, fiquei muito aborrecida quando vi que não me agradeceram no filme e transformaram meu prefácio ao livro inicialmente numa contracapa, para depois desparecer completamente. Mas agora, vendo você na minha frente, dou graças a Deus!". Ele riu e se descontraiu, o que para mim foi mais uma prova de que o senso de humor é fundamental para relativizar o lugar do "mim" (ego) e ser capaz de assumir o lugar do outro. Então eu lhe disse que tinha toda razão, mas que nada podia fazer a não ser indicar um advogado para defendê-lo.

Anos depois, o advogado particular indicado por mim conseguiu uma pequena indenização da editora, mas nada do diretor do filme e da empresa dele. Melhor foi o resultado dos advogados criminais do Escritório Modelo da Faculdade de Direito da Uerj, que também sugeri ao Ailton,

---

1. Todos os trechos da entrevista registrados ao longo do livro foram retirados das 60 horas de entrevistas feitas durante 2008 e 2009 na cidade do Rio de Janeiro, na sala que eu ocupava no Instituto de Medicina Social (IMS) da Uerj. Era um lugar neutro, em que todos se sentiam protegidos. No mesmo andar ficava o Escritório Modelo da Faculdade de Direito, onde Ailton foi ajudado a conseguir a liberdade condicional que tornou possível escrever este livro.

que conseguiram a liberdade condicional após ter ele permanecido 16 anos preso em regime fechado. Contudo, isso não fora suficiente para aplacar meus próprios dilemas éticos. Ailton virara um senhor idoso sofrendo de pressão alta, como seus pais e vários irmãos, que não tinha onde morar, nem emprego para se sustentar.

Entre outras questões, o filme me pôs a pensar sobre as responsabilidades do pesquisador, que envolviam os direitos civis dos pobres e dos negros, mesmo que outrora traficante, como Ailton Batata. Onde estão os filmes sobre os crimes praticados por jovens das camadas privilegiadas que fuzilam colegas na escola, filhos que assassinam seus próprios pais, ou pais brancos que jogam seus filhos pela janela ou os enterram vivos em acessos de fúria ou de avidez financeira? Como já afirmei em artigos anteriores, esses filmes não são feitos tão expeditamente porque, para realizá-los, uma pequena fortuna teria que ser paga em direitos de imagem, de história, de privacidade e de silêncio aos protagonistas das cenas cruéis de violência. Com o filme *Cidade de Deus*, perdeu-se a oportunidade de criar a jurisprudência para os casos que envolvem "favelados" pobres.

O romance do Paulo Lins, cuja pesquisa orientei e financiei durante anos, virou um sucesso na competente editora Companhia das Letras, foi traduzido para diversas línguas, e atingiu milhares de leitores no mundo. O filme fez ainda mais sucesso internacionalmente por suas imagens fortes da violência no Rio de Janeiro, tema ainda pouco trabalhado no cinema. Só que aquelas armas filmadas em cenas de muita violência, estilo Tarantino, não existiam na época, muito menos foram usadas na guerra entre Zé Pequeno, de um lado, e Ailton Batata, com o seu vizinho e amigo de infância Manoel Galinha, de outro. Só que a guerra teve seu ápice durante o regime militar, entre 1978 e o final de 1979, quando morreu o Manoel Galinha, continuando com algumas escaramuças que duraram até que Ailton Batata fosse preso e o Zé Pequeno morresse em 1983, uma morte inglória, sentado num sofá, resultado de tiro saído da arma de um antigo aliado. Só que o Sandro Cenoura, reconhecido por todos os moradores da Cidade de Deus e por mim mesma como o Ailton Batata, gerou problemas ao seu filho Aramis, que imediatamente passou a ser chamado de Cenourinha em ondas de assédio na escola e no bairro. Meus dilemas éticos só faziam aumentar.

Nunca defendi a tese simplista de que a miséria explica a violência. Sabia bem da complexidade que envolvia a vulnerabilidade dos jovens pobres e as estratégias do crime organizado em torno do tráfico de drogas e de armas para atraí-los e socializá-los no etos da masculinidade violenta, também chamado etos guerreiro.[2] Escrevi várias vezes sobre isso porque estava certa de que só poderíamos entender a formação subjetiva dos jovens atraídos pelo tráfico por meio desse conceito — abandonando os esquemas rígidos e totalizadores do marxismo vulgar que só vê a dimensão do econômico sem considerar o político e o simbólico —, assim como os conceitos de cultura ou subcultura do crime.

Por isso, algumas vezes fui mal-entendida pelos que seguem o credo do interesse pecuniário e do utilitarismo econômico como explicação para tudo. Vivi constrangimentos desagradáveis em debates, com direito a ofensas pessoais, provocados por quem confunde debate de ideias com acusação pessoal, com julgamento célere seguido da pena de linchamento moral. Mas fui eu que, no caso em questão, junto com os advogados que defenderam os direitos do Ailton, me empenhei em contribuir para a ressocialização de um prisioneiro que estava destinado, como quase 70% de todos os apenados, a voltar a delinquir. Menos um.

Igualmente nunca deslizei para a teoria de que a violência era a única resposta possível para os jovens vulneráveis das favelas e que, portanto, seus atos violentos até a crueldade deveriam ser, mais do que compreendidos, desculpados como a revolta dos oprimidos. A questão da violência, que aumentara muito desde o final dos anos 1970 no Rio de

---

2. O conceito é de Norbert Elias (1990), sociólogo judeu alemão que se refugiou na Inglaterra, onde escreveu livros sobre o processo civilizatório e a importância do jogo parlamentar e do esporte para pacificar a sociedade inglesa. Acabei escrevendo o artigo "Etos guerreiro, etos da masculinidade e criminalidade violenta" no livro da Secretaria Nacional de Segurança Pública (Senasp): *Crime, polícia e justiça no Brasil* (Zaluar, 2014).

Janeiro e em outras partes do Brasil, não poderia ser creditada a nenhum reducionismo grosseiro. Por isso, pedi recursos públicos para a segunda pesquisa que realizei na Cidade de Deus nos anos 1980, dessa vez recrutando quatro assistentes de pesquisa, que eram então estudantes universitários moradores da Cidade de Deus, para entrevistar os jovens envolvidos com ou próximos ao tráfico de drogas. Paulo Lins era um deles, e realizou, seguindo o roteiro preparado por mim para essa pesquisa, as entrevistas mais aprofundadas com esses jovens. Discuti com os assistentes de pesquisa o passo a passo das entrevistas feitas, ensinei o que sabia sobre o trabalho de campo e a arte da entrevista, em que o roteiro é apenas uma lembrança das perguntas que não podem faltar, mas que criam a liberdade, para o entrevistador e para o entrevistado, de enunciar o que não estava previsto nele, e revelam a presença de espírito do entrevistador em aprofundar aquilo que vem à baila.

Depois que li as entrevistas feitas pelo Paulo, comecei a estimulá-lo a escrever a etnografia dessa pesquisa, nem que fosse na forma de romance. Consegui uma bolsa de iniciação científica e, depois, de aperfeiçoamento na pesquisa, para que Paulo pudesse se dedicar ao livro. Conversamos muito sobre o romance, mas sempre me recusei a editar ou corrigir o texto que vagarosamente ia sendo escrito por ele. Queria deixar claro para nós dois que ele era o único autor do romance. Já havia escrito com ele e outra assistente de pesquisa um pequeno artigo sobre religião na Cidade de Deus, ao qual renunciei a autoria, deixando-a apenas para os dois. Dessa vez era um livro, e convinha não haver confusão sobre a autoria por conta dos direitos autorais.

Usei, no entanto, o material dessa pesquisa que havia proposto e acompanhado de perto para escrever vários artigos e dois livros, publicados no início dos anos 1990. A cada um, a sua arte ou a sua competência.

Resumindo o que escrevi durante anos com material dessa e de outras pesquisas etnográficas, concluí que se deve partir do fato de que a repressão ao consumo pessoal de drogas e à sua atividade comercial, proibidos por lei, fez surgir vários novos atores interessados em manter a ilegalidade pelas vantagens — fossem elas financeiras, políticas ou psicológicas — que dela obtinham. Logo, as habilidades necessárias ao negócio ilegal, inclusive a facilidade em usar a arma de fogo para resolver conflitos, foram aprendidas por esses atores. Com a introdução da cocaína, droga apreciada também por dar *status* a quem a usava, e que se disseminou no final da década de 1970, quando foi deflagrada a política da "guerra às drogas" nos Estados Unidos, o estilo do tráfico mudou. As rotas que seguiam da Colômbia para lá ficaram mais vigiadas e novos circuitos introduziram o Brasil no caminho da coca para a Europa, a África e até a Ásia. Com a droga cara, mais dispendiosa do que o ouro, vieram as armas de fogo semi ou inteiramente automáticas, capazes de dar dezenas de tiros por minuto para defender o comércio da mercadoria ilegal. A porosidade da nossa fronteira e o despreparo do Estado em conter a entrada das drogas e das armas, assim como os lucros com o tráfico, vieram a atrair os jovens, justamente os que mais gostam do risco e da adrenalina. A ilusão do "dinheiro fácil" no comércio ilegal começou a aliciar aqueles sem escolaridade suficiente para ter um bom emprego ou já fora da escola, porém dentro do contexto social em que traficantes ganhavam muito dinheiro, poder e prestígio, oferecendo os novos modelos de homens bem-sucedidos (Zaluar, 1994).

Porém, os jovens no comércio do varejo das drogas, especialmente os da boca de fumo em favela, sempre foram muito mais visíveis e reprimidos do que outros personagens. Os traficantes do atacado, os receptadores de bens roubados, os traficantes internacionais, os contrabandistas de armas, policiais corruptos, seguranças privados ou milícias eram pouco investigados. Alguns enriqueceram e permaneceram no mais das vezes impunes. Polícias civis e militares faziam incursões armadas em favelas e bairros pobres para reprimir varejistas, enquanto seus colegas policiais corruptos levavam as armas para os traficantes favelados, permanecendo sempre pouco investigados. Adolescentes pobres eram trancafiados em instituições que se tornaram célebres por seus métodos altamente discricionários e excessivos. Jovens pobres, de todas as cores de pele, presos como traficantes, criaram a superpopulação carcerária, o funcionamento reprodutor de mais transgressões à lei, porque injusto e ineficiente, do sistema jurídico no país, justamente o oposto do que se pretendia com a repressão. O círculo vicioso estava posto: a repressão seletiva aumentava a revolta e a opção dos jovens pobres pelo comportamento desviante, o que está claro na história de vida do Ailton.

Assim, o negócio montado na ilegalidade cresceu a partir do poder do Estado ao proibir o comércio, porte e uso de algumas substâncias. Estas, tornadas ilegais, passaram a oferecer lucros imediatos aos que se aventuravam a entrar no negócio. Entretanto, para conduzi-lo com um mínimo de previsibilidade e segurança, os traficantes precisaram se armar de modo a proteger suas bocas de fumo desde o final dos anos 1970, como conta Ailton na sua narrativa. Vender ou emprestar armas de fogo veio a ser outro negócio muito lucrativo, mas pouco investigado, que só fez aumentar o acesso que os moços arrojados tinham às pistolas, aos revólveres e às metralhadoras, inclusive às armas que são exclusivas das Forças Armadas (Zaluar, 2004).

O artifício de destacar e tratar como cultura distinta os códigos e práticas sociais dos que optam por ações criminalizáveis e embarcam em carreira criminosa, transgredindo códigos mais amplos, revelou-se meramente cirúrgico. São muitos os pontos comuns em sistemas exteriores aos locais onde os jovens vivem: adquirir poder pelas armas, reconhecimento entre pares ou "consideração", pertencimento a um grupo montado no segredo e na lealdade absolutos, e ganhar dinheiro fácil. Se, tal como constatado em várias pesquisas, a delinquência juvenil é circunstancial, intermitente, passageira e espalhada em todas as classes sociais, como considerá-la a "cultura" de um segmento apenas — os traficantes — nas áreas em que vivem os trabalhadores pobres, sejam eles biscateiros, trabalhadores com carteira assinada, trabalhadores com emprego temporário? Os traficantes têm familiares, vizinhos, colegas de escola e frequentam diferentes grupos religiosos que fazem parte do contexto sociocultural local. No mínimo, trata-se de *habitus* ou etos, de genealogia ainda curta, atrelado a uma proibição imposta por nações poderosas, que transformou em crime algo aceito por muitos.

Foi a proibição o que gerou o etos guerreiro, em que foi acompanhada pela repressão violenta da perspectiva de guerra às drogas e de caça a traficantes, de modo a construir um "mundo livre de drogas". Em textos anteriores (Zaluar, 2012; 2014), de diferentes formas, escrevi que não seria possível ignorar que, no que se refere à identificação como criminoso, por exemplo, a referência permanente é ao código penal estatal e à avaliação moral das pessoas com as quais convive na vizinhança, na escola, em diversas associações e espaços públicos. Os egos se constroem a partir do contexto das numerosas relações sociais em que cada um se envolve, e é nesse contexto que se individualiza. A sujeição criminal (estigma) é inevitável, embora variável: o criminoso terá alguma consciência de que seus atos são objeto de avaliação moral das pessoas comuns e do julgamento penal estatal, mesmo que se apresente como "revoltado", dependendo do seu gênero e da sua idade. Impossível tratar essa identidade isolada do contexto mais amplo. Mesmo que sociedades nacionais não tenham um centro constituído de valores e crenças que afetam todas as pessoas que habitam o território nacional, seja para agir em conformidade, seja para transgredir porque são fragmentadas, ainda assim haveria consensos diversos mais amplos para as ações violadoras de direitos alheios.

Bourdieu e Elias ofereceram o modelo teórico para pensar as questões relativas à honra masculina envolvidas nas guerras entre as quadrilhas pensadas como *habitus* ou etos. Mas a matriz prática como sistema de disposições que levariam os homens a fazer escolhas estratégicas na busca pelo máximo de capital simbólico possível, quando diante de desafios e respostas a estes, pertence ao mundo da vida dos grupos estudados. No caso dos grupos de traficantes nas favelas, havia dissenso claro e profundo quanto ao que era moral no homem — se o trabalho, se o dinheiro fácil conseguido no crime —, e quanto à coragem envolvida nos desafios entre parceiros desiguais, em que uns tinham arma de fogo e outros não. O revólver, símbolo fálico e instrumento da violência, apesar de sua associação com a virilidade, especialmente para os jovens, era visto pelos trabalhadores maduros e desarmados como o sinal negativo da covardia e da marca da pessoa "teleguiada", "sugestionada", portanto, sem autonomia de vontade. Aqui, o desafio ou o golpe, fundamentais na estratégia da afirmação da virilidade, não eram valorizados pelos trabalhadores fora do mundo do crime. Em vez de sistema de disposições, dilema de disposições: para matar ou para trabalhar. Os próprios traficantes que têm uma atividade permanente e diária se diferenciam dos "vagabundos" que nada fazem e roubam ocasionalmente. Isto é mais uma prova de que as moralidades se interpenetram, como as culturas, as linguagens e os discursos. É preciso, pois, trabalhar na intertextualidade, na interculturalidade, na intermoralidade. Não pode ser tratado como uma cultura tribal ou uma forma de vida.

A importância de considerar os significados múltiplos sobre o crime advém do fato de que, se há uma condenação moral entre os trabalhadores pobres de algumas atividades criminosas, embora não de todas, nem na mesma intensidade, o controle social informal sobre tais atividades estaria presente nas relações sociais que estabelecem intragerações e intergerações. A dicotomia mundo do trabalho/mundo do crime, ambígua e complexa, continua operante, pois a socialização se dá tanto entre pessoas de diferentes gerações quanto entre as de mesma idade. Crianças e jovens são socializados na família, na escola, em grupos religiosos, esportivos e culturais, mas, se recebem pouca atenção e cuidado dessas agências de socialização, aprendem principalmente as práticas sociais violentas predominantes na rua. Nesse caso, seria mais apropriado falar de uma socialização violenta do que de uma sociabilidade violenta, pois a confiança, a lealdade, a reciprocidade, base da sociabilidade, estão presentes frouxamente na interação entre os jovens dos grupos de tráfico por conta das exigências sistêmicas que colonizam sua vida social.

Como acompanhei de perto as transformações no tráfico segundo as técnicas da história oral desde 1980, posso afirmar que as facções criminosas formadas na prisão passaram a dominar o tráfico de drogas a partir de meados dessa década, anos depois que começara a atividade econômica ilícita de Ailton, quando ele já estava preso sem ter nunca pertencido a nenhuma facção. Contudo, mesmo entre os traficantes que se reuniram sob as ordens dos comandos dirigidos desde a prisão, o *habitus* que desenvolveram para suas atividades cotidianas, com a capacidade de comunicação, cooperação e confiança necessárias para qualquer atividade coletiva, dificilmente poderia ser considerado entidade separada das atividades cotidianas dos seus vizinhos, da cidade e do país. Também por ter continuado as pesquisas até incluir os ex-traficantes, posso afirmar que seu caráter intermitente e provisório advém da idade dos participantes, muitos dos quais deixam o mundo do crime quando amadurecem, encontram um novo amor, mudam de religião,[3] ou apenas resolvem que já não curtem tanto a adrenalina, o desrespeito à lei e os perigos constantes da vida no crime, como Ailton.

O estilo de tráfico violento, porém, não floresce em qualquer área da cidade, nem em qualquer cidade, nem em qualquer país. Nas áreas em que prospera, as relações intergeracionais socializam crianças e jovens, mas por vezes falham na contenção da impulsividade, do engajamento em práticas arriscadas ou não convencionais, da agressividade, da importância que o grupo de pares assume na construção da identidade, que aparecem justamente nessa fase da vida humana, a adolescência. Essa constatação deu lugar às teorias que exploram a "eficácia coletiva" na abordagem ecológica do crime (Zaluar, 2010). Novas descobertas da neurociência mostram, no entanto, que a juventude é também o período da maior flexibilidade e capacidade de aprendizado do cérebro humano, assim como da vontade de mudar o *status quo*. A violência explode quando apenas a raiva, o ressentimento e a falta de perspectivas movem os jovens na luta não para mudar a sociedade, mas contra a sociedade, contra o Estado, contra a lei. A vida de Ailton e de seus familiares, em constantes deslocamentos pela cidade e sem amparo das instituições, afrouxou as relações que poderiam ter contido a raiva.

---

3. Foram essas as conclusões da pesquisa feita no Núcleo de Pesquisa das Violências (Nupevi) com ex-traficantes, da qual participaram Luiz Fernando Almeida Pereira e eu mesma. Luiz Fernando defendeu a sua tese de doutorado (Pereira, 2008) no Instituto de Medicina Social da Uerj, com o título *Meninos e lobos: trajetórias de saída no tráfico na cidade do Rio de Janeiro*.

A comparação entre a taxa de homicídio entre homens jovens por continente, feita pelo Escritório das Nações Unidas para Drogas e Crimes (UNODC), mostra que na América do Norte, na América Latina e na região do Caribe a taxa entre jovens (15-24 anos) é três vezes maior do que entre os adultos; na África é o dobro; mas, na Europa, na Ásia e na Oceania, é similar. Em todos esses continentes e países existe tráfico de drogas. É preciso, pois, compreender que processos individuais, culturais, sociais, políticos e econômicos conformam o contexto em que a personalidade, o gênero, a sexualidade e a moralidade do indivíduo se desenvolvem na direção do uso da violência como forma de resolver conflitos. A história de Ailton pode nos ajudar nisso.

A política da guerra às drogas, iniciada no final dos anos 1970, coincidindo com o aumento da violência em quase todo o continente americano, criou mais uma vez o cenário da proibição de uma mercadoria desejada por muitas pessoas. Apesar dessa proibição e das políticas repressivas ao uso e ao comércio das drogas consideradas ilegais, formas de violência altamente letal irromperam em quase todos os países da América Latina, formando novas configurações político-econômicas, estas vinculadas por sua vez ao crescimento das máfias e das redes do crime-negócio. Entre as drogas ilegais que se transformaram por causa da proibição em um mercado muito lucrativo, a cocaína, produzida e distribuída neste continente, criou um estilo de tráfico violento, seja por conta da maior repressão financiada pelos Estados Unidos, seja pelo desapreço à lei e ao Estado democrático de direito que marcou a história colonial e também a recente da América Latina.

O colombiano Francisco Thoumi (2003) sustenta que destrezas ilegais são imperativas para desenvolver as organizações do negócio ilegal, assim como o apoio necessário para proteger o negócio das investidas de controle legal e da repressão policial, ao mesmo tempo em que se faz mister contratar forças repressoras para cumprir as decisões e resolver os conflitos dentro das organizações criminosas. Seus atores têm de ter a determinação de violar as leis e regulações econômicas até usar os meios violentos, se necessário. Como esses meios são muito mais utilizados nos países da América Latina, ele conclui que, mais do que a pobreza, é a aversão ao Estado democrático de direito que combina o tráfico de drogas com a violência.

O tráfico da cocaína facilmente se instalou nesses países porque a ilegalidade foi facilmente aprendida, contornada e explorada pelos empreendedores desse lucrativo negócio no continente. Pois ganhar "dinheiro fácil" não é apenas um lance do tráfico, mas também dos jogos do mercado financeiro internacional, muito usado para a lavagem de dinheiro sujo ou ilegal. O poder adquirido pela violência como instrumento para a conquista de territórios, mesmo dentro de cidades, emanou do poder corruptor e da avidez pelo dinheiro decorrentes desse mercado lucrativo. Em muitas outras cidades da América Central e do Sul, a atividade econômica ilegal afetou profundamente a vida política e social em vastos territórios rurais e urbanos dentro de seus países. No setor, relações de trabalho também foram impostas de forma selvagem: os colaboradores dos "donos de boca" ou "donos de morro" não têm direitos, a não ser aqueles decorrentes da liberalidade dos chefes e das relações baseadas em reciprocidade ambígua e ambivalente, ao sabor das paixões e impressões dos atores. Arriscam suas vidas diariamente, morrendo aos milhares no continente, caso despertem a desconfiança de policiais abusivos ou não sigam as regras da lealdade aos donos de boca ou de favelas. O risco quotidiano das vidas daqueles envolvidos no varejo deste comércio ilegal mantém lucrativas as organizações empresariais criadas no transnacional empreendimento econômico do tráfico de drogas.

Vários estudos assinalaram as profundas associações entre o crime profissionalizado ou organizado, a política clientelista local e o capitalismo selvagem, as vinculações entre os negócios ilegais e os legais, as passagens entre o desvio e o mundo convencional, os quais se interpenetrariam. No plano internacional e do comércio no atacado, o controle cada vez maior das redes de comunicação e dos fluxos financeiros, montado pelas máfias, asseguraria a limpeza dos lucros assim obtidos e, portanto, a continuidade das operações sigilosas e a tendência à monopolização e à concentração de renda nos postos-chave da distribuição. Os personagens dessas redes comerciais que mais lucravam, segundo estudos feitos em outros países e resenhados nos relatórios do Programa das Nações Unidas para o Controle Internacional de Drogas (UNDCP) desde 1997, eram os grandes intermediários, especialmente os traficantes do atacado e os lavadores de dinheiro, ou seja, os que transformam o dinheiro "sujo", ganho em negócios ilegais, em dinheiro "limpo" de negócios legais variados. Mas sempre houve a convergência e a promiscuidade entre atividades econômicas legais e ilegais, entre agentes do Estado e das organizações criminosas.[4]

Como se mantém a ordem interna ou a submissão voluntária à estrutura de poder que se desenvolve na clandestinidade? Tais organizações baseadas em violências também se sustentam internamente na reciprocidade entre seus membros, na solidariedade e na lealdade sempre exigidas aos que entram nelas, em que não faltam dons (nos dois sentidos da palavra). Quanto mais organizada, tanto mais a facção criminosa é capaz de controlar o confronto letal entre seus membros, sempre disputando postos de venda e de poder. São numerosos os depoimentos de jovens envolvidos no tráfico ou de ex-traficantes que narram as dificuldades de conservar amigos neste mundo, sobretudo na fase inicial, em que as facções ainda não dominavam territórios e todas as etapas e redes do tráfico de drogas. Os laços são frágeis, a confiança é mantida sob a ameaça de sanções fatais, e a lealdade sofre viradas repentinas e completas. No Rio de Janeiro, tais confrontos acontecem desde o final dos anos 1970, tornando-se mais e mais frequentes nas décadas seguintes.

Entrevistando longamente ex-traficantes, recolhi depoimentos que mencionavam os obstáculos à solidariedade, à lealdade, à amizade, à dádiva, enfim, que são perseguidos sem muito êxito no pano de fundo

---

4. Todas essas conclusões estão no relatório da pesquisa internacional da qual participei, custeada pelo programa de Gestão das Transformações Sociais (MOST) da Unesco, então coordenado por Carlos Milani, e feita sob a direção científica de Christian Geffray, Guilhem Fabre e Michel Schiray (2002).

da fatal descrença. Empréstimos de arma e de cocaína têm de ser restituídos ou pagos prontamente segundo seu valor de mercado. E com os policiais, a troca é de tiro e de arrego, sem ser exatamente alternativa, pois andam juntas. A pena é capital para os que não obedecem.

Ailton esclarece como a suspeita está sempre atrás da confiança precária e do pagamento pela ajuda recebida quando homens disputam poder e dinheiro. Ainda predomina o interesse individual, que tem muitas dimensões. Nem o *fiel*, que acompanha sempre o dono da boca mais de perto em todas as horas do dia, escapa desse cruel mecanismo. Nos primórdios do tráfico da cocaína no Rio de Janeiro, é o próprio Ailton quem nos conta:

> Endolava a droga; cada dia era em um lugar. Pessoas cediam a casa, eu levava um dinheiro para liberar a casa para a gente trabalhar. Aí, a vizinhança via; da outra vez, a gente já não ia naquela porque correria o risco de ser caguetado pelo telefonema anônimo. [...]
>
> Eu só vivia ali assim, desconfiado. Tanto é que o Zé Pequeno não teve a sorte que ele queria por causa disso. Às vezes o Zé Pequeno chegava perto de mim e falava assim com 10, 12 pessoas: "Aí, estou com uns amigos de fora aí, vem cá pra mim te apresentar os amigos ali". Eu o via de longe, já ficava com os dois revólveres debaixo do braço, os caras se esticando para apertar a minha mão: "Legal, não precisa apertar a minha mão não". Ele: "Pô, você não vai apertar a mão dos meus amigos não?". Eu: "Eu não, rapaz, você está matando seus amigos". Ele: "Amigo é nós, vai deixar os amigos com a mão no alto aí". Eu: "Vai, não precisa apertar a mão não, tá maneiro assim". Então, se eu não fizesse isso assim com ele, eu não estaria aqui conversando com vocês hoje. E foi várias vezes que aconteceu isso, eu o via de longe e já metia a mão no revólver. O que acontecia? Ele trancava os dentes de nervoso comigo, aquela vontade de fazer, mas ele vai fazer e eu também... Vai morrer nós dois... Então, o Zé Pequeno não se deu bem por causa disso. Ele matava os amigos, conversando assim com os amigos, comendo, bebendo e daqui a pouco "bum", dava um tiro na cara... Aí tomava tudo que o cara tinha.

Isso explica por que a primeira guerra do tráfico no Rio de Janeiro, conflito muito localizado e letal, aconteceu justamente na Cidade de Deus entre 1977 e 1982, tendo como protagonistas Ailton Batata, seu amigo Manoel Galinha e Zé Pequeno. Tentou-se, após as notícias sobre ela, marcar a cidade do Rio de Janeiro como a cidade mais violenta do país, o que ela nunca foi. O romance e o filme sobre a Cidade de Deus ajudaram, infelizmente, a construir essa imagem que fortaleceu estereótipos sobre o conjunto habitacional e seus moradores, estendendo-se à cidade como um todo e aos cariocas. Mas, depois dessa primeira guerra tão amplamente noticiada, centenas de milhares de jovens pobres morreram e morrem na guerra entre facções ou entre traficantes e policiais até hoje, por todo o Brasil.

Por isso o processo de redemocratização, iniciado em 1978, foi acompanhado pelo aumento espetacular da criminalidade, em especial do homicídio entre homens jovens. Criou-se o paradoxo sobre o qual os estudiosos até hoje se debruçam: mais democracia acompanhada de mais crimes violentos. Os brasileiros, que pensavam a sua nação como construída nos ideais da cordialidade e da conciliação, com práticas de tolerância racial, étnica e religiosa, acompanharam com espanto o aumento dos mecanismos da vingança pessoal e dos impulsos agressivos incontroláveis. A autoimagem teve forçosamente de ser mudada, com grandes prejuízos à frágil união nacional, à governabilidade, à democracia da vida cotidiana, à convivência urbana que não existe sem a sociabilidade e a civilidade.

Institucionalmente, os problemas revelaram-se ainda mais graves. Na redemocratização, nem o perdão aos que violaram os direitos dos cidadãos, nem a pacificação entre os campos opostos foram discutidos publicamente ao término do regime militar. O silêncio sobre os crimes cometidos por pessoas em diversos escalões dos governos militares e a consequente continuidade na política de segurança agravaram ainda mais os efeitos da nova criminalidade violenta montada em lucrativos negócios. A estrutura da Polícia Militar permaneceu sem a devida contenção nos excessos do uso da força, inclusive no controle das armas guardadas nos paióis das Forças Armadas e da Polícia Militar. A redemocratização permaneceu inacabada; a cidadania ficou incompleta, mutilada, restrita. A circulação fácil das armas e o crescimento de grupos privados armados (quadrilhas, facções criminosas, grupos de extermínio, milícias) logo passaram a fragilizar ainda mais a governança e um dos princípios básicos do Estado. O monopólio legítimo da violência, que nunca existira em sua integridade no país, teve a sua quimera ainda mais evidente com tantos grupos armados praticando a "justiça" pelas suas próprias mãos, fazendo guerras barulhentas e mortíferas com seus inimigos. As ameaças à governabilidade, em que a institucionalidade é fraca e inconsistente, alimentadas pela corrupção institucional, pela irreverência à lei, pela ineficácia e pela discriminação no sistema de Justiça, pela ineficiência das políticas de prevenção e tratamento, fizeram a violência urbana aumentar a um ritmo calamitoso. Por sua vez, o crescimento dos crimes violentos, praticados usualmente com arma de fogo, passou a onerar os custos do sistema de saúde e escolar, até mesmo pelas dificuldades do ir e vir dos funcionários e das pessoas assistidas, ou seja, as camadas mais pobres da população, dificuldades provocadas pelo domínio não estatal de territórios dentro das cidades brasileiras.

Ailton também deixa claro um aspecto hoje bastante discutido entre os estudiosos da segurança pública. Trata-se da confiança nas instituições públicas e da legitimidade nas instituições democráticas por conta da impunidade de algumas personagens e do uso abusivo da força contra outras, quase sempre as mais pobres e vulneráveis. A falta dessa confiança nas instituições teria efeito desastroso no cometimento de crimes, mais comuns onde ela existe. Infelizmente, a confiança ainda não é o que impera nas relações entre policiais e acusados ou meros suspeitos de crime. Ailton repetidas vezes nos disse que:

> Eu acho que merece respeito o polícia que me investigou durante meses, chegou até a minha pessoa, me deu voz de prisão, me algemou, me tratou com respeito — ele está fazendo o trabalho dele, está na profissão dele. Foi

lá, me prendeu, não me deu tapa na cara, não me humilhou, ele fez a parte dele. Eu errei, fui punido e conduzido preso. Então, é claro que ele merece respeito. Ele não chegou lá na casa do cara dando tiro em qualquer pessoa, até porque, às vezes, está um parente dentro de casa.

Então, depois de escrever durante anos sobre essas questões, compreendendo o que acontecia, mas impotente para promover a mudança necessária na legislação, na política relativa às drogas, na segurança pública, resolvi intervir no caso do Ailton. Diante da possibilidade de agir para mudar a vida de alguém que fazia parte das minhas pesquisas, aderi às assistentes sociais que trabalham em pastorais, ONGs e projetos de governo (como o projeto Agentes da Liberdade, para ex-presidiários, da Secretaria Municipal de Trabalho da prefeitura), no esforço de fazê-lo apostar em outras relações, baseadas na confiança, na solidariedade, no senso de justiça e no respeito ao direito alheio.

Consegui para ele uma oportunidade de trabalho nos Agentes da Liberdade. Ailton saiu-se tão bem na busca e apoio aos seus colegas de cadeias, presídios e penitenciárias que foi depois convidado a trabalhar na Secretaria de Serviço Social, onde está até hoje. Isso me encheu de satisfação, como tive nos nove anos em que apoiei Paulo Lins na pesquisa. Abri uma porta. Ailton, com sua inteligência e competência, fez o resto. Como Paulo Lins, com o seu romance que alcançou o mundo.

O salário era pequeno e o aluguel era caro. Ailton Batata não recebeu da editora o suficiente para comprar nem mesmo um pequeno imóvel em favela ou conjunto habitacional da Área de Planejamento (AP) 5 ou AP4, por onde tanto aprontou quando jovem. Envelhecera cumprindo pena, "pagando o que devi", como ele mesmo diz, e tinha pressão alta. Sobretudo queria ser reconhecido como o protagonista daquela guerra falada, escrita e filmada que todos comentavam sem dizer o nome verdadeiro do protagonista — Ailton Bitencourt — ou a sua alcunha, Ailton Batata.

Depois de fazer mais uma pesquisa com alguns dos ex-traficantes que Ailton atendera no projeto Agentes da Liberdade (e em outros fora dele), da qual resultou mais uma tese de doutorado do meu orientando na Uerj, resolvi realizar o que imaginava ser difícil, mas não impossível. Queria cumprir o que vislumbrava como a única maneira de compensar Ailton pelos danos causados com a pesquisa na qual foram baseados, embora acompanhados de ficção, o romance do hoje famoso escritor Paulo Lins e o filme do hoje famoso diretor de cinema. Queria escrever um livro para contar a história do Ailton tal como ouvida de sua própria boca em longas entrevistas. Foram 30 entrevistas gravadas, com duas horas de gravação, e uma em vídeo que se perdeu num computador morto após um ataque de vírus. As entrevistas foram todas feitas com a participação do psicanalista Luiz Alberto Pinheiro de Freitas, que eu convidei, e com quem acabei escrevendo este livro a quatro mãos, acrescentadas à autoria do narrador Ailton.

O que Ailton mais queria com as entrevistas que concedeu era contar a sua versão do que considera a verdadeira história da guerra entre ele e Zé Pequeno, a primeira guerra do tráfico amplamente noticiada na imprensa carioca, que virou parte importante de um romance e trama de um filme que fazem sucesso até hoje. Ele vem a ser o único sobrevivente entre os protagonistas. Seria a oportunidade de dar resposta ao livro e ao filme, que contaram a sua história sem consultá-lo, sem a sua permissão. Por isso, esmerou-se nas minúcias, rememorando nomes, fatos, sentimentos, situações, cálculos, surpresas, previsões, erros, brutalidades, covardias, rolos, voltas.

O capítulo sobre a guerra foi apenas editado por mim em textos retirados de duas ou três fitas num relato que saiu do Ailton quase que sem interrupção. E é mesmo de perder o fôlego. É a versão dele, personagem principal, do que está contado no filme e no livro pelos relatos de terceiros que não participaram diretamente da trama. O capítulo sobre a prisão foi editado por Luiz Alberto Pinheiro de Freitas como forma de diálogo entre nós, fazendo-nos rir e chorar ao mesmo tempo. A tragédia e o horror das prisões no Brasil estão contados pelo bom humor do personagem e narrador principal deste livro. Os demais vão recheados de comentários e interpretações dos dois coautores.

Eu queria intitular o livro Um traficante negro, como citação e homenagem ao magnífico samba de João Bosco sobre o navegante negro João Cândido. Ailton não gostou. Disse-me que não era traficante; esteve traficante. E que, apesar de negro, o que sofrera não decorria da cor da sua pele, mas do que fazia e do lugar onde morava. E mais, disse, o que se pode comprovar: "Meus amigos e meus inimigos no tráfico eram das mais diversas cores. O que nós sofremos não tinha a ver com a pele negra".

Com a palavra, durante meses, Ailton recontou a sua história, reconstruiu sua autoimagem, refez sua imagem pública, reatou relações pessoais, aproximou-se cada vez mais da sua família e recriou laços de confiança, fora dos esquemas opressivos da vida no crime, das relações conturbadas com a polícia que o investigou, caçou, bateu e torturou; distante das relações ambivalentes com os agentes penitenciários e com os prisioneiros com quem conviveu nas suas várias passagens pela tranca, pela prisão. Narrar sua história de vida e suas peripécias por esses mundos distintos já lhe deu um novo lugar social, de onde pode ver e ser visto sem os constrangimentos, sem os sofrimentos, sem a raiva acumulada de outrora. Tornou-se outra pessoa que, mesmo tendo a capacidade de rir de si mesmo por conta da cegueira, do ódio e do orgulho que impeliram suas ações violentas, mesmo reconhecendo os erros do passado, reconquistou a capacidade de trabalhar, de planejar o futuro e de esperar que dias melhores viriam.

Que este livro ajude-o a melhorar os seus dias a seguir. Que este livro ajude a melhorar as políticas de segurança pública no país.

Referências bibliográficas

ELIAS, Norbert. *O processo civilizador*. Rio de Janeiro: Zahar, 1990. Tradução do original alemão *Überden Prozzess der Zivilisation*. Basel, 1939.

GEFFRAY, Christian; FA.B.RE, Guilhem; SCHIRAY, Michel (dir.). *Globalization, drugs and criminalisation*. Paris; Viena: Unesco; UNODCCP, 2002.

PEREIRA, Luiz Fernando Almeida. *Meninos e lobos*: trajetórias de saída no tráfico na Cidade do Rio de Janeiro. 2008. Tese (Doutorado em Saúde Coletiva) — Instituto de Medicina Social, Universidade Estadual do Rio de Janeiro. Rio de Janeiro, 2008.

THOUMI, Francisco. *Illegal drugs, economy and society in the Andes*. Baltimore; Londres: Johns Hopkins University Press, 2003.

ZALUAR, Alba. *Condomínio do diabo*. Rio de Janeiro: Ed. UFRJ/ Revan, 1994.

_____. *Integração perversa*. Rio de Janeiro: Ed. FGV, 2004.

_____. A abordagem ecológica e os paradoxos da cidade. *Revista de Antropologia* (USP), v. 53, p. 611-644, 2010.

_____. Juventude violenta: processos, retrocessos e novos percursos. *Dados*, v. 55, p. 327-365, 2012.

_____. Etos guerreiro, etos da masculinidade e criminalidade violenta. In: LIMA, Renato Sérgio de; RATTON, José Luiz; A.Z.EVEDO, Rodrigo Ghiringhelli de. *Crime, polícia e justiça no Brasil*. São Paulo: Contexto, 2014. V. 1.

PARTE I

Crescendo sem consolo

1
Infância interrompida

Ailton Bitencourt, que recebeu a alcunha de Batata, nasceu no município de São João de Meriti, em 1955. Foi o segundo filho de dona Benedita Monteiro e seu Jorge Bitencourt. O primeiro filho foi Antônio. Seguiram-se mais três filhos que nasceram no morro do Urubu,[5] onde a família morou unida por alguns anos: Elizete, Elizabete e José. Eliana e Sérgio nasceram depois. Na Cidade de Deus,[6] onde a família se reuniu de novo após uma dramática dissolução do lar durante um ano, veio mais uma: Elisângela, a única nascida na Cidade de Deus. Desses oito, só sete cresceram juntos. Quando da diáspora da família nos anos iniciais do regime militar, Elizete foi morar com a madrinha e não mais voltou.

---

5. Morro do Urubu é uma pequena favela localizada nos subúrbios cariocas, entre os bairros de Pilares e Tomás Coelho, fazendo parte hoje de um complexo de favelas localizadas nos bairros de Pilares, Tomás Coelho, Piedade, Cavalcante e Abolição.
6. Cidade de Deus é um conjunto habitacional construído nos anos 1960 na Zona Oeste, perto da Barra da Tijuca, para onde foram removidos os moradores de 23 favelas de diversos pontos da cidade, especialmente as localizadas na Zona Sul. Em regime de urgência, construíram também casas para abrigar os flagelados das enchentes de 1966, que provocaram deslizamentos em muitas favelas do Rio de Janeiro em cinco dias de temporal, deixando cerca de 200 mortos e 50 mil desabrigados. Até hoje, as casas precárias, que não tinham banheiro, estão lá, servindo de moradia. Hoje é uma região administrativa com uma população em torno de 40 mil habitantes com indicadores sociais entre os piores do Rio de Janeiro, embora situada na valorizada área da Barra da Tijuca e da Freguesia. Seu índice de desenvolvimento humano (IDH), no ano 2000, era de 0,751, o 113º colocado entre as 126 regiões analisadas na cidade do Rio de Janeiro.

Dona Benedita, preta, nordestina, quase sem escola, era uma daquelas mães que tinham que dar conta de lavar, passar e cozinhar e, nos muitos limites da pobreza, conseguia, de certa forma, fazer com que seus filhos tivessem alguma atenção amorosa. Seguia o perfil da mãe pobre, ganhando um pouco de dinheiro lavando ou cozinhando fora, fazendo tudo dentro da casa, ralhando com seus filhos para "dar moral" — importante função materna na classe de trabalhadores pobres. Em resumo: cuidando de tudo e de todos, sem parar. Comumente, tornavam-se mães mais servidoras do que amorosas. Servir é cuidar, fundamento do amor, mas nem sempre dá tempo de consolar o filho da dor nem de prestar atenção no que ele faz na rua.

Seu Bitencourt, branco, fluminense, com maior escolaridade, como todos os que têm família grande e renda familiar insuficiente para tantas bocas, corpos e pés para alimentar, vestir e calçar, teve várias profissões em múltiplos empregos ou "serviços", um nome que dão para a ocupação sem garantias trabalhistas. Foi caminhoneiro, depois passou a trabalhar em uma fábrica de vidros em Pilares. Mais tarde, após a enchente que levou a família para o Jacarezinho,[7] foi dono de uma birosca no Urubu. Era, na visão dos filhos, um pai brincalhão e, quando chegava do trabalho, gostava de pedir uma "água geladinha" da geladeira de madeira refrigerada à base de pedras de gelo.

> A gente levava a água e ia sentar no colo dele. Mas ele gostava de sacanear a gente queimando a nossa mão com o cigarro. "Olha a mágica que eu vou fazer..., eu vou botar fumaça pelos olhos!" Dava um trago no cigarro..., todo mundo olhando pros olhos dele, esperando a fumaça sair. Então, ele queimava a mão da gente. Volta e meia fazia isso, de sacanagem com a gente, pra sacanear mesmo...

---

7. Jacarezinho é um bairro do Rio de Janeiro. Também é uma das maiores favelas da cidade. Localiza-se na Zona Norte, junto à via férrea. Era um bairro com altos índices de violência, principalmente relacionados ao consumo e ao tráfico de drogas. Seu IDH, no ano 2000, era de 0,731, o 121º colocado entre as 126 regiões analisadas na cidade do Rio de Janeiro.

Ailton explicou que ele apenas chegava a brasa perto da pele, para que a criança sentisse o calor forte e se assustasse. Era uma brincadeira que revela a memória diferente que Ailton tem do seu pai, uma figura imponente, assustadora, a inspirar temor mais do que cuidado. Um pouco pai patrão, que mandava os filhos fazerem pequenos serviços para ele, um pouco autoridade que mete medo, como tantas outras que aqueles que ocupam posições subalternas na sociedade conhecem tão bem. Nada a estranhar, tudo muito natural — um pai brincalhão e amedrontador.

A primeira infância no Urubu

Do tempo em São João de Meriti,[8] Ailton de quase nada se lembra. A vida inscrita na memória, ao que parece, começa no morro do Urubu em uma casa que não tinha água encanada e à noite se conseguia, por meio de um "gato", ter luz elétrica. Naquela época, era um lugar tranquilo, embora sujeito a desmoronamentos, como muitos morros cariocas. Ele rememora a casa com um cômodo grande, um quintal coberto e cimentado, cozinha e banheiro. Este último era precário, e os dejetos eram lançados em um valão, esgoto a céu aberto, usual nas favelas de então. A única geladeira era uma feita de madeira que era utilizada apenas quando se comprava gelo em barras — a água gelada era um luxo, e a conservação de alimentos, inexistente.

A maior e mais feliz parte de sua memória infantil está ali, na casa no morro do Urubu, em Pilares, onde soltava pipa —"minha vida era soltar pipa" —, ia à missa e se juntava aos moleques para algumas inocentes, e outras nem tanto, travessuras. As histórias infantis foram sendo arrancadas aos poucos, embora às vezes os olhos brilhassem, quando se lembrava de alguém, ou abrisse um sorriso quando falava

---

8. São João de Meriti é um município do estado do Rio de Janeiro. Localiza-se na Baixada Fluminense, na Região Metropolitana do Rio de Janeiro.

de alguma travessura em que os mais velhos e mais poderosos eram enganados pelos moleques como ele. Como frequentemente acontecia então nos subúrbios cariocas, os vizinhos eram todos amigos, não havia gangues nem galeras, muito menos quadrilhas. Nessa época, Ailton gostava de levar o almoço para o pai, que trabalhava na fábrica Vetro Forma de Pilares,[9] porque dessa tarefa tirava algum proveito — podia pegar vidro moído dos sacos de pó de vidro que eram colocados à porta do prédio para evitar a entrada da água das chuvas. O vidro moído era indispensável para o cerol que utilizava na linha das pipas que se agitavam em eternas disputas coloridas nos céus dos morros cariocas. Sem mortes, somente fios cortados e mãos sangrando um pouco, quando exageravam ao puxar as pipas de um lado para o outro evitando os golpes que as derrubariam. Contou poucas glórias advindas dessas disputas, mas sorria sempre quando as contava. Eram, sobretudo, brincadeiras, atividades lúdicas.

A rotina de Ailton, ainda no morro do Urubu, era ir para a escola, jogar futebol, jogar bola de gude, soltar pipa e "ganhar cascudo dos mais velhos", fato que se ligava ao problema do transporte de água para o topo do morro. Dia sim, dia não, com a finalidade de apanhar água que fosse suficiente para a família grande. Este trabalho era normalmente feito por ele e seus irmãos. Os mais velhos carregavam lata de 20 litros, os mais novos, lata de 10. Tinham que andar muito chão para poder conseguir uma lata d'água; atravessar a avenida João Ribeiro para ir ao Engenho da Rainha,[10] local em que havia uma "lagoa" formada pelos grandes canos da Cedae,[11] já propositalmente furados pelos moradores do morro. Era tarefa árdua e demorada — a lata era pesada e, quando se chegava ao topo do morro, ela estava pela metade. Ver o barril vazio era o prenúncio de um tormento — descer o morro, pegar a água e voltar

---

9. Não existe mais a fábrica em Pilares nem a empresa, mas há muitas vidraçarias no subúrbio que levam o nome Vetro (vidro em italiano). Há mesmo uma Glass Vetro do grupo Bitencourt, sobrenome de Ailton e de seu pai.
10. Engenho da Rainha é um bairro da Zona Norte da cidade do Rio de Janeiro.
11. Companhia Estadual de Águas e Esgotos do Rio de Janeiro.

carregando a lata na cabeça morro acima. Um Sísifo a subir a montanha para ver o que colheu descer morro abaixo, em uma atividade incessante como a do mito grego. A sensação era de que a lata ia enterrando o garoto chão adentro. Já começavam a se desenhar as dificuldades que Ailton desenvolveria com o trabalho árduo e com as figuras de autoridade, ambos frequentemente associados a uma sensação de humilhação que permaneceu inconsciente, desassossegando-o internamente e dificultando ou até impedindo as identificações com adultos protetores, exemplos positivos a seguir.

> Naquela época, ganhava-se muito cascudo dos mais velhos por causa de pipa. Era necessário descer o morro quase todos os dias para trazer água para casa, já que a água não chegava até lá em cima. Então, ao descer, tinha que mudar de caminho porque a gente roubava a linha dos outros, das pessoas maiores, pois sempre teve uns barbados que gostavam também de soltar pipa. Então, eu soltava de baixo pra cima; quando a pipa ia embora, a gente agarrava a linha e puxava; a pipa quando voa, a linha vai passando, a gente pega... Depois, tinha que carregar água que mãe e pai mandavam a gente carregar. Aí, tinha que ficar se escondendo, cortando caminho pra não passar perto daquele cara que a gente roubou a linha dele. [...]
> Tinha um cara de apelido Barbado, que gostava de dar porrada em todo mundo por causa de futebol, bola de gude etc. Ele era uma espécie de valentão do pedaço. Encarava todo mundo, brigava com todo mundo. Depois que nós crescemos e saímos do morro é que nós fizemos uma amizade, já na Cidade de Deus. Lá, ele se tornou uma pessoa totalmente diferente, um cara calmo, amigo pra caramba. O cara fez faculdade, está formado e com o cabelo branquinho. Eu encontrei com ele lá na Taquara, parece uma moça pra falar. No morro, tinha também os caras que mandavam, como se diz agora — dono do morro. Naquela época, tinha um dono e uma vagabundagem, mas era uma coisa muito escondida, e não tinha nenhum bambambã que fosse mais poderoso que as outras pessoas. Não tinha esse tráfico de hoje não, tinha só boca de fumo. Tinha uns caras que a gente ouvia falar que eram malandros. Mas a gente não conhecia, só

escutava o comentário que: na rua tal, perto da Super Globo,[12] não era bom passar ali de noite. Tinha muito malandro que usava navalha — não falavam nem vagabundo nem marginal, se usava a palavra malandro. Uma vez, eu e minha irmã, vindo do colégio de Pilares, já entrando no Jacarezinho, vimos um cara cortado todinho de navalha, todo recortado, braços, barriga, tudo. Dificilmente se via alguém com revólver.

A cultura da rua, tão importante na construção de parte da identidade masculina, era, pois, mais inocente e divertida. Mas não sem perversidades. Estas eram ainda não letais, e seus desfechos eram cascudos, e não tiros de arma de fogo. Então, era muito mais fácil deixar de ser um valentão, porque ninguém ia preso nem tinha crime nas costas. O valentão tornou-se uma "moça" no jeito de falar.

O SOFRIMENTO NO MORRO DE SÃO CARLOS

Em 1964, aos nove anos, deu-se um fato assaz traumático para Ailton em particular e sua família. O pai foi preso em virtude da participação em greves de caminhoneiros, logo depois do golpe militar, já na época da ditadura. Permaneceu preso de oito meses a um ano no chamado PP, presídio público, depois Hélio Gomes. Durante quase todo esse período, Ailton morou com a madrinha, que era branca como o pai dele, no morro de São Carlos, depois que sua família foi dividida, cada filho para um lado, a mãe guardando só os dois mais novos enquanto o pai estava preso. Suas memórias dessa época também são esparsas e cheias de lapsos, como se fosse difícil lembrar. De semblante fechado, falava como se não fosse nada de mais aquela tragédia familiar, capaz de desestruturar qualquer um. Criança, foi deixado na casa de pessoas que nem conhecia. A prisão do pai por participar de uma greve não o ajudou a formar senso de justiça e respeito às instituições do país, pelo contrário. Não se soube

---

12. Fábrica de água sanitária no subúrbio de Pilares, Rio de Janeiro.

se o pai sofreu violências na prisão, se foi espancado e torturado como muitos presos políticos o foram durante os anos de chumbo.

Sobre a separação, Ailton não fala da raiva, mas a raiva lá estava. Não tinha explicação que pudesse dar algum sentido a ela, mitigando-a. Uma raiva cega, surda e muda. Mas o sofrimento decorrente da desestruturação familiar produziu um deslocamento. Do ódio aos pais, que são os que, independentemente das circunstâncias, vão afastá-lo da família, para o ódio às autoridades da nova moradia e do colégio, fato do qual ele não se dava inteiramente conta. Ailton manteve durante toda a sua vida um forte sentimento familiar e grande solidariedade com os irmãos, mãe e pai. Mas sempre correndo atrás da aceitação e do reconhecimento familiar.

> Naquela época, aquela coisa no morro, aquela luz bem fraquinha, tipo vela, a gente ficava na janela assim, só olhando pra rua lá embaixo, na expectativa de chegar o caminhão do meu tio, irmão do meu pai. O caminhão tinha na frente escrito Fenemê (FNM), e uma buzina que era um escândalo. A gente ficava naquela expectativa, esperando ele buzinar. Vinha de Volta Redonda, ou lá de Barra Mansa, trazer uma ajuda. Mas com meu pai preso, chegou certo tempo que o dinheiro não deu mais. Aí meu irmão mais velho foi pra casa de uma tia minha, em Ricardo de Albuquerque, e eu fui pro morro de São Carlos, pra casa da minha madrinha, que era uma tia ou prima do meu pai. Minha irmã, que era bem novinha, a Elizete, foi pra Cordovil, pra casa da madrinha dela. Depois ficou de vez. Minha mãe ficou só com os dois menores. Na época, nós éramos cinco. Ela não abandonou a gente, ela estava todo final de semana com a gente. Quando cheguei ao Estácio,[13] eu não conhecia ninguém, não me lembrava e nem sabia quem era a minha madrinha. Lá, viviam a minha madrinha e uma pessoa que eu não sabia quem era, e que se chamava Meraldinha. O nome da minha madrinha era Nadir, e tinha também a mãe dela, uma velhinha que devia ter quase uns 80 anos. Ela já não levantava mais da cama. O pessoal pegava ela pra sentar, punha ela na cadeira pra tomar banho. Ela tinha um penico debaixo da

---

13. Estácio é um bairro da Zona Central da cidade do Rio de Janeiro.

cama. Ela vem a ser tia do meu pai. Minha madrinha tinha um caso com um senhor que se chamava Raimundo, e que aparecia só aos domingos pela manhã, cheio de embrulhos, porque devia ter outra família. Essa minha madrinha Nadir tinha uma filha chamada Neusa que era casada com um cara que parecia português, desses caras carrancudos e ignorantes. Era ele que metia a porrada em mim. Daí eu fugia de casa e sumia.

A vida no morro de São Carlos não era nada fácil para uma criança entre oito e nove anos, embora Ailton não conseguisse precisar as datas e dificilmente acertasse a idade que tinha. As memórias da infância feliz no Urubu foram eclipsadas pela revolta que foi crescendo dentro dele em São Carlos, sem que ele pudesse dar conta do que lhe acontecia, sem compreender por que apanhava tanto e não podia ficar perto de sua família. Seu mundo interno sofreu uma brusca reviravolta, e suas referências sociais foram estilhaçadas rapidamente. Ailton conheceu a perversidade de adultos responsáveis por cuidar dele. E passava a ser acompanhado todo o tempo por um grande sentimento de rejeição, de abandono e de estar encarcerado injustamente. A revolta contra este sofrimento foi aparecer não só nas fugas de casa atrás da mãe quando ela ia embora, como, de forma acentuada, na sua vida escolar. Nesse cenário, começavam a se configurar os problemas psíquicos que iriam desaguar na vida do crime posteriormente.

> Não, não teve explicação por que minha mãe ficou com dois e eu fui para a casa da minha madrinha, e também nem passou pela minha cabeça perguntar, eu sei que pra onde eu fui eu não queria ficar, eu fugia e fugia... eu não conhecia nada... mas descia aquele morro de São Carlos correndo. Na época, tinha aquelas lotações, aqueles carrinhos Citröen, um carrinho preto antigo que fazia lotação do Estácio até o morro de São Carlos. Quando minha mãe ia me visitar, na hora em que ela ia embora, eu descia correndo atrás querendo ir embora com ela. Minha mãe entrava no bonde e eu corria atrás do bonde. Ela tinha que saltar e me levar de volta. Até que um dia me levou pra casa de vez. [...]

A vida no Urubu era totalmente diferente da que eu passei a viver no morro de São Carlos. Antes a gente era solto, soltava pipa, jogava bola de dia e fazia farra de noite. Ia aquela molecada toda pra igreja e fazia uma farra danada. No morro de São Carlos não, ali o modo deles já era diferente. Eu vivia só preso dentro de casa, não podia ir à rua, não podia brincar com ninguém, era só ir pra escola e pra dentro de casa, e de dentro de casa pra escola. Ainda apanhava de mão e de vassoura do marido da filha da minha madrinha. Eu me lembro que teve um Natal ou Ano Novo em que eu fiquei muito triste com aquilo tudo, muito isolado... eu lembro que chorei e tentei fugir, queria saber da minha mãe... Nesse dia, eu levei umas porradas desse cara — ele correu atrás de mim. Pra ser sincero, eu ficava com muita raiva mesmo. Eu não tinha liberdade pra nada, quando me mandavam ir à rua fazer um mandado, comprar alguma coisa, eu ia lá pro pico do morro de São Carlos fazer mandado pros bicheiros. Tinha uma dona Antônia que era dona dos pontos dos bichos lá. Era aquele movimento de jogo do bicho — eu ganhava meu dinheirinho e ficava com ele escondido. Mas, quando chegava em casa, escutava pra caramba e ainda ficava de castigo. Na casa da minha madrinha, eu também tinha que comer aquelas coisas que eu não gostava: quiabo, jiló, essas coisas — era o mundo se acabando quando tinha que comer aquilo. Por isso tudo é que, quando minha mãe ia lá, eu fugia.

Aos nove anos, sentindo-se muito rejeitado, preso em uma casa na qual não era bem acolhido, podia se esperar que a sua revolta fosse intensa. Mesmo no Natal ou no Ano Novo, porque não foi para a casa da mãe, sentiu-se "muito triste com tudo aquilo, muito isolado", o que pode ser interpretado como: "muito deprimido com aquela rejeição". Essa intensidade evidenciava-se na forma como se comportava na escola e com os professores, figuras de autoridade já marcada por todos os abusos acumulados, pelas atitudes cada vez mais violentas adotadas contra ele. São os professores que, no lugar de sua mãe, iriam sofrer os ataques a ela dirigidos inconscientemente. Era a sua tentativa de se fazer ouvir, era a forma de chamar atenção para o seu sofrimento. Além do que sua mãe havia ficado com dois dos cinco filhos à época, situação de abandono difícil de ser aceita por uma criança, especialmente quando não veio acompanhada de explicação e de acolhimento pelos novos responsáveis. Esse sentimento de revolta contra seus pais, deslocado para a escola e seus professores, tinha como contrapartida uma série de punições vividas e inconscientemente desejadas como forma de diminuir os sentimentos de culpa advindos das fantasias agressivas em relação a seus pais.

> Eu estudava na escola Canadá, ali embaixo, no Estácio. Quando eu ia pra escola, me soltava um pouco, fazia uma bagunça danada e matava muita aula. Ao invés de ir estudar, eu ficava subindo e descendo do morro agarrado na traseira dos caminhões de cerveja. Era tanta falta que me deram um bilhete para entregar pro responsável ir lá na escola. Eu continuei matando aula e não levei o bilhete pra não apanhar. Um dia, para me assustar, me prenderam em um quarto escuro que tinha uma caveira, enquanto iam buscar meu responsável. Eu quebrei a janela e fugi. Mas não deu muito certo, pois quando eu estava subindo uma escadaria perto do morro, botaram umas garotas de 12, 13 anos, com aquele corpão avantajado — umas quatro negonas — pra correr atrás de mim. Me apanharam na escada, me meteram a porrada e me trouxeram arrastado de volta para escola. Daí minha madrinha descobriu que eu matava aula há muito tempo. Além do mais, um dia antes, eu tinha arrebentado a boca no caminhão de cerveja, pois eu ficava subindo e descendo até a hora que acabava a aula, para então ir para casa. Justamente na hora que eu ia pular pra sair correndo, o caminhão freou, meti a boca nele... Acabei sendo expulso dessa escola. No morro de São Carlos, bem lá em cima, tem outra escola que se chamava a "Caixa d'água". Me colocaram nessa escola bem perto da casa da minha madrinha. Dava até pra eles me verem, me vigiarem.

Certo dia, sua mãe o levou à cadeia para visitar o pai. Mas se por uma parte a visita tornou-se inútil — um quebra-quebra dos presos fez a visita não ser permitida —, por outro lado, foi muito boa: dali, sua mãe o levou de volta para o Urubu. Antônio também voltou. Elizete não quis voltar, ficou de vez com a madrinha. A prisão ainda não havia terminado para o pai, mas a de Ailton, na casa da madrinha, onde se sentia preso e sufocado, sim.

> Minha mãe me apanhou no morro e me levou lá para visitar meu pai. Eu era bem pequeno, me levou pela mão assim, olhando pros meus cornos. Foi a única vez que eu entrei em um presídio para ver meu pai. Havia uns bancos de concreto, e as grades da cadeia tinham umas vidraças. Mas teve um quebra-quebra, uma revolta de presos, que deram soco nos vidros, começou a cair cacos de vidro lá embaixo, tocaram a sirena e acabou a visita. Minha mãe me apanhou pela mão e disse: "vamos embora" — acho que foi até nesse dia que eu fui embora com ela e meu irmão de volta pra minha casa, de volta lá pra Pilares, pro morro do Urubu. [...]
> Eu não dei muita bola de entrar em uma prisão porque fomos ficar embaixo, não fui lá dentro. Ficamos em um pátio de visitas; tinha muita gente, criança também, e era uma época que a gente não tinha noção de muita coisa. Mas depois, com esse babado todo, já lá dentro, aí vi que a prisão é horrível.

Esta ida ao presídio não causou maiores problemas para ele. Ao contrário, brincou com outras crianças que lá estavam. Como, a partir dessa visita, não mais voltou para a casa da madrinha, ela teria ficado como uma referência de um dia feliz — voltou para a casa da mãe.

Restinho de infância de volta ao Urubu

Por volta dos 10 anos, Ailton estava de volta ao Urubu, onde se divertia jogando bola, preparando-se para o Carnaval e fazendo não mais travessuras infantis, mas arruaças juvenis mais próximas da transgressão lúdica. Não era a entrada na carreira do crime. Começava a trabalhar com o objetivo de obter renda, primeiramente para consumo próprio, depois, para ajudar a mãe, fado, então, de quase todos os jovens de famílias abaixo da linha da pobreza, porque são numerosas, com muitos filhos para alimentar e vestir. Lembra também das idas à igreja com vizinhos, e muito pouco da nova escola, mais uma, que passou a frequentar.

Para conseguir uns trocados para o Carnaval, Ailton, seu irmão mais velho e a criançada do morro faziam carretos na feira. Com o ganho, confeccionavam fantasias de índio com saco de biscoitos para poderem sair nos blocos de Carnaval.

> Em Pilares, tinha um Carnaval de bairro em que os blocos desfilavam dentro de uma corda. A gente tinha um bloco que se chamava Embalo do Urubu. Eu, meu irmão e a criançada do morro, nossa patota da mesma idade, arrumava aquela fantasia de índio com saco de estopa, comprava uns penachos e se pintava todo de carvão e esparadrapo. Saía aquele bando de moleques igual maluco correndo ali por Pilares, avenida João Ribeiro e Abolição.

Após o Carnaval, a garotada encontrou outro objetivo a ser atingido por meio dos carretos na feira: ver os filmes que passavam no cinema da avenida João Ribeiro. Viam filmes eróticos e épicos, mas a preferência da turma, que viram inúmeras vezes, foi O dólar furado,[14] um *western* pastelão. Dos carretos, visando juntar dinheiro para o Carnaval e o cinema, muitos passaram a fazer carretos para ajudar em casa. No caso de Ailton, nesse tempo, sua mãe trabalhava como cozinheira em um bar e, tendo perdido o emprego, tornou-se necessária, mais ainda, a contribuição financeira dos filhos.

No morro do Urubu, poucas pessoas podiam ter televisão e ver a TV Globo, a mais vista já no final dos anos 1960. Havia, no entanto, uma senhora que tinha televisão e permitia, por alguns trocados, que os garotos assistissem aos programas. Muitos carretos de feira eram também feitos com a finalidade de ver televisão à noite.

> Vinha gente de longe pra ver televisão, ficava todo mundo trepado no muro ou na janela. Em 1965, eu devia estar com uns 10 anos e tinha, na época, um

---

14. Filme ítalo-francês de 1965, do gênero faroeste, dirigido por Giorgio Ferroni.

programa que eu adorava, e que se chamava *Show Willys*. Para ver televisão, a gente dava um dinheirinho pra uma senhora que, se não me engano, acho que era a dona Odélia. Ela tinha um papagaio, e o papagaio esculachava ela. Ele falava o que escutava dentro de casa. Uma vez, quando eu tava chamando ela: "Dona Odélia! Dona Odélia! O papagaio falou assim: "Dona Odélia tá fazendo cocô". Aí, nós passamos a sacanear ela. Aí, eu gritava: "Dona Odélia tá fazendo cocô". Então, ela cortou a gente de ver televisão. As pessoas também estavam fazendo muito barulho, por isso ela não deixou mais ninguém ver televisão — e era a única televisão que tinha no morro, ninguém mais tinha...

Havia, entretanto, outras diversões que começavam a constituir transgressões próprias dos jovens, que são denominadas "deriva" pelos sociólogos porque ainda não são nem início nem parte de uma carreira criminosa. Os jovens que as praticam não devem ser tratados como criminosos pelo sistema de Justiça, pois ainda não definiram escolhas de carreira, mas podem ser mais ou menos controlados informalmente por parentes e vizinhos que lhes indicariam a gravidade da ofensa segundo o senso moral popular. O problema é quando o controle informal, ou eficácia coletiva, se omite ou desaparece, deixando os jovens sem limites morais.

Desde pequeno, na escola da caixa d'água, no morro de São Carlos, Ailton se entretinha, na janela da escola, com os colegas para ver as *blitze* que a polícia fazia. Era o tempo do Neném Russo, do Cara de Cavalo,[15] do Tião Medonho, do Mineirinho,[16] e de tantos outros que alimentavam o

---

15. Manoel Moreira, chamado Cara de Cavalo, nasceu em 1941 e morreu executado por policiais em 1964, logo após o golpe militar. Começou vendendo maconha na Central do Brasil; depois, foi cafetão e cobrador no jogo do bicho, recolhendo diariamente o pagamento obrigatório que os apontadores devem aos bicheiros. Um deles, insatisfeito com o ganho, procurou o detetive Le Cocq, que começara o primeiro grupo de extermínio, para matá-lo, mas Cara de Cavalo, em vez disso, matou o detetive. Foi perseguido como o maior criminoso do Brasil e finalmente executado.
16. José Rosa do Nascimento, conhecido como "Mineirinho" por ter nascido em Minas Gerais, foi um desses criminosos transformados pela imprensa no inimigo público número um. Sua morte, ocorrida em 1962, com 13 tiros de metralhadora, foi noticiada amplamente e motivou um conto de Clarice Lispector e uma homenagem de Hélio Oiticica, artista plástico do Rio de Janeiro.

imaginário social da época como valentões audaciosos. Frequentemente eram apresentados ou como os *Robin Hoods* da cidade moderna que era o Rio de Janeiro, ou como os sanguinários bandidos que deveriam ser extirpados pela Escuderia *Le Coq* ou o Esquadrão da Morte, que começava suas atividades de extermínio então. Ailton ficava extasiado com o poder desses perigosos bandidos. Na verdade, tinham saído do anonimato para as páginas dos noticiários, ou como dirá mais tarde: "eles fizeram alguma coisa".

É importante assinalar que a vida de Ailton era vazia de modelos de identificação, de figuras importantes com as quais ele "quisesse ser como elas". Daí os homens que vai admirar são os perigosos bandidos da época. Depreende-se que, nas fantasias do menino, não havia homens à sua volta que ele considerasse importantes — em princípio, não admirava ninguém, por isso o espaço a ser preenchido pelos que "fizeram alguma coisa".

Todavia, é na volta para o morro do Urubu que surgem os primeiros "arrastões" na padaria, ainda disfarçados de certa inocência e cercados de tolerância moral, pois, aos 10 anos, a maioria dos rapazes, da molecada, já tem clareza que o ato é impróprio. Mas o significado que predomina para Ailton é o da diversão — "era engraçado" —, embora seja uma farra à margem da lei, um pouco mais grave do que o roubo de linha de pipa no passado, fruto de uma competição. Não sofriam repressões ou controle informal dos vizinhos. Dentro da cultura local, esses furtos não eram vistos como tal, passavam como arruaça de crianças ou farra sem grande rejeição moral.

> Havia uma molecada, tudo arruaceiro, que, quando faltava luz no bairro, no morro, descia aquele bando do morro do Urubu para a padaria e faziam um "arrastão". A gente apanhava coisa pra comer, apanhava aqueles tabuleiros de pão doce e os tabuleiros de pudim. Não vamos dizer que era roubo, porque aquilo ali era uma farra. Depois, a gente sentava atrás do muro e comia aquilo tudo. Quando a luz chegava, a gente subia pro morro. Nós não considerávamos nem como roubo, a gente não tinha nem noção

pra roubar nada, era uma arruaça mesmo, saía rindo, gritando pelo meio da rua, comia aquele pudim todo, depois jogava o tabuleiro pro alto. Não era uma coisa de "vamos ali pra roubar". Tem a molecada rebelde. Quando é rebelde é que vai em um lugar ciente pra roubar; então, a primeira coisa que ele vai fazer é, quando o cara abrir a caixa de dinheiro, meter a mão no dinheiro e sair correndo. Não era o nosso caso, se tivesse a maldade de ir à padaria pra roubar, a gente ia meter a mão no dinheiro e sair correndo. A gente apanhava troço de comer, era pão doce, pudim.

Muito elucidativa a diferença que ele faz entre o roubo, que tinha por objetivo pegar dinheiro, e a brincadeira de criança, em que a farra era pegar no escuro para comer. Essa diferença remete à economia moral dos pobres, que não consideram crime nem mesmo essa ação cometida por adultos em mercados quando apanham comida para se alimentar. No próprio Código Penal brasileiro isto está tipificado como "furto famélico" ou "crime famélico", e não carece de punição.

Em comunidades de baixa renda, é comum os rapazes terem como objetivo jogar futebol profissionalmente. Esta é uma das maiores diversões, sempre onde há algum espaço surge uma bola para jogar uma pelada. Como há tempo ocioso em demasia, notadamente porque muitos não levam a escola a sério — muitas vezes não há incentivo para tanto investimento em tão longo percurso escolar —, ficam grande parte do tempo jogando bola. Muitos, em virtude da habilidade e do constante treino, pensam em se candidatar aos treinos em algum clube de futebol.

No tempo do Urubu, a gente ia muito para os campos do Engenho da Rainha, pois lá tinha muito campo, e no final de semana tinha torneio de futebol. Era um campo aqui e outro lá, mas eu não tinha condições de jogar em um campo daquele, não. A gente jogava em campinho pequeno, de pelada. A gente não tinha perna pra encarar aquele campo enorme. Lá onde tem aqueles prédios, no Engenho da Rainha, a gente olhava de ponta a ponta, e era campo que não acabava mais. Eles tamparam, fizeram prédios ali, mas foi depois que eu comecei a passar a jogar bola mesmo.

Eu desisti também de ir treinar no Botafogo[17] junto com José Campos; jogava apenas no time que um padre lá fez. Eu nunca dei pra futebol, não. Não era a minha praia jogar futebol profissionalmente, só pelada.

A ESCOLA COM POUCO SENTIDO E A IGREJA SEM NENHUM

Sua família tentou encaminhá-lo para os estudos como parte de uma missão que, em princípio, todos aceitavam: saber ler e escrever, estudar para ser alguém na vida, não ser burro para não ter que puxar carroça. No entanto, em nenhum momento, era-lhe apresentado um projeto de estudos que visasse a alguma formação profissional e garantisse um futuro com maiores possibilidades sociais e financeiras. Ailton estudava na Escola Maranhão quando sua família estava no Urubu, e depois estudou na Escola Canadá, no Estácio. De início, achou alguma graça em frequentar a escola. Todavia, nenhuma professora deixou seu nome gravado em sua memória, ou seja, não houve uma relação significativa entre ele e suas primeiras professoras, especialmente quando morava no morro de São Carlos. Possivelmente, pelo pouco interesse mútuo do aluno e da professora, bem como pelo autoritarismo e pela precariedade do sistema municipal de ensino.

> O problema com a professora é que eu não gostava de nada, dever de casa, em prestar atenção na aula, ir no quadro. Aí, não sei por que, eu sempre acabava ficando de castigo. O problema era a falta de interesse. Mas, naquela época, a professora dava muito beliscão e puxão de orelha. Pela vista dela, eu acho que eu fazia por onde por causa da teimosia em não fazer o dever. Pegava o caderno do outro pra fazer e não fazia. Estava ali, mas com o pensamento na rua, pra brincar, só quando ia pra escola. Quando chegava na casa da madrinha, eu não tinha mais liberdade pra

---

17. Botafogo de Futebol e Regatas é uma agremiação poliesportiva brasileira, com sede no bairro homônimo ao clube, na cidade do Rio de Janeiro.

brincar com crianças da minha idade na rua. Então, eu sempre achava que no Estácio eu prestava menos atenção na aula por causa disso. O tempo que eu tinha fora de casa eu queria me esbaldar, ou na sala de aula ou na rua, matava aula, eu não tinha liberdade. Para começar, na casa que eu vivia não tinha criança. [...]

A única professora que eu me lembro quando eu era criança não é de lá, não, é da Cidade de Deus. Chamava-se dona Lucinda. Ela era menor do que eu, pequenininha. Mesmo depois de barbado, preso, ela sempre perguntava à minha mãe por mim.

A reunião com a família e a ida para a Cidade de Deus não foram suficientes para reconciliá-lo com a escola. Ailton tornou-se um aluno relaxado. Via o colégio como um lugar para jogar bola e merendar angu com salsicha. O que o encantava era a farra com os colegas; a aprendizagem era secundária. Apesar dos percalços, conseguiu completar o ensino fundamental mesmo sem um grande incentivo familiar. Não houve, em sua história, orientação para uma carreira profissional. Como na maioria das famílias, o importante era saber ler e escrever para ter um trabalho, uma carteira assinada. O percurso acadêmico, como parte de um projeto que visasse a uma profissionalização mais gabaritada, não entrava nas cogitações da maioria das famílias pobres na época. Assim descreve ele sua experiência escolar quando morava no Urubu:

A gente estudava na Escola Maranhão, ali em Pilares, mas, nessa época, nós fomos colocados até em duas escolas, duas escolas não, uma dona lá ensinava a gente e não cobrava nada pra minha família. Passaram a botar a gente ali pra estudar; depois, passaram a botar a gente pra acompanhar o pessoal da igreja. A gente descia do morro do Urubu pra ir pro Engenho da Rainha, pra igreja, eu acho que era Assembleia de Deus, e a gente ia lá só por causa do bolo e do refresco que serviam na igreja. A gente, a bem dizer, não prestava atenção em nada que estava acontecendo dentro daquela igreja. Uma dona, uma vizinha lá, quando nos chamava, a gente já perguntava: "Vai ter bolo?". Havia um pessoal que levava a gente pra igreja. Era uma família de crentes, uma família muito grande. Nessa família, a maioria trabalhava em uma fábrica de cocada e queijadinha, na avenida João Ribeiro. A molecada lá brigava pra levar almoço para essas pessoas, a gente não era parente, mas ia lá na casa deles: "Deixa que eu levo"; "Não, ontem, tu levou, hoje sou eu". A gente levava por interesse, porque quando a gente chegava lá ganhava duas, três queijadinhas ou cocadas. Eram pessoas quase parentes, eram uns vizinhos que ficavam na casa um do outro — um ajudava o outro. E as mães, não só minha mãe, como de outros colegas, também pediam a eles à noite: "Leva esses meninos pra igreja, eles estão muito atentados, leva pra igreja pra rezar". No entanto, a gente ia lá só pra comer bolo e tomar refresco — a gente não entendia nada...

No morro do Urubu, havia certa integração comunitária e, na tentativa de minorarem suas desventuras de pobres, sem renda suficiente para pagar bons serviços, bom lazer e boa comida, os pais procuravam, de alguma forma, dar um encaminhamento moral aos filhos. Daí ser comum que algumas mães solicitassem às outras que levassem seus filhos para a igreja. Não importava muito qual o credo, o importante era dar alguma noção do que imaginavam ser o "caminho certo". Mas a garotada não dava muita bola para as prédicas religiosas e procurava formas para se divertir também naquele ambiente sério, além de complementar ou diversificar a dieta limitada da família pobre. Levar alguma vantagem para obter comida continuava sendo um dos motos da garotada com que Ailton cresceu em meio à ausência de sentido que permitiria formar um mundo interior e simbólico coerente. Assim foi crescendo entre jovens como ele, ralos de valores morais, mais ralos ainda de modelos e explicações que dariam sentido ao mundo, ao sofrimento, e rumo à vida.

Assombrado em um abrigo para flagelados

Como em toda favela, notadamente as construídas nas encostas de morros, as casas são construções precárias e frequentemente sujeitas a desabamento. As encostas desmatadas provocam inúmeros deslizamentos de terra, o que faz com que as casas desabem e, às vezes, matem seus moradores. No morro do Urubu, não foi diferente. Mesmo sem mortes lembradas, após uma chuvarada, quase todos ficaram sem suas casas e foram transferidos para um abrigo no Jacarezinho. A maioria das casas do morro foi abaixo.[18] Posteriormente, refizeram tudo. Começou assim outra ruptura não só entre familiares, mas entre os vizinhos que já confiavam uns nos outros e cooperavam na labuta do dia a dia. O mundo social também desmoronava.

> Todos nós fomos embora do morro, pois aquela casa mesmo que nós morávamos foi pro chão, desbarrancou. Não só minha família, mas muita gente foi desalojada e saiu do morro. Alguns ficaram, eles prepararam a terra mais à frente e construíam ali mesmo. Meu pai e meu irmão mais velho ficaram lá. Ele inventou de fazer uma birosca no barraquinho que ele construiu depois. Nós fomos pra um abrigo, pra uma igreja no morro do Jacarezinho, onde ficamos acho que quase um ano, assim como muitas outras famílias. Dormia todo mundo junto, não dormia homem, só mulher e criança. Então, pra distrair, o padre passava filme — todo dia a gente via filme. Eu também ia pra escola. Eu e minha irmã Bete pegávamos o ônibus todo dia para ir lá do Jacaré pra Pilares. E tinha a recomendação da minha mãe para um nunca se afastar do outro. A gente saía da escola, entrava no ônibus e voltava direto para o Jacarezinho, não ia para lugar nenhum, pois tinha uma lenda que a gente estava em um lugar mal-assombrado. Falavam que tinha assombração,

---

18. O último desmoronamento foi em 2010, quando centenas de casas na comunidade foram condenadas pela prefeitura por estarem em área de risco. Mais de 300 famílias, o equivalente a um terço da população do morro do Urubu, seriam retiradas da favela, com a promessa de receber apartamentos num conjunto habitacional em Realengo. Uma das áreas terá as casas totalmente destruídas e será reflorestada, sendo proibidas quaisquer construções no local.

que não sei quem viu uma mula sem cabeça etc. Aí mesmo é que ninguém saía pra lugar nenhum, era só querer ficar perto da mãe. Ali, a gente não conhecia quase nada. Não era igual quando a gente morava no morro do Urubu. A gente andava tudo por lá, a gente descia do morro do Urubu e ia parar na Abolição, ia parar em Tomás Coelho[19] atravessando por dentro do Engenho da Rainha. Lá no Jacarezinho não, a gente tinha medo de andar na rua porque a gente acreditava em alma do outro mundo.

Ailton, com sua mãe e irmãos, viveu durante quase um ano em um abrigo no Jacarezinho, sem uma casa que fosse da família. Entretanto, protegidos pela Igreja Católica e provavelmente pela caridade dos que ajudaram muito os flagelados da enchente de 1966, que mobilizou todos os moradores da cidade do Rio de Janeiro. Muita "madame" da Zona Sul, além de ajudar monetariamente, cozinhou para as famílias de suas empregadas domésticas. Apesar de ser mais uma mudança, entre as muitas de sua vida, e do medo da assombração, não deve ter sido a pior experiência por que passou. Estava junto da mãe e das irmãs, sentia-se protegido perto delas. Entrementes, de novo, estava distante do pai. Essas ausências não vão facilitar um efetivo trabalho de fomento das interdições e dos ideais necessários à vida em comum de acordo com as regras socialmente aceitas.

Por essa época, ele contava aproximadamente 12 anos. Mas a maior parte de sua adolescência, na verdade, será vivida na Cidade de Deus, local em que iniciará sua vida no crime até o seu apogeu como chefe do tráfico de uma das vizinhanças existentes dentro do conjunto habitacional.

Virando homem na Cidade de Deus

Com a construção do conjunto habitacional da Cidade de Deus, feito com o financiamento da Aliança para o Progresso, política estadunidense do presidente Kennedy, vários desabrigados ou flagelados, como

---

19. Tomás Coelho é um bairro de classe média da Zona Norte da cidade do Rio de Janeiro.

eram chamados na época das enchentes de 1966, foram encaminhados para lá, apesar de o conjunto habitacional ainda não estar completamente pronto. A construção havia sido iniciada em 1963 e ainda não tinha luz, calçamento, nem saneamento básico e, consequentemente, os banheiros não existiam. Os moradores tinham que utilizar banheiros coletivos em grandes barracões de madeira que ficavam a certa distância das casas. Os barracões eram numerados e divididos, um lado para os homens, e outro, para as mulheres. Os dejetos eram lançados, in natura, em um buraco no chão, diretamente no rio. Havia também um tanque para lavar roupa, cujas águas, da mesma forma, iam para o rio.

No futuro, as bocas de fumo seriam conhecidas pelo número desses barracões: a "boca do treze" e a "boca do quinze". Muito depois é que começaram a fazer obra nas ruas e colocar os canos d'água. Mas a água mesmo, esta demorou muito para chegar. Fizeram os buracos para os registros e os canos, mas o trabalho não foi concluído. Por quase um ano, a Cidade de Deus ficou toda esburacada, bem pior do que antes. Era um grande barro vermelho, sem rua nem calçada. As casas não eram muradas, e cada uma tinha um grande buraco em frente que atrapalhava entradas e saídas. Quando chovia, formavam-se grandes poças d'água e muitos criadouros de mosquitos. A vida, que era para melhorar com a mudança para a casa própria, por um longo tempo piorou muito. Mas veio com novas aventuras e brincadeiras para as crianças e jovens.

> A ida pra Cidade de Deus não foi, no início, uma coisa muito boa, porque quando nós chegamos lá, parecia que a gente estava indo viver no nada. De noite, você só via vaga-lume, não tinha uma única claridade. Era rodeada de sítios, com um rio perto e só mato. Também não tinha luz de espécie alguma. Não tinha nem rua nem as casas eram muradas, era aquela coisa feia — uma do lado da outra. De noite, quando se saía de casa, só se via vaga-lume. As pessoas, pra ter uma claridade, tacavam fogo em pneus e madeira, que servia também pra espantar os mosquitos. Era uma mosquitada danada. Também não tinha água dentro de casa, não tinha banheiro... ou melhor, tinha o banheiro, mas sem pia e sem vaso, porque ainda não tinha rede de

esgoto. Aquele sufoco que a gente passava no morro pra apanhar água, só foi diferente porque a gente não tinha que subir e nem descer. Continuava a mesma coisa — tinha que sair de casa com lata d'água pra fila nos barracões pra pegar água e levar pra dentro de casa. Minha irmã Eliana era pequenininha na época, ela chorava pra caramba; então, minha mãe perguntava: "Por que você tá chorando, Eliana?". Ela dizia: "Eu tô com medo de morrer, quero voltar pro Jacarezinho". Não foi só ela, ninguém gostou de ir para a Cidade de Deus porque era muito feia e fazia muito frio.

Para fazer compras, os moradores tinham que caminhar até a Freguesia. Iam a pé ou de bicicleta, um veículo muito apreciado. Houve um tempo em que Ailton e seus irmãos chegaram a acordar às quatro da manhã, quando iam à padaria pegar pão para vender na Cidade de Deus. Utilizavam a bicicleta de carga do padeiro e, às seis horas, já estavam na rua buzinando para atrair os consumidores.

Nós acompanhamos a evolução da Cidade Deus. Quando começaram as obras, veio chegando as firmas, montando os barracões... o que que a gente fez? Nós começamos a vender café com pão pros operários que vinham para fazer as ruas, as calçadas, botar os postes e a luz. Nessa época, eu e minha irmã Bete ainda éramos bem pequenos — eu devia ter uns 12 anos. Nós que servíamos eles na obra: a gente entrava lá no canteiro todo dia, de manhã e de tarde. Minha mãe fazia o café e nós íamos pra lá com um cesto com pão na manteiga, os copos, garrafa de café e um caderninho pra anotar tudo. A gente só recebia no pagamento deles. Hoje em dia, onde minha mãe mora tem muitas casas, mas naquela época era um campo de futebol. Tinha jogo sábado e domingo, que era o nosso único divertimento. O lugar era deserto, então, essas firmas começaram a chegar e a fazer obras. Daí acabou, pois era o único lugar que tinha campo. Começaram a fazer as calçadas, botar luz na rua. Pra chegar dentro de casa, ainda demorou bastante. Mas foi melhorando... Quando terminaram as obras, a Cidade de Deus passou a ser mais povoada, e o barracão da obra saiu dali. Então, eu fui vender picolé. Esse dinheiro que eu ganhava era pra ajudar minha mãe.

Era pra dentro de casa... Se bem que uma parte eu ficava, outra parte eu dava. Eu gastava conforme qualquer criança hoje em dia gasta, passa em um lugar... dá vontade de comer um doce, um salgado, um refrigerante... Nessa época eu não me ligava em cinema, e meu pai é que nos vestia — a gente não se preocupava com roupa, não.

O pai, arrimo de família, volta a aparecer, e a divisão de trabalho e de dinheiro "dentro de casa", ou seja, no grupo familiar doméstico, volta a ficar clara. A necessidade de complementar a renda familiar, mesmo que para pagar despesas pessoais, não o aborrecia nem revoltava. Ao contrário, era aceita como parte da vida.

Formando amizades e lealdades

Houve, de início, uma grande camaradagem entre as pessoas, notadamente entre os jovens, na Cidade de Deus. Tudo e todos eram novidades, o pessoal querendo se conhecer. Não havia briga nem confusão, e estabeleciam-se amizades. A mesma tranquilidade reinava na família, que, segundo ele, sempre foi muito unida, incluindo ele, irmãs e irmãos. Ailton não se metia em confusão de briga na rua.

Por incrível que pareça, eu nunca tive esses problemas, de brigar, de arrumar confusão. Nem de bater e nem de apanhar, eu sempre me dei bem com todo mundo.
Meus pais nunca tiveram que se meter em briga minha na rua nem me chamar atenção. O que eu diria para um filho que apanhasse de outro menino na rua? Não sei nem o que responder. Porque se disser para bater também, vai incentivar ele a ser um brigão. Então, eu ia dizer: "Que que tu fez?" e "Evita isso, corta caminho que depois eu vou lá conversar com ele". Porque se incentivar, pode ser pior e gerar um problema mais sério. Tem tanto caso de vizinho estúpido que faz maldade um ao outro, por causa de criança...

Com o passar do tempo, a família foi, aos poucos, se adaptando às dificuldades do local. Ailton e seus novos colegas logo encontraram formas de passar o tempo, divertindo-se com a geografia do lugar ainda sem a poluição hoje existente no rio e nas lagoas da Barra da Tijuca, bairro próximo ao conjunto habitacional.

Na nossa infância, fora do horário da escola, a gente passava pescando dentro do rio e na lagoa perto da avenida Airton Senna, que ainda não existia. Pegávamos muito siri e peixe. A gente ia ao quintal, escondido pra não avisar a mãe que estava indo pra lagoa, e pegava, da roupa na corda, uma fronha de travesseiro. Quando voltava, vinha com aquela fronha cheia de siri; não tinha como tomar esporro trazendo siri pra casa. Em frente à casa da minha mãe, a gente pescava rã de noite. Tinha um buraco ali enorme, fizeram pra fazer obra, aquilo ficou lá aberto, aí de tanto chover aquilo se tornou uma lagoa cheia de mato em volta... De noite, a gente pegava rã com a mão usando uma meia vela e uma lata. A rã ficava no mesmo lugar, parada, hipnotizada. A gente pegava muito e vendia, às vezes, "pras madames". Saía para Taquara e Freguesia, e batia na porta das casas com aqueles amarrados de rã... Era muita rã! A gente ganhava muito dinheiro assim, vendendo a rã fora da Cidade de Deus. A gente também pegava muita manga quando ia pescar. A gente ia por dentro da mata que saía na Colônia Juliano Moreira.[20] Ia pegando manga... Eram bolsas e bolsas de manga. Muitas vezes, passávamos o dia ali no meio dos malucos. Os malucos, naquela época, andavam soltos e usavam um uniforme azul. Lá, tinha uma parte que era das mulheres, tipo um presídio de mulheres doentes mesmo. A gente via aquilo e ficava apavorado com elas atrás das grades gritando.

---

20. A Colônia Juliano Moreira foi uma instituição psiquiátrica criada na cidade do Rio de Janeiro na primeira metade do século XX, destinada a abrigar aqueles classificados como anormais, tais quais psicóticos, alcoólicos e desviantes de diversas espécies, mas que hoje serve como residência para centenas de pessoas.

A vida seguia no novo bairro. No entanto, ao cair da noite, do mesmo modo que no Jacarezinho, um mundo mágico e amedrontador de sacis-pererês e mulas sem cabeça ameaçava as crianças e adolescentes, notadamente, Ailton.

> A gente era muito novinho, não tinha ainda maldade, e vivia sempre com aquele negócio de assombração na cabeça. A gente pensava que tava vivendo em um lugar mal-assombrado. Meter medo em alguém era dizer: "Não passa naquele lugar tal hora da noite que tem uma mula sem cabeça ali". A gente acreditava nisso, tínhamos até medo de sair pro lado de fora da casa de noite. Como eu tinha que ir, no quadro da bicicleta do meu pai que ainda trabalhava na Vetro Farma, até o ponto de ônibus na Freguesia e voltar trazendo a bicicleta porque ainda não tinha condução, ele me acordava, acho que umas quatro horas da manhã. Eu tinha que voltar sozinho, apavorado e na escuridão. Depois, quando eu cresci, passava ali, olhava pra aquelas árvores e pensava: como eu era bobo — os micos gritando no galho e eu dizendo que era saci-pererê... Como eu pedalava... Corria pra chegar logo em casa. As maldades vieram depois na mente da gente.

No começo, a Cidade de Deus também não tinha escola. Para se estudar, era necessário ir a um lugar chamado São Geraldo.[21] Depois de anos, foram sendo construídas escolas. Ailton frequentou as aulas dessa escola em São Geraldo e de várias outras dentro do conjunto, sem, no entanto, que essa frequência fosse vinculada a nenhum projeto ou esperança de futuro — era um estudar por estudar, um momento da vida em que lhe diziam ser necessário cumprir uma obrigação. Daí nunca ter tido projeto de vida ou profissão. Somente em 2004, quando sai da prisão em liberdade condicional, irá pensar no assunto.

---

21. O bairro era dominado pela milícia em meados de 2010, como a maior parte das favelas e bairros de toda a Área de Planejamento (AP) 4, onde estão Barra da Tijuca, Jacarepaguá e adjacências.

Depois que fizeram as escolas na Cidade de Deus, eu estudei em quase todas elas. Eu gostava, não faltava aula e nem fugia da escola. Eu estudava mesmo, gostava mesmo de estudar. Mas nessa época também não pensava: "Vou ser isso ou aquilo". Estudava mesmo por obrigação. Tinha que estudar, eu, meus irmãos e minhas irmãs. Minha mãe perturbava e cobrava da gente pra caramba. Tanto é que, depois que nós saímos da escola, ela botou na cabeça da gente que a gente tinha que estudar de noite. Aí fomos eu e meu irmão estudar, de noite, fora da Cidade de Deus. Estudei até a quinta série do primário, na época, e desisti. Foi uma idade em que eu já estava de namorico, e só queria saber de namorar. As pessoas embalavam nas músicas do Roberto Carlos[22] e do MC Cezar. Tinham uns bailes em que as pessoas imitavam o Roberto Carlos. Usavam aquelas roupas do jeito que ele usava, era uma febre. Aí, então, o namorico era direto, nos paredões e na escuridão...

Começava outra fase da vida de Ailton, aquela em que as febres das garotas, do dinheiro no bolso e do poder que vinha das armas de fogo foram ganhando importância na sua mente. Antes, ele vai passar por experiências desalentadoras que não o ajudaram a construir senso de justiça e de trabalho como valor primordial de orgulho da pessoa. "Pobre, mas trabalhador" nem chegou a fazer sentido para o jovem Ailton.

Ele, porém, se recusa até hoje a se considerar um bandidão desde sempre, um cara marcado para ser bandido. Assim interpreta sua trajetória a partir da própria experiência familiar:

Acho que ninguém nasce pra ser bandido; ninguém, porque se for ver legal, o cara ali pode ser o maior bandidão, e no passado lá, a família dele, o pai não foi, a mãe não foi, ninguém da família dele foi. Por exemplo, meu

---

22. Roberto Carlos Braga (Cachoeiro de Itapemirim, 19 de abril de 1941) é um cantor e compositor brasileiro do gênero romântico. Não se considera sambista, mas já foi roqueiro. Hoje faz o que se denomina MPB.

pai, minha mãe, eles têm problemas do coração, minha irmã tem, todo mundo tem. Somos hipertensos; é hereditário. Então, se o cara não tem o pai e a mãe bandidos, o cara não está herdando aquilo também. Então, eu não acho que a pessoa nasce bandido. De repente é a necessidade e aonde ele vive, onde ele cresceu, onde ele viveu.

2
A dura e curta vida de trabalhador sem qualificação

A vida de trabalho começava cedo para as famílias pobres durante o regime militar. Se o menino queria consumir algo que os pais não podiam dar, tinha que trabalhar em algum "serviço" ou "biscate". Se a mãe ou o pai adoeciam, perdiam o emprego, ou se aumentava a família, os filhos mais velhos tinham que sair, fosse para trabalhar por remuneração, fosse para vender alguma coisa que pudesse "ajudar em casa", "trazer comida para dentro de casa". Os pequenos luxos individuais, as grandes necessidades familiares empurravam cedo os meninos e as meninas para o mundo do trabalho. Disso resulta um profundo aprendizado sobre a solidariedade dentro do grupo doméstico que os marca para o resto da vida, mesmo na vida bandida.

No mercado de trabalho, nos tempos de chumbo, quando as garantias trabalhistas e os direitos do cidadão andavam encolhidos, o valor do trabalho podia não ser apreendido na prática. Ao contrário, aumentava a revolta de quem ocupava as posições sempre subalternas, tendo que obedecer a um patrão nem sempre justo, suando para conseguir pouca paga. Nada que pudesse ajudar a reconstituir o sentido de justiça abalado durante a infância interrompida. As primeiras experiências fabris de Ailton também não foram positivas. Ele e o irmão entraram para pequenas fábricas de fundo de quintal que pertenciam a imigrantes coreanos ilegais no país, que dificilmente obedeceriam à então precária e abalada justiça trabalhista durante o regime de exceção dos anos 1970. A experiência o levou mais uma vez a optar por burlar as regras a fim de ganhar algum dinheiro para si, deixando o lugar humilhante e revoltante do explorado e subalterno, sempre a obedecer a ordens vistas como injustas a seus olhos.

Com 12 anos eu gostava de me movimentar, fazia carreto, pegava caixa de sorvete pra vender picolé nos campos de futebol. Eu apanhava muita caixa de picolé em uma fábrica que tinha lá perto e ia pra Freguesia, pro Pechincha. Assim, quando o sol estava quente, principalmente sábado e domingo, onde eu via um aglomerado de gente eu pensava: "É ali que eu vou vender meu picolé". Se passava perto de um campo de futebol, pensava: "Alguém deve estar com sede, pois está correndo, jogando bola; então, eu vou ali". Nós éramos muito explorados pelo japonês, que não era nem japonês. A gente o chamava de japonês. Era coreano, e explorava a gente pra caramba, fazia dinheiro pra caramba, mas dava aquela merrequinha pra gente. Vendi picolé pro japonês durante muito tempo. Eu só passei a ganhar dinheiro com o picolé do japonês depois que veio uma maldade na minha cabeça... Tem um tempo em que se é bem inocente; depois, a gente vai ficando mais maduro. Sempre derretia um bocado de picolé, então, eu já catava os palitos no meio da rua e, na hora de prestar conta pro japonês, eu jogava os palitos todos dentro da caixa. Se derreteram cinco picolés, já derreteram quinze! Aí eu disse: "Agora eu comecei a ganhar um dinheiro!". Eu trabalhei pra esse japonês durante muito tempo. Eu acho que eu já estava com 13 anos quando parei de vender picolé e fui trabalhar lá dentro da sorveteria. Trabalhava à noite, eu e o meu irmão. A gente fazia picolé durante a noite toda. De manhã, a gente, pra ganhar um dinheiro extra, saía para fazer a entrega dos barris de lata. Enchia aqueles barris até a boca e ainda forrava de isopor por dentro; hoje não existe mais isso, não. Saía com quatro ou cinco barris na Kombi pra fazer entrega pra outros depósitos. A gente ganhava, assim, um dinheiro por fora, mas a nossa missão era fazer o sorvete à noite. Eu aceitei trabalhar à noite, mas acho que era uma coisa até proibida menor trabalhar à noite. Eu e o meu irmão trabalhávamos até, se eu não me engano, às duas horas da manhã. Às duas horas da manhã, a gente montava na bicicleta e ia para casa fazer um lanche. Depois, voltava e continuava a trabalhar até às seis horas. Eu dormia um pouco na parte da manhã, pois, nessa época, eu estudava de tarde. Eu, quando morava com meu pai e minha mãe, sempre dividia o dinheiro com a família.

Dali, fui pra fábrica de vassouras, que era dos mesmos donos. Os coreanos eram sócios na fábrica de sorvetes e também na de vassouras. A gente que trabalhava na fábrica de sorvetes tinha aquela vontade de ir pra fábrica de vassouras. Mas tinha que aprender a profissão, porque, se não soubesse fazer vassoura, não adiantava ir. O problema na fábrica de sorvetes era a friagem e as abelhas. Então, quem estava trabalhando na fábrica de sorvetes estava sempre planejando uma vaga na outra. A gente se esquecia e toda hora ganhava uma ferroada da abelha. Não adiantava ficar ligado e empurrar a abelha. Quando se apanhava uma leiteira, ou pegava uma forma, sempre se distraía e a abelha mordia. Como eram muitas, vivia com as mãos cheias de ferrão de abelha. Então, por causa das abelhas e da friagem do gelo, todo mundo queria ir pra fábrica de vassouras. Eu cheguei a ir, mas acabei depois voltando pra fábrica de sorvetes, pois o problema da fábrica de vassouras era a produção por quantidade. Quem estava começando ganhava muito menos do que na de sorvetes. O cara que era antigo na fábrica de vassouras laçava aquelas peças que parecia que ele estava brincando. O cara fazia 10 enquanto a gente fazia uma. Aí, eu falei: "Vou ralar peito daqui, não vou ficar aqui, não". Voltei pros sorvetes até que a fábrica acabou: os coreanos estavam ilegalmente no país. Tinha um vigia lá, um senhor que morava perto de nós, que me falou que a Polícia Federal tinha ido lá e todo mundo tinha sumido.

A alternativa de trabalhar sem patrão, a preferida por aqueles trabalhadores sem qualificação nem escolaridade suficiente para obter emprego regido pelas leis trabalhistas e salário digno, também não foi bem-sucedida. No mercado informal, especialmente no de vendedor que fica na rua, o trabalhador está vulnerável aos poderes que a dominam, a começar pelos policiais encarregados de manter a ordem pública, mas nem sempre de acordo com a lei, ou mesmo infringindo-a gravemente.

Da sorveteria, eu fui vender doce e verdura na frente do supermercado com o meu irmão. Meu pai era quem comprava os doces no mercado de Madureira. Mas dava muito problema porque não só os policiais que estavam no policiamento na porta do supermercado, como os malandros pé de chinelo, passavam e diziam: "Me dá uma balinha!". Dava muita confusão, principalmente, com os vermes, os PMs, que começaram a achacar. A Polícia Militar achava que não podia vender ali na porta do mercado. Como a gente insistia, os policiais passaram a pegar doce, e pegavam doce sem pagar! Eles levavam o lucro: o dia todo, a gente trabalhando de graça! Na hora de prestar contas, meu pai tinha contado quantos doces nós estávamos levando e, quando voltávamos, fazia as contas dos doces que foram vendidos: o dinheiro não batia! Eram os doces que os PMs tinham pegado. A gente falava dos PMs, mas, às vezes, ele achava que a gente comia os doces porque a gente adorava comer doce. A gente era moleque, e qual o moleque que não gosta de doce? Com um tempo aquilo ali acabou, acho que eu tinha uns 13 anos, se eu não me engano. Dali em diante, como não arrumei mais trabalho, fui embora da casa do meu pai. Eu saí cedinho de casa.

Outra interrupção de trabalho, desta feita em fase crucial da vida de Ailton. Saindo cedo, aos 13 anos, da casa dos pais, ele virava adulto sem ter uma estrutura para seguir em frente sozinho, autônomo. Porém, não critica o pai por desconfiar dos filhos e não acreditar que os policiais pegavam os doces, até talvez por expulsá-lo de casa, o que não comenta. Ao contrário, acaba achando que o pai tinha razão, e que eles comiam os doces. Mais uma vez, uma ação transgressora que justifica e da qual não se arrepende, sem, no entanto, culpar os pais. Os vilões são as autoridades públicas, ou seja, os policiais.

Virando adulto, aos trancos, apesar de passar por tantos dissabores e iniquidades, continuou a insistir no emprego, já interessado em fazer um quarto para morar, depois que saiu de casa e conheceu Dulcineia, ainda adolescente. As circunstâncias sociais não ajudaram a integrá-lo ao mundo do trabalho árduo, mas moralmente valorizado.

Eu ainda fui trabalhar na fábrica de sutiã De Millus. Eu varria o chão, que ficava cheio de pedaços de fazenda. Eu acho que eu estava com uns 15 ou 16 anos. Trabalhava no salão que tinha uma mesa bem grande, só mulher dos dois lados com um corte dos panos. Havia outro salão onde ficava o pessoal com as máquinas e outras funções. Quando eu andava por ali, olhava e ficava com vontade de aprender uma função daquelas que os homens estavam fazendo, mas me botaram dentro da De Millus só pra varrer. Ficava cheio de retalho, e eu passava o dia só fazendo aquilo. De vez em quando, eu dava umas escapulidas para ir lá até as máquinas e passava na minha cabeça: "Ganhar uma profissão deve ser legal, e o salário também deve ser mais legal ainda". Era o que eu pensava, mas não deu tempo. Eu até gostava de trabalhar lá; tinha um refeitório enorme, comida à vontade, uma fartura danada, tudo por conta. Mas eu ainda estava recente quando um cara quis me assaltar e eu me atraquei com ele. Levei uma mordida que quase me arrancou um dedo. Tenho a cicatriz até hoje na mão. Então, fiquei no seguro muito tempo. Como eu era novo na casa, fui mandado embora.

Depois, fui trabalhar lá no Itanhangá, no campo de golfe. Me botaram pra trabalhar com um americano. O cara preparava o material lá pra poder tratar daquela grama. Nós éramos muita gente, mas ele gostou de mim porque me escolheu pra trabalhar com ele. Passava o dia todo só eu e ele isolados lá no fundo do Itanhangá; a gente preparava a matéria que o pessoal trazia no carrinho de mão, uns capins secos que eram cortados. Ele ia me dando instrução e eu ia preparando, eu fazia um morro daquilo da altura do teto. Ele deixava uns produtos líquidos comigo em copos, e eu tinha que botar uma certa quantidade daquele líquido em uma quantidade de água para cada regador. Preparava um colchão quadrado, mas uma coisa muito grande de folhas de capim, e eu vinha salpicando aquele pó e depois com o regador que tinha os líquidos. Pegava mais material e ia jogando em cima, fazia outra camada e outra e outra até ficar bem alto. Então, aquilo ali fermentava depois que era coberto com uma lona. O meu trabalho ali era só isso. Houve uma batida no ônibus em que eu estava, daí fiquei no seguro de novo durante muito tempo. Também, na volta, me mandaram embora.

Depois disso, sem receber de fato nenhuma possibilidade de profissionalização, ganhando pouco e vendo os assaltantes do local cheios de ouro e dinheiro no bolso, Ailton cai no desalento, desiste do trabalho e entra na carreira criminosa.

> O que me fez desistir de trabalhar foi quando eu fiquei desempregado, depois que saí da fábrica de colchão — Colchão Completo. No meio dos meus documentos, eu tenho a carteira até hoje com o carimbo dessa firma, tenho uma carteira muito antiga com esses carimbos todos. Eu não conseguia mais nada. Eu comprava muito jornal, minha mãe me ensinava muito a procurar trabalho nos classificados. Quantas vezes eu saía de casa às quatro horas da manhã, amanhecia no Centro da cidade, procurando emprego. Procura daqui, procura dali, chegou um momento em que eu já nem tinha o dinheiro da passagem pra sair da Cidade de Deus e ir procurar emprego fora. Eu desisti, a bem dizer, por causa disso. Mas como eu não saía de dentro da Cidade de Deus, o tempo foi passando e eu não tinha mais dinheiro no bolso, sem ter o que fazer. Dali em diante, na correria, procura emprego dali, daqui, e eu, moleque novo, nada conseguia. E já via aqueles caras que chegavam cheio de ouro, a galera do Cabeleira, do Marreco, Jorge Nefácil. Os caras apareciam na favela cheios de ouro e grana.

O último emprego foi na PUC[23] em meados dos anos 1970, tomando conta do estacionamento. Mas era um emprego de carteira assinada para, de quebra, vender droga para os estudantes da universidade, encobrindo a atividade criminosa.

> Nessa época, eu havia arrumado um dinheiro bom no tráfico e comprei um apartamento lá em Realengo. Saía à noite e vinha para a boca na Cidade de Deus. Mas estava trabalhando na PUC. Às vezes eu saía cedo no horário

---

23. A Pontifícia Universidade Católica do Rio de Janeiro é uma instituição de ensino superior privada e católica brasileira, sediada no bairro da Gávea, na cidade do Rio de Janeiro.

de 11 horas para o almoço, e ia à Cidade de Deus ver como andavam as coisas, voltava para a PUC às 14 horas. Eu não queria sair de lá; com carteira assinada, eu passava pela *blitz* da polícia sem problemas. Mas descobriram que eu traficava e me mandaram embora.

Ailton era um jovem com uma inteligência acima da média que, devido ao contexto afetivo-social em que foi criado, não teve possibilidades de ampliar a sua capacidade criativa, nem direcioná-la para ações de maior valorização social. O processo necessário para essa valorização implica um *quantum* de tempo e de dedicação acadêmica; no entanto, para galgar essa pirâmide social, ele encurtou o caminho, pois, em seu universo, o mote "pobre, mas trabalhador" não fazia sentido algum para ele. Assim, utilizando-se das armas, conseguiu dinheiro, posição e mulheres.

Nenhum dos nove irmãos de Ailton, filhos de dona Benedita e de seu Bitencourt, se envolveram com o crime. Terá sido a ida para a casa da madrinha no Estácio, onde sofreu a crueldade do contraparente que o espancava? Terá sido a relação cada vez mais difícil com o pai, que o fez sair de casa? Teria o pai o expulsado de casa aos 13 anos? Ailton nem sabe os porquês.

No entanto, não se pode desconsiderar, ao ouvir a narrativa de Ailton, que a presença do pai não é muito notada. Há referências a brincadeiras de reafirmação do poder paterno, à prisão, à roupa comprada com o dinheiro do pai e mais nada. Pode-se ressaltar que, quando da separação após a saída do morro do Urubu para o Jacarezinho, foi o irmão mais velho quem ficou com o pai. Se considerarmos que a atividade "fora da lei" representa um enfraquecimento na internalização da própria lei, podemos inferir que, para Ailton, a função paterna foi negligenciada. O pai é alguém que tem que estar em determinado lugar para dar suporte aos interditos e aos ideais, fomentando uma consciência crítica que permitirá ao filho uma adequação ao seu grupo social. Para Ailton, essa função não fez marca.

Nessa ausência de limites, começava outra fase da vida de Ailton, aquela em que a febre das conquistas de garotas, a fissura do dinheiro no bolso e do poder que vinha das armas de fogo foram adquirindo proeminência nas suas práticas cotidianas. O contexto social em que já despontavam os bandidos poderosos, cheios de ouro e de armas, no qual vive o final da juventude, oferece as alternativas ao trabalho e à escola, desenvolve os novos afetos, os desejos transgressores, as novas referências e modelos desviantes.

3

Da transgressão para o crime: juventude transiente

Somente algum tempo após a remoção é que foram surgindo os bandidos na Cidade de Deus. No início, havia um grande vaivém de caminhões com as mudanças que chegavam de vários abrigos da cidade. Algum tempo depois, organizaram-se pequenos bandos de adolescentes, acompanhados ou não por adultos — os "barbados". Foi quando surgiram grupos de dois ou três que se especializaram em roubar residências na Barra da Tijuca. Esse tipo de roubo era conhecido como "cachanga".[24] A procura era por dólares e ouro. Naquela época, na Cidade de Deus, não havia bandidagem de tráfico, isto é, ainda não havia quadrilhas, apenas pequenos grupos que se reuniam para conversar. Nessas conversas, falavam dos assaltos realizados e combinavam outros. Quase todos eram assaltos a residências. Não havia lideranças definidas, nem a preocupação de defender bem armado um ponto de venda de drogas, o que só vai acontecer em meados dos anos 1970. Na rua, Ailton começou a frequentar as rodinhas dos que contavam vantagens sobre "ganhos" em ouro e dólares, sobre dinheiro para gastar no consumo desenfreado e exibicionista. Depois, o dinheiro passou a ser usado para comprar armas, de modo a não ter que pedir emprestado a outros assaltantes ou policiais e até mesmo membros das Forças Armadas, todos recebendo

---

24. Cachanga, palavra que vem do verbo cachar (agir às ocultas ou dissimuladamente), é o furto feito dentro de casas vazias ou durante a noite, silenciosamente, sem o emprego de armas.

parte dos roubos como aluguel das armas. Entre os bandidos assaltantes nos anos 1960 até início dos anos 1970, não havia rixa nem briga usando armas.

Esse negócio de quadrilha passou a acontecer depois — um grupo que obedecia a uma pessoa que era o líder. Naquela época, não tinha muito bandido, era cada um por si. Era tudo ladrão, assaltante. Era o tempo que a gente se juntava, na esquina, pra fumar cigarro e beber cerveja. Sempre um contava uma história, outro contava outra: "Eu fui em uma casa aí, arrumei não sei quanto de ouro, arrumei um revólver"; o outro já contava: "Lá no Recreio, eu já escoltei uma mansão, e, pelo que parece, os moradores estão viajando. Há dias tudo trancado, tudo fechado. Não quer ir comigo, fulano?". Um convidava o outro, mas não faziam parte de uma quadrilha. Todo mundo portava um revólver. A ação era mais ou menos assim: primeiro era só pra ver se tinha movimento na casa, até que se chegava a uma conclusão: "Estão viajando". Naquela época, tinha um grupo de caras que pareciam leves como papel — eram os ventanistas. Entravam dentro da casa das pessoas com elas dormindo. Eles conseguiam abrir a janela, entravam no quarto, pegavam porta-joias e saíam na ponta dos pés. Hoje, eles entram e botam a arma na cara das pessoas e já saem matando. Os caras daquela época não eram assim, não.

No início não tinha confusão, não existia rixa com ninguém. Todo mundo tinha arma, mas não havia rixa. Aquele revólver era só pra sair pra intimidar, pra assaltar fora da Cidade de Deus. Só usaria a arma se fosse pra sobreviver, legítima defesa, pra não morrer. O negócio da gente era farra de ter o dinheiro para se manter, comprar roupa nova, ter dinheiro no bolso, mas maldade de ferir as pessoas, a gente não tinha, não. Até porque não havia nenhuma reação quando nós íamos pegar o dinheiro. Era um tempo em que não havia cofre, o dinheiro não estava escondido, sempre à vista. Era muito rápido, pegava o dinheiro e saía correndo. Na bandidagem também não acontecia troca de tiro, porque se discutia e o conflito acabava ali naquela discussão. O Alicate era um cara que ele tinha um peito muito grande, o cara era forte pra caramba, e tinha um parceiro que se chamava Carlinhos Chininha. Um dia, eles discutiram e saíram na porrada. Cada um deu seu revólver pra outra pessoa segurar e saíram na porrada os dois. Foi uma pancadaria de quase meia hora, todos os dois brigavam bem. Esse Carlinhos Chininha era magrinho mas era arisco do tipo capoeirista, e o Alicate era fortão do tipo boxeador. Foi uma briga boa que ficou uma roda enorme, todo mundo olhando, mas os caras brigaram durante muito tempo até ficar um caído para um lado, o outro pro outro. Foi o cansaço que acabou com a briga, porque ninguém separou, não, eles ficaram no meio da rua brigando. Quando acabou, cada um apanhou o seu revólver e foi um para cada lado.

No filme *Cidade de Deus*, fizeram a maior sacanagem, colocaram uns caras de shortinho e chinelo assaltando caminhão de gás. Os caras, em 1968 ou 1969, andavam alinhados. Saíam pra Barra da Tijuca e Recreio dos Bandeirantes, entravam nas casas e voltavam carregados de ouro. Não era só ouro, não, dólar também e revólver. Dificilmente eles entravam em uma casa que não tinha um revólver, ouro ou dólar. Mas os caras não eram pilantras. O moleque que vai narrando o filme fala: "Cabeleira, Alicate, Marreco e mais não sei o quê, bandidos pé de chinelo!". Pô, não era isso, não. Aquela geração durou muito tempo, e ninguém pensava em guardar dinheiro, não, era só pra farra. Todo mundo queria andar bonito, cheio de mulher, ir ao cinema, aos bailes. E, quando era preso, tinha que perder para os PMs. O cara que fez o filme se baseou no romance do Paulo Lins. Ele fez entrevistas com pessoas que não eram daquela área, eram de outra. Havia um cara, o Jorge Nefasto, que era muito contador de história. Ele ficou com o apelido de Nefácil porque, quando éramos novos, moleques, nós parávamos muito nas esquinas para contar e ouvir histórias. O Cabeleira, o Marreco e o Alicate eram uns caras mais novos; o Jorge Nefácil já era barbado. Então, eles contavam "aquelas" histórias e, às vezes, esse cara, o Jorge, contava umas histórias que ninguém acreditava. Então, começavam a rir e falavam: "Pô, o Jorge não é fácil". Aí ficou, no livro, errado, botaram Jorge Nefasto, uma coisa assim. Mas ele era um malandro que não assaltava e não roubava ninguém porque ele tinha medo. Então, quando os caras chegavam de um assalto, você ouvia: "Fulano arrebentou!". Todo mundo sabia que ia ter maconha com fartura. Não só ele, como também um grupo de malandros, de malandro só no nome, que punha chinelinho branco com calça branca e vinha remando igual pato, cantando marra. Esses caras nunca tinham um dinheiro no bolso, nunca tinham um cigarro. Eles arrumavam umas mulheres, e essas mulheres é que roubavam e davam boa vida pra eles. Quando vinha a polícia, eles corriam. Eram uns caras que não assaltavam ninguém, não roubavam ninguém. Mas volta e meia iam presos por vadiagem. Tinha um grupo muito grande, de uns 30 a 40 barbados, que eram malandros, mas malandros só na pinta. Os caras que assaltavam e roubavam mesmo eram o Cabeleira, o Marreco, o Alicate, o Jorge Neguinho. Eles assaltavam e eram assaltados pelos PMs porque eles assaltavam para dar dinheiro ao Vovô. Quando se arrumava ouro, não sei como, a história caía no ouvido dos PMs. Sempre surgia um comentário assim: "Fulano pegou a boa". Então, aquela malandragem parasita vinha atrás para extorquir no papo: "Empresta tanto aí; pô, me arruma um baseado aí". Isso logo ia parar no ouvido dos PMs. Eles pegavam os mais novinhos e metiam a porrada querendo saber das coisas. Assim, chegava a notícia na delegacia, que comunicava aos policiais da Civil. Um assalto a uma residência no Recreio dos Bandeirantes ou na Barra da Tijuca ficava sempre "por conta" da Cidade de Deus. O cara podia ser lá da Taquara, de qualquer lugar, mas roubou residência na Barra ou no Recreio dos Bandeirantes, botavam na conta dos caras da Cidade de Deus — era assim. A maioria dos assaltos era feita pelos caras da Cidade de Deus mesmo — Cabeleira, Marreco e Alicate. O Cabeleira era claro e o apelido dele era por causa do cabelo, que não chegava a ser loiro, mas era cheio. O Marreco era moreno claro, não tinha o cabelo bom nem cabelo ruim, e era um cara até engraçado. Chamávamos de Marreco pelo modo que ele andava. Ele tinha um papo, assim, doido, sabe, não tem essas pessoas que são alopradas? Que, às vezes, são pessoas boas, mas quem não conhece pensa que o cara é carrasco mesmo? Ele não era nada disso, ele era apenas um cara que não gostava de andar sem uma arma. O Marrequinho gostava muito de tomar diazepam, e aí ficava meio louco. Muita gente tinha medo dele. O cara era igual uma mãe, mas assustava muita gente, porque qualquer coisa que acontecia ele pegava logo o revólver, mas não dava tiro em ninguém. Ele andava sempre pintoso, estava por cima, mas sempre fazendo as doideiras dele com revólver.

Na época, eu estava naquela correria de procurar emprego dali, daqui, e nada. Eu era moleque novo e via aqueles caras que chegavam cheio de ouro. Eu já andava rodeando eles, ficava por perto, e comecei a fumar cigarro com eles. Acho que eu tinha uns 14 anos, porque logo depois eu completei 15 quando estava preso no Instituto Padre Severino.[25] Eu lembro que foi até a minha namorada e depois morou comigo muitos anos, a falecida Dulcineia, que foi me visitar e levou um bolo todo bonitinho de 15 anos. Eu comecei a me juntar com eles, com aquela geração antiga, e consegui meu primeiro revólver. Na verdade, o primeiro eu perdi, ganhei uma volta de um cara. Esse cara vinha a ser o filho do diretor da Colônia Juliano Moreira. Naquela época, em Jacarepaguá, onde tem a colônia dos malucos, o lugar era muito deserto, e os malucos andavam soltos pela rua e com uma roupa azul. Pra tudo quanto é lado que se olhava tinha aqueles malucos andando pra lá e pra cá. O filho do diretor da colônia também era meio ruim da cabeça, e já era um cara barbado. Um dia ele me falou: "Tem um vizinho lá que tem um revólver muito bom, que quer vender e tal". Ele me levou lá pra comprar o revólver e falou: "Aguarda aqui que eu vou lá. O cara é polícia e não gosta que eu leve ninguém na casa dele". Calculo que no dinheiro de hoje devia ser na base de R$ 700,00 um revólver 38, que se chamava três oitão. Mas o cara não voltou, e eu fiquei ali na esquina. Me deu foi uma volta mesmo. Esse era o primeiro que eu estava comprando. A sorte que tinha dinheiro que estava sobrando, porque se não eu ia ficar muito aborrecido. Eu já tinha assaltado antes, só que com revólver emprestado, o revólver que eu andava usando era um revólver muito sem--vergonha, da marca Castel, não valia nada, todo mundo queria era o cabeça de touro [revólver Taurus]. Eu também conheci uns PMs que emprestavam

---

25. O Instituto Padre Severino é um tradicional reformatório (centro de reclusão para menores infratores) público na Ilha do Governador, no Rio de Janeiro. Ele é famoso por ter um histórico considerável de rebeliões, fugas e mortes.

armas. Mas tinha um sargento do Exército que emprestava umas armas de calibre 45 muito bonitas que ele tinha. Quando a gente voltava, dava uns presentes para eles, às vezes um cordão de ouro bonito, ou um relógio, ou dinheiro. Depois, eu fui comprando muito revólver e guardando, com os dólares que nós arrumamos na Barra da Tijuca. Eu pensei: "Vou passar a comprar bastante, aí não preciso pegar arma com ninguém, e nem ter que estar dando presente e dinheiro para os outros. Se eu perder uma arma, terei outra". Queria ficar independente.

[...]

Uma vez, nós subimos para o morro do Cantagalo, eu e mais um, pra arrumar um dinheiro com um gringo lá. A gente era moleque novinho, e os vagabundos da boca do morro cresceram um olho danado na pistola 45, que era emprestada. Pediram pra ver. O cara que foi comigo tinha parente no morro, tinha mais intimidade com os caras, mas eu não conhecia ninguém lá. Era a primeira vez que eu estava subindo esse morro. Aí, um cara comentou assim, um cara linguarudo pra caramba: "Tá com uma 45 aí, chefe? É tua mesmo?". Ficou me olhando, foi pro lado de um barranco e cochichou com mais uns dois ou três. Então, eu chamei esse cara que tava comigo: "Ricardo, vamos lá embaixo fazer um lanche rapidinho?". Aí, nós descemos e comemos um negócio lá no barzinho. Eu disse: "Não vou ficar aqui, não, vamos embora pra Cidade de Deus". Ele: "Não, vamos subir, não vamos agora, não, vamos mais tarde". Eu pensei: "Se eu subir, esses caras vão me render e vão me tomar essa arma". Eu não voltei mais para o morro. Fomos embora pra Jacarepaguá e, quando chegamos lá, devolvemos a 45 e demos um dinheiro para o cara. Dali em diante, eu comecei a comprar. Tudo que era arma que aparecia eu comprava e, às vezes, quando convidava um pra sair, eu falava: "Pô, cara, vamos dar uma volta até Madureira, Penha, Rocha Miranda, pra arrumar um dinheiro!". A gente era novinho, uns 15 ou 16 anos. Quando alguém dizia: "Rodei com um fulano aí, perdi um dinheiro, perdi um revólver!". Eu falava: "Não tem problema, não, eu te empresto outro". Hoje em dia é diferente, os caras da PM vão metendo bala. Naquela época, eles rendiam a gente e assaltavam. Eles davam geral, puxavam o revólver, pegavam o que tava no bolso e mandavam se adiantar: "Se adianta, se adianta...".

[...]

Naquela época, a molecada nova, com 15, 16 anos, não era como essa molecada de hoje, não. Eles tinham medo de vacilar porque se davam muito com mais pessoas de idade — os barbados —, andavam com elas como se tivessem a mesma idade, sem brincadeira, sem estar mostrando muito os dentes e se vigiando pra não errar, não vacilar pra não levar bronca. O cara novo já queria se passar como adulto; eu mesmo, quando era moleque novo, só vivia no meio de adulto. Mas a maioria eram menores, e às vezes muitos caras de idade não tinham aquela coragem de ir atrás do dinheiro. Então, chamavam: "Vamos juntos. Quer dinheiro, vamos à luta!". Aí saíamos, todos satisfeitos. O problema deles era que depois ficavam no prejuízo. Quando a polícia saía atrás e colocava a mão, quem era menor de idade ia para o Instituto Padre Severino, e o maior ia pra cadeia. Até que comigo não tinha isso de não querer dividir o ganho, porque quem tomava a frente das ações era eu. Eu era o mais novo, o mais moleque e o mais abusado. Também se tivesse que chegar e ganhar um tiro pela cara, quem ia ganhar era eu. A maioria era meio medroso, né, esperava alguém tomar atitude. E na hora de dividir o dinheiro, era eu quem dividia, contava tudo: "Tem tanto, é tanto pra cada um".

Assalto tem que ser uma coisa muito rápida. Às vezes as pessoas iam, hoje eu já não sei como é que funciona, mas naquela época a gente podia estar indo em uma ação e, atrás, um carro particular com dois ou três seguranças, então, tinha que ser uma coisa rápida para sumir logo de perto dali.

Desde a primeira vez que eu vi um cara assaltar uma Kombi, eu firmei de fazer só aquilo também. A minha tara era sair pros lugares de fora dali, e não podia ver uma Kombi de entrega de cigarro. Na época, dava muito dinheiro — não existia cofre nos carros.

A preferência pelos menores de idade se explica não só por não irem para a cadeia, mas pela ligeireza dos mais jovens. Do jeito que fala, não há dúvida de que ir para o Instituto Padre Severino era melhor, mesmo nos anos 1970, do que ir para uma delegacia ou prisão.

Ailton revela igualmente o desprezo pelos que não têm "disposição", os "vacilões", e desenvolve o sentido do que é justo dividir no dinheiro adquirido do roubo. Ele tinha também uma visão curiosa sobre o dono do dinheiro roubado nesses veículos de entrega. Se quem estava com o dinheiro não era o dono, não havia mal nenhum em roubar aquela quantia pertencente à empresa para a qual o motorista e o ajudante trabalhavam: uma argumentação que o livrava do sentimento de culpa e do arrependimento, um exercício que ele desenvolverá ao longo de sua trajetória criminal. Fazia também uma estranha divisão entre trabalhador, bandido e vagabundo. Os dois primeiros faziam alguma coisa para ganhar dinheiro, o último não fazia nada. Isso aproximava o bandido do trabalhador, os dois merecedores de respeito. O vagabundo, não: ele era um traste, um estorvo que só atrapalhava as ações.

> Quando a gente assaltava a Kombi de cigarro ou o caminhão de cerveja, a gente não estava levando dinheiro dele, do motorista. A gente não enfiava a mão no bolso de ninguém, a gente já via o dinheiro dentro daquela nota fiscal. Então, a gente agarrava o dinheiro e ia embora. Quando olhava uma Kombi fazendo entrega de cigarro, sabia que tinha dinheiro. Aí, eu fiquei viciado em fazer só aquilo. Mas teve um dia que um cara reagiu. Então, quando eu dei uma coronhada nele, o revólver partiu em dois; caiu um pedaço no chão e eu fiquei com o outro pedaço na mão. Eu fui embora e falei: "Não quero mais isso!". Eu tinha dinheiro, por isso fui comprar o revólver com o cara da colônia. Eu tava com dinheiro dos carros de cigarro. Entre as pessoas que saíam para fazer isso comigo, tinham até uns caras barbados, e eu, o mais novinho, de 15 a 16 anos, era eu quem puxava o bonde. Às vezes, os caras ficavam pedindo: "Me dá um cigarro, paga uma bebida, uma cerveja aí". Então, eu, moleque, colocava pilha neles: "Pô, não tem vergonha, não, cara? Você, barbado, porra, fica aí de merda, só pedindo, vai assaltar alguém!". Eu falava mesmo: "Vai assaltar alguém, fica só pedindo!". Ele: "Como? Eu não tenho revólver!". Eu falava: "Tem um, sim; eu empresto. Quer ir? Então, vamos?". Então, muitas vezes nós assaltávamos as Kombis de cigarro e os caminhões de bebida, que eram carros de firma, porque sempre carregavam muito dinheiro. Muitas vezes, eu levava uns dois caras comigo, que já eram barbados, fortes, e quando acabava eu fazia o serviço sozinho. Às vezes, eu já tinha rendido e recolhido o dinheiro todo, e eles não estavam nem com o revólver apontado. Ganhando dinheiro mole nas minhas costas! Então, quando chegava lá na

Cidade de Deus, na hora de dividir o dinheiro, eu falava: "Toma isso aqui"; e eles falavam: "Pô, não é por igual, não?". Eu falava: "Por igual o quê, tu fez o quê? Tu não fez nada, ficou lesado, parecendo que estava com medo!". Então, eu sempre ficava com a maior parte e falava pra eles: "Compra um revólver!". Muitas vezes, iam quatro pessoas e quatro revólveres. Quando era uma coisa programada, a gente combinava com duas ou três pessoas: "Vamos sair dia tal, pra tal lugar, assim e tal, pra arrumar um dinheiro?". Combinava com pessoas que tinham revólver, não com aqueles caras que ficavam parados ali na esquina sem fazer nada, que não eram chamados de bandidos, eram vagabundos, os que não faziam nada para ganhar dinheiro, nem pra roubar, nem pra assaltar e nem trabalhar! Tinha o cara que trabalhava, tinha o cara que era bandido, e tinha o cara que era vagabundo, aquele parasita que não fazia nada. Mas, muitas vezes, eu os levava. Uma vez, foi um caminhão de cerveja, na Penha. Eu rendi o cara no sinal, o sinal fechou, e eu vi aquele embrulho de dinheiro. O cara que estava comigo estava tão lesado que, quando ele olhou para dentro do carro, eu já estava descendo com o dinheiro na mão.

Os problemas com a Polícia Militar começaram logo. A mistura explosiva de abuso no uso da força com a corrupção eventual no empréstimo de armas para os assaltantes formou a pior imagem possível dos defensores da lei. As ações policiais eram arbitrárias e não seguiam, na verdade, nenhum regulamento interno, nem o estabelecido no Código Penal vigente. Não havia ainda o sistema do "arrego", mas a caça aos bandidos adolescentes da Cidade de Deus era implacável.

Havia um PM, chamado Vovô, que, de vez em quando, vinha perturbar. Esse Vovô matou a namorada do Marreco. Tava o Cabeleira, o Marreco e as duas meninas, a Ângela e outra, que foi criada com a gente. Eles ficavam no muro namorando. Esse Vovô subiu, veio por cima do muro atirando, meteu bala nele e matou a garota. Na época, não era comum a PM entrar e dar tiro. Hoje em dia é normal. Naquele tempo, também não se matava PM, mas hoje matam. Era difícil porque o cara quando matava um PM não tinha mais sossego, ele ia ser caçado pra onde ele fosse. Isso foi em 1970. Então, o pessoal começou também a meter bala. Pegou o outro policial que veio depois, o Cabeção. Esse Vovô foi afastado e entrou o chamado Cabeção. No filme *Cidade de Deus*, eles cometem um erro, usam o Cabeção e o Vovô juntos. Tem uma hora que eles caçam um moleque dentro do mato com um pessoal da Civil, não tem nada a ver. Tinha só PM. A PM fazia a ronda, e tinha aquele cara que gostava de sair dando tiro, achacando as pessoas. Era assim que esse Vovô fazia, e esse Cabeção também. O Cabeção chegou achando que ali só tinha bundão. Os caras estavam fumando maconha na esquina, chegava o Cabeção, e lá vai bala pra acertar mesmo. Aí chegou uma época que os caras falaram: "Ele vai ganhar também". Começaram a meter bala, fizeram uma emboscada pra ele e jogaram o corpo em cima de uma carroça com o cavalo puxando. O problema é que, naquela época, quando se matava um PM, não é igual hoje. Hoje os caras matam os PMs em uma favela lá, vem um comboio de reforço pra pegar o cara. Naquela época não: um cara matou o PM? Vinha o batalhão de choque, cercava a favela toda, até pegar quem matou. Cercavam a Cidade de Deus. Não entrava carro, ônibus, nada. A polícia cercava tudo até pegar o cara e matarem também! O Ferrujo, um cara dos apartamentos, entrou nessa também; cismou de dar tiro na patrulhinha, matou o PM. Pra quê? Não entrava carro, ônibus, nada na Cidade de Deus. A polícia cercou tudo até pegar o cara. Mataram também!

Hoje [2009], a polícia é arregada, eles entram no plantão e recebem o arrego. Então, tem certa hora, quando o pessoal da Supervisão ou da Corregedoria vai fazer uma ronda, que eles avisam: "Hoje não vai ter arrego, não!". Aí, os caras não querem saber de nada. Quando os PM vêm, já vai bala. Aquele mesmo PM que está entrando na bala hoje, amanhã está pegando o dinheiro, o arrego dele. Hoje em dia, é assim que a coisa está funcionando nas favelas. Se hoje ele não pode pegar dinheiro porque vai ter uma ronda, porque está acompanhado, porque tem uma supervisão na viatura ou porque vai querer invadir, então o pessoal vai meter bala. Por exemplo, lá em Jacarepaguá é assim: o arrego tem que chegar até umas duas horas da tarde. Se não, a polícia entra metendo bala. Naquela época ainda era pior. Pouco se dava tiro em polícia, e em uma troca de tiros tinha que espalhar, porque eram muitos policiais e não tinha o armamento que tem hoje. Hoje está até mais fácil, a arma que se tem hoje só assassina quem tem que assassinar, atrás de uma porta, uma parede, um muro ou um poste. Hoje, o que funciona mais é o argumento do arrego. Pagar pra não ser incomodado!

Nas primeiras atividades criminosas que realizou, Ailton conheceu os métodos e o poder dos representantes da Polícia Civil que trabalhavam na delegacia local. Durante o regime militar, eles não matavam, mas metiam o pé na casa dos moradores, quebravam tudo procurando os adolescentes, torturavam os transgressores encontrados e os prendiam junto com os adultos na mesma cela. Método eficaz para aumentar o ódio, o desejo de vingança e, portanto, as disposições para a violência dos jovens.

Quando menor, eu fui preso várias vezes, e ia parar no Padre Severino por causa do detetive Touro da Polícia Civil. Ele ficou muito conhecido porque matou um funcionário do Clube Itanhangá e saiu até no jornal. Ele espancou e matou esse funcionário dentro da delegacia da Barra. Naquela época, existia o Setor de Vigilância, que matou muita gente dentro da delegacia. Era uma época em que, menor ou maior, tinha que ficar preso todo mundo junto. Quando eu era menor, o detetive Touro me torturou muito no pau de arara, naquela delegacia. Em três oportunidades ele me prendeu e me pendurou no pau de arara.

Mas um dia, eu, com uns 15 ou 16 anos, fui com dois camaradas até a Barra da Tijuca. Ali tinha um carro de uns gringos, aberto e estacionado na porta de um hotel. A gente não ia roubar, estávamos passando em direção à praia. Então, um dos caras que estava com a gente puxou uma bolsa de dentro do carro. Tinha muito dólar nessa bolsa, tinha até uma trouxinha só em nota de 100 dólares e, se não me engano, tinha também umas notas de cor marrom que eu acho que era peso. Tinha dinheiro nosso também. Era tanto dinheiro que eu não tinha nem noção do quanto — nós enlouquecemos! Nós três sentamos debaixo de uma árvore, pegamos as notas e dividimos: uma nota pra um, uma nota pra outro, e no final dividimos aquilo tudo. Então, começamos a comprar armas e roupas. Era muito dinheiro mesmo. Fomos pra Madureira, eram compras e mais compras. Compramos roupa que dava pra usar até por um ano. Isso foi parar no ouvido desse cara, o detetive Touro. Ele ficou atrás de mim e dos outros dois, justamente por causa desses dólares.

Então, ele foi vasculhando a Cidade de Deus toda, quebrando porta de todo mundo procurando a gente. Ele não batia na porta: "Dá licença, que eu vou entrar". Não, ele e os outros metiam o pé na porta e iam quebrando tudo naquelas casas em que eles suspeitavam que vagabundo se escondia, até porque ninguém podia dormir todo dia no mesmo lugar. Ele vinha muito de madrugada, às três da manhã, quebrando porta e procurando a gente. Então, por causa desses dólares, a gente viu que ele não ia dar sossego. Ele vasculhou a Cidade de Deus toda, prendeu e torturou muita gente, até descobrir quem tinha arrumado aqueles dólares, e aí chegou até mim. Ele quebrou a casa onde eu estava dormindo. Ele me levou preso para a delegacia da Barra. Na delegacia, quando eu já estava no pau de arara e ganhando muito choque no saco, pendurado de cabeça pra baixo, passou pela minha cabeça o seguinte: "Já estou todo arrebentado, se tiver que entregar, vou entregar antes dele me arrebentar de vez". Ainda aguentei bem. Ele me arriava no chão, jogava água na minha cara e dizia: "Vai falar onde tem dinheiro?". Eu: "Não tem dinheiro, não fui eu, não fui eu...". Ele: "Pendura esse maluco de novo!". Aí, pendurava de novo entre duas mesas, de cabeça pra baixo, e só choque, choque e choque. Naquele tempo, era com o telefone de manivela, e dava a impressão que tinha um motor arrastando a gente, um jogando água e o outro com a manivela dando choque. Na volta, na madrugada, ele me jogou dentro de um cubículo com uns caras. Naquela época, eles não separavam maior de menor, ficavam todos juntos. No dia seguinte, me mandaram de carro para a DM [Delegacia do Menor]. Ali se tomava banho e jantava, e, à noite, uma Kombi levava pra Ilha do Governador, para a Escola XV, para o Padre Severino,[26] que depois virou Funabem [Fundação Nacional do Bem-Estar do Menor]. Quando eu cheguei lá, encontrei o Marrequinho.

---

26. Ailton fala de várias unidades governamentais em que menores infratores ficavam internados: a Escola XV de Novembro, da extinta Funabem, em Quintino (hoje Instituto Profissional XV de Novembro da Fundação de Apoio à Escola Técnica — Faetec), e a Padre Severino, antigo reformatório na Ilha do Governador. A primeira dava formação profissional, artística e esportiva aos jovens internados e é lembrada com saudades por seus alunos mais recentes. A segunda ficou famosa pelas rebeliões, fugas e mortes, algumas protagonizadas ou testemunhadas por Ailton nas décadas de 1960 e 1970. Foi extinta em 2012 para dar lugar ao Centro de Socioeducação Dom Bosco.

Eu já estava lá há meses, dei uma que tinha de ir pro hospital, disse que começou a me dar uma dor de garganta, era uma dorzinha de nada, que eu nunca tive problema de garganta. Fui levado de Kombi até o hospital lá em Quintino[27] e, depois de muita conversa, me deram uma anestesia geral; eu não vi mais nada, e operaram minha garganta. Inventei essa história com a intenção de fugir porque no Padre Severino estava difícil por causa da altura do muro. Quando acordei, estava com a garganta operada, me botaram dentro da Kombi de volta. Inventei outro problema, me trouxeram no hospital de novo, e dessa vez eu fugi. Então, saí correndo, pulei o muro e fui embora. Corri pela linha do trem até a estação, vim pela linha do trem, e assim consegui fugir. Acho que o Marreco fugiu pela piscina no dia seguinte. Lá tinha uma piscina com um tal de Marujo que aceitava ouro pra pegar a pessoa pelo pé de modo que ela fugisse pelo muro da piscina. Então, lá na Cidade de Deus, ficamos andando juntos, eu e esse Marreco. No entanto, ele passou a beber e a andar desarmado. Eu falei pra ele: "Rapaz, eu não vou te acompanhar mais, não". Ele estava bebendo muita cachaça, um cara supernovo. Sei lá, teve uma transformação na vida dele, ele era um cara que estava sempre com dinheiro, sempre portando muito ouro, sempre com pelo menos dois revólveres em cima e o bolso cheio de dinheiro. De repente, ele deu uma relaxada do nada. Não andava mais armado, não pensava mais em arrumar dinheiro. Ele foi assassinado por um vagabundo da Mangueira que apareceu na Cidade de Deus porque tinha parente lá. Marreco era arisco, nem conhecia a atitude do cara, que chegou ali no momento em que ele estava desse jeito, largado.

Eu ainda era menor, me juntei com outros parceiros que não eram dali, mas do morro do Cantagalo e da Cruzada São Sebastião, uns caras que gostavam de andar alinhados. Fui preso de novo. Eu e o Bambolê, do morro do Cantagalo, continuamos saindo pra fora, pra longe, andando fora de qualquer suspeita. Esses caras tinham mais educação. Um dia eu parei uma Kombi de cigarro, o segurança reagiu, e foi bala pra tudo quanto é lado.

---

27. Ailton se refere ao bairro de Quintino Bocaiuva, popularmente conhecido como Quintino, um bairro da cidade do Rio de Janeiro localizado nos subúrbios, ou Área de Planejamento 3. Seu nome homenageia um dos líderes do movimento que, em 1889, fundou a República no Brasil.

Ele estava dando tiro em mim e eu estava dando nele. Eu não vou botar o revólver na cintura e correr de costas; respondi atirando. Fui preso nesse dia porque na rua estava um carro particular, cheio de policiais que me renderam. Fui para a delegacia e o detetive Touro me arrebentou bastante. Ele ainda alegou que aquele segurança era parente dele, me arrebentaram legal. Tinha aquela história de que menor não podia ficar preso em delegacia, mas eu fiquei 10 dias escondido lá, no meio de maiores de idade. Touro era um cara que ele sacaneava muito os outros, ele dava porrada nos mais velhos, um cara que parecia um monstro de tão grande, musculoso pra caramba. E batia mesmo, não tinha pena, se matasse, dava um jeito. Quando comandou o Setor de Vigilância, era tudo manchado de sangue em todo lugar; ele quebrava, matava mesmo, não queria saber. Nessa segunda vez que eu fui preso, estava lá o cara que me levou o dinheiro do revólver dentro da cela. Ele estava com o osso da canela quase do lado de fora, sem poder andar, esticado no chão, sem socorro médico, porque o Touro prendeu ele, pegou um aro de carro e estourou na canela dele. Eu até tirei proveito e me vinguei da volta que ele havia me dado: ele era grande pra caramba, mas eu pisei na perna dele, que ele não podia brigar comigo e nem me bater. O Touro, qualquer delito, poderia ser leve, ele torturava, machucava mesmo. Antes de ser transferido, porque eu era menor, eu fiz isso quase na hora de sair. Nunca mais vi esse cara. Fui de volta pro Padre Severino, onde também estavam querendo me arrebentar por causa da fuga. Mas aí minha mãe apareceu lá e eu estava na sala do diretor, todo arrebentado. Ela perguntou se iam fazer alguma coisa comigo porque eu tinha fugido e o carcereiro [tinha sido] prejudicado, dias suspenso do trabalho. Aproveitei e falei na frente do diretor que iam me arrebentar, sim, mas ele tranquilizou dizendo que não ia acontecer nada disso.

A Polícia Civil investigava com os alcaguetes, moradores do local que davam informações sobre o que acontecia. Mas todos sabiam quem eram eles, e os viam passar nas viaturas ou dentro da delegacia. Não eram quase nada disfarçados. Severino, um nordestino odiado pelos moradores, era um deles. Mas ainda não havia guerra com a polícia.

Quando um bandido dava tiro em camburão, a reação era imediata e amedrontadora para os jovens bandidos.

No filme Cidade de Deus, tem um personagem que é o Severino, um nordestino — ele mata e enterra a mulher no quintal. Mas, na vida real, o Severino era retratista e trabalhava mais como X-9, alcaguete da polícia. Ele era morador, porém só vivia dentro da delegacia junto com a polícia. Sendo morador, ele sabia da vida de todo mundo e dava serviço na delegacia como informante. Vinha sempre na viatura da polícia com uma metralhadora no colo e o braço pra fora. Então, um dia, não sei o que deu em mim que eu parei na esquina da casa da Marinalva, com mais uns três. Uma dona passou e falou: "Vem um camburão lá embaixo, e o Severino está na janela". Então, eu falei para os caras: "A gente só fica correndo deles! Tá na hora de parar com isso". Eu estava com um revólver novinho e bom, o melhor mesmo, se não me engano, acho que era uma máquina 357. Quando a viatura chegou, eu mandei bala neles, nunca tinha feito isso, ninguém nunca tinha feito isso ali. Eu falei: "A gente não dorme mais, só corre, corre!". Pra que eu fui fazer aquilo? Foi a pior besteira. Aí mesmo que eles não deram mais sossego a ninguém. Cercaram a Cidade de Deus toda pela Estrada dos Bandeirantes. Era no tempo em que ninguém dava tiro na viatura da polícia. E os caras que estavam comigo, todos mais velhos, diziam: "Tá maluco, rapaz, olha a merda que você fez". Eu falei: "Vamos ralar da Cidade de Deus que vai ter blitz geral". E blitz de casa em casa é brabo de se escapar. Naquela época, eu estava com dois revólveres, e dava um volume danado na cintura. Nós conseguimos sair e fomos parar na Cidade Alta.[28] Tinha um cara lá que já tinha sido bandido na Cidade de Deus, naquela época em que nós chegamos. Mas ele tinha se afastado e ido morar na Cidade Alta porque

---

28. A Cidade Alta é um conjunto de comunidades e conjuntos habitacionais formado pelos conjuntos habitacionais Cidade Alta, Porto Velho (Pé Sujo ou PS), Vista Mar (Bancários), Favela Divineia, Favela Avilã, Favela Serra Pelada e Favela Vila Cambuci. Localiza-se no bairro de Cordovil, na cidade do Rio de Janeiro.

ele tinha a mãe e uns parentes lá. Fomos parar na casa dele, almoçamos lá e demos uma descansada. Explicamos o que estava acontecendo e que a gente precisava ficar um tempo fora da Cidade de Deus. Não sei se ele ficou com medo, porque ele falou assim: "Cara, aqui não dá pra ficar por causa da minha família". Então, saímos sem rumo e fomos parar lá no morro da Penha, lá no Cruzeiro. Passamos uma noite lá. No dia seguinte, ficamos no meio de umas pedras, os bandidos de lá tudo já barbudão. Conversa vai, conversa vem, no meio daquela conversa, os caras chamam para fumar maconha em um lugar deserto com muito mato e umas pedras, mas bem afastado de onde estavam as moradias. Mas eu tinha reparado que um dos caras não tirava o olho da minha cintura. Aí, bateu a maldade. Eu não conhecia ninguém, o cara que foi comigo até conhecia algumas pessoas ali. Aí, eu fiquei cutucando ele: "Vamos embora, cara, vamos embora, vamos chegar mais pra lá pra tomar um refrigerante". Saímos um pouco do deserto e chegamos perto de uma barraca, tomamos um refrigerante e descemos do morro. Ele falou: "Vamos pra onde?". Eu falei: "Vamos voltar pra Cidade de Deus mesmo". Aí foi quando nós estávamos atravessando a rua, o sinal fechou. Estava lá um caminhão parado. Eu olhei para o painel e vi aquela nota fiscal, não deu nem tempo de avisar a ele. Corri com o revólver aqui assim, foi uma coisa muito rápida. Atravessamos aquele buraco da rua de trem e fomos embora. Voltamos pra Cidade de Deus assim mesmo. Voltamos, mas saímos logo em seguida. Parece que alguém falou que a gente tinha voltado pra lá. Começaram a cercar tudo de novo. Nós saímos e fomos parar em uma favela na Estrada dos Bandeirantes.[29] Ficamos escondidos lá uns dias até que eles deram uma trégua, pararam de estar perturbando.

Depois que fez 18 anos, Ailton não assaltou mais ninguém. Mas antes já havia vislumbrado uma forma de ganhar dinheiro que parecia mais certa

---

29. A Estrada dos Bandeirantes é uma das principais vias da região de Jacarepaguá, na Zona Oeste do Rio de Janeiro. Passa pelos bairros da Taquara, Jacarepaguá, Curicica, Camorim, Vargem Pequena e Vargem Grande.

e tranquila: a venda de drogas na Cidade de Deus. Para ele, um negócio, um comércio que nunca o deixou sentir-se culpado, apesar de saber que era ilegal. Largou o último emprego em que vinha trabalhando com carteira assinada, fazendo assaltos ao mesmo tempo, mas cansou de ser ladrão. Dava muita confusão. É assim que fazem os que abraçam a carreira no crime como estratégia para driblar o poder legal. Sempre pulando de um lugar para outro, de uma atividade para outra, sem projeto, sem direção, ao sabor dos acontecimentos, das oportunidades, das brechas existentes nas formas de controle. Quando começara a traficar, Ailton tinha 14 para 15 anos, mas queria ser adulto, agindo como os adultos com os quais convivia. Os lugares abertos com a morte de negociantes da droga é que permitiam a ascensão dentro do tráfico. Dele dependia a atenção para não vacilar. Compreende que o ciclo dos assaltos havia chegado ao fim porque, como maior, ele iria para a prisão. Concentrou-se no tráfico de drogas para ganhar muito dinheiro e ficar poderoso.

> No próximo convite para assaltar, falei: "Daqui a 15 dias, eu vou fazer 18 anos, e o que passou, passou; foi uma etapa no Padre Severino, e eu não vou pra cadeia por causa desse negócio de assalto não". Não fui, os dois caras foram e até deu certo, eles conseguiram o que queriam. Só que eles tinham ido pra casa de uma mulher lá em Padre Miguel, eles vieram em um táxi pra Padre Miguel, quando chegaram na estrada do Catonho [perto da Taquara], a viatura estava vindo. Os caras foram parar na Ilha Grande,[30] eu acho que um foi condenado a 18 anos de cadeia, o outro ganhou mais de 20 anos.
>
> Se não me engano, a dona da boca que tinha na Cidade de Deus em 1968 era dona Maria, mas era uma dona fora de qualquer suspeita, e a maconha não era vendida como hoje, as pessoas passavam escondido. Essa dona Maria era uma escura, alta pra caramba, ela tinha uma criança pequena e

---

30. A Ilha Grande é o nome de uma ilha do litoral brasileiro no oeste do estado do Rio de Janeiro. Serviu de presídio político durante os primeiros anos da República e passou a abrigar prisioneiros comuns também durante o regime militar. O antigo presídio da Ilha Grande, o Instituto Penal Cândido Mendes (IPCM), foi implodido em 1994.

dois filhos. Eles eram nossos colegas, jogavam bola conosco, mas ela tinha mais idade e um marido na cadeia, mas ali ninguém sabia. Ela vendia uns baseadinhos assim já prontos, que ela mesma enrolava. Era um baseado naqueles papéis de seda Colomy. Enrolava as duas pontas, aí as pessoas compravam, mas na miúda, jogavam pedra no telhado dela, ninguém chegava e gritava. Vendia dentro de casa, sem ninguém ver. Hoje em dia, não, ninguém quer ficar dentro de casa vendendo maconha, que vai preso. O marido dela que estava na cadeia apareceu lá, um senhor escuro, alto pra caramba; aí, veio o comentário: "Aquele é o marido da dona Maria que estava na cadeia". Ela parou de vender e ficou o velhinho apelidado seu Rato, que ele veio da praia do Pinto para Cidade de Deus. Ele passou a vender em uma lojinha dele, um barzinho. Tinha umas cachaças, pouca coisa na prateleira, mas era o único que ficava aberto até de madrugada, e a bandidagem se reunia dentro do comércio dele. De vez em quando, de madrugada, a PM chegava e rendia todo mundo ali. Não havia quadrilha organizada, não tinha vigia na esquina, ficavam assim, contando com a sorte. Hoje em dia, o cara fica até jogando sinuca, totó, bola, porque tem alguém em tudo quanto é esquina. Quando a polícia vem, os fogos já estão estourando. O pessoal ficava ali bebendo cerveja dentro desse bar e comprava maconha ali mesmo no balcão. Como naquela época tinha esse pessoal que gostava de assaltar, e fizeram um assalto fora da Cidade de Deus, arrumando muito dinheiro, a polícia cercou a favela toda atrás desses caras. Descobriram que o pessoal era de lá, daquele pedacinho onde fica o bloco Luar de Prata e a lojinha do seu Rato. Então, o foco era aquele pedaço, a polícia cercando tudo ali. A filha do seu Rato, uma mulata fortona, levou os caras pra favela ao lado da PUC, o Parque Proletário da Gávea, para não serem presos. A polícia ficou sabendo que a filha dele tinha feito isso. Seu Rato já era um senhor de idade meio doente e ainda vendia a maconhazinha dele. A polícia pegou o velho, encontrou aquele monte de maconha com ele, meteu o cacete no velho, e ele foi de camburão lá na Gávea buscar todo mundo. Ele teve que levar para o barraco onde a filha estava com os caras. Foi todo mundo preso, e bateram muito neles. Os caras foram pra cadeia condenados. Soltaram o velho, mas ele já estava meio doente, e a filha foi cheirar cheirinho de loló no dia seguinte da prisão do pessoal, caiu pra trás, bateu com a cabeça na beira do tanque e morreu. O velho ficou desgostoso e morreu também. Ele, que vendia a maconha dele, sumiu, a velha já tinha saído, aí não tinha mais maconha pra vender ali. Eu cismei e comecei a comprar pra vender também. Na época, tinha um cara muito famoso no Rio de Janeiro, o número um, que era o Cabeção de Rocha Miranda, na época da polícia dos Dez Homens de Ouro em 1969.[31] Mas não era como hoje. Eu fui no morro do Faz Quem Quer, em Rocha Miranda, o morro mais famoso de então, onde era tudo desse cara, o Cabeção. Alguns policiais estavam envolvidos com extorsão em cima dele, deu manchete pra vários dias. Lá tinha fartura, parece que ele tinha um contato direto lá pra fora, naquela época tinha esse conhecimento com o pessoal lá fora. Então, qualquer quantidade que precisasse no morro dele, tinha. Hoje se vende um sacolé de maconha, naquela época eram uns cartuchos, e o barato desse cara era um pacote assim com 100 gramas, uma fartura. Ficavam uns caras em um beco lá em cima do morro, com quatro ou cinco bolsas de papelão de supermercado, no meio do beco. Era tipo uma feira, sobe e desce, sobe e desce o morro. Eu comecei com pouco, comprei dois cartuchos de 100 gramas, fiz do mesmo jeito aqueles baseadinhos que o velho fazia, estava dando dinheiro, eu gostei daquilo. Gostei e falei: "Ah, não quero saber mais de assaltar, não, vou ficar vendendo isso aqui". Fiquei vendendo aquela maconhazinha até que fui comprando mais quantidade, mais quantidade e mais quantidade.

---

31. Os Dez Homens de Ouro eram doze famosos agentes policiais, bem treinados, que foram escolhidos pelo Secretário de Segurança Pública do Rio de Janeiro para "limpar" a cidade. Eles já faziam parte da Scuderie Le Cocq, entidade clandestina criada para vingar a morte em serviço de Milton Le Cocq, famoso detetive de polícia do estado do Rio de Janeiro, que fora morto por Cara de Cavalo em 1964. Um deles, Guilherme Godinho Ferreira — o Sivuca —, foi eleito deputado estadual com a plataforma "bandido bom é bandido morto", bordão repetido até hoje pelos que são contra o Estado democrático de direito. Depois de ficar esvaziada durante anos, a Scuderie Le Cocq retorna em agosto de 2013 para combater o crime organizado e lutar pela aprovação do projeto de lei que extingue a lei do desarmamento e pela redução da maioridade penal para 16 anos. Ailton não se refere ao Cabeção, PM que o perseguia na Cidade de Deus, mas a um famoso traficante de Rocha Miranda, por volta de 1969.

Quando eu trabalhei na PUC, eu tinha uns 20 anos, surgiu a oportunidade de ampliar o negócio. Nos apartamentos, a boca de fumo era de um cara chamado Bé, não era ainda do Zé Pequeno. A boca ali era do Grande. Aí veio um cara que trabalhava com o Grande que se chamava Damião; era um cara, assim, que parecia ter aparência de baiano. Mal ele chegou com a boca de fumo, a polícia prendeu e sumiu com ele. E o Bé, que era o segundo braço do Damião, assumiu aquilo ali, mas ele não tinha lá essa moral toda. Então, ele mandava em um bloco — o bloco 7 — onde estão as lojas, na estrada do Gabinal. Às vezes, o pessoal botava os troços pra vender, e foi onde eu botei minha mercadoria também. Virei grande comerciante: tinha a boca dentro da Cidade de Deus, vendia ali nos apartamentos e na 13 também. Tinha um cara que trabalhava pra mim na 13 antes da guerra; tudo quanto era lugar a mercadoria era só minha.

Logo, o crescimento de Ailton como assaltante terminara. Surgia o traficante, o grande comerciante ilegal na Cidade de Deus. O entendimento que ele teve de que o tráfico de drogas era muito mais lucrativo e menos arriscado do que o roubo espalhou-se pela cidade. Chegou até às prisões onde estavam os assaltantes de banco que começavam a constituir as falanges dentro dos muros. Mais tarde, em meados dos anos 1980, as facções passaram a se interessar por esse negócio, e a guerra entre elas aumentou o alcance e o número de mortos. O pioneirismo dos traficantes da Cidade de Deus tornou-se história. Um negócio tão lucrativo, embora arriscado, atraiu outros jovens do lugar. Não tardou a começar a primeira guerra entre traficantes na cidade do Rio de Janeiro, no final dos anos 1970. A diversão, a brincadeira, a zoação não tinham mais lugar. Era preciso tornar-se profissional e guerreiro.

4

O outro sexo: a febre da conquista e seus efeitos, os filhos

Se as conversas na esquina com os rapazes marcaram a entrada de Ailton nas transgressões e, mais tarde, na carreira criminosa, a relação com as mulheres também vai exibir a trajetória de idas e vindas entre a vida tranquila de um jovem pobre e a vida acidentada de traficante armado, temido e desejado por elas. A virilidade misturava sexo com armas, drogas, desafios que exigiam prontas respostas sem palavras, mas com instrumentos cada vez mais letais, contendas, guerras, conquistas. Nem ele sabe bem por que brigava. O móvel básico era apenas a sobrevivência e a empáfia de ter sobrevivido enquanto outros morreram.

Suas primeiras aventuras não diferem muito das descobertas, por vezes, cercadas de medos dos adultos responsáveis e das aflições de ser rejeitado pela mulher, aflições compartilhadas por adolescentes no contexto social dos bairros pobres, sem dinheiro para gastar, procurando prazeres gratuitos.

> Quando eu era novo, com 13 anos, eu tive umas namoradas, mas eram aqueles namoricos sem maldade ainda. Nós éramos meio atrasados, não tinha sexo.
>
> A Alice, nós nos conhecemos quando éramos bem novinhos, com uns 14 anos. Mas era aquele namoro de beijo, naquela época que tinha aqueles bailes do Roberto Carlos, tempo em que se usava aqueles sapatos cavalo de aço, calça boca de sino. Ao mesmo tempo eu namorava outra menina chamada Rita, mas sem maldade. Eram só aqueles abraços, aqueles apertos

na escuridão, na esquina, nos muros. E ainda tinha o problema dos pais que não aceitavam. Naquela época, tinha o rio que corta a Cidade de Deus, de água limpinha. A gente tomava banho e pescava dentro daquele rio. No fim da tarde, a gente pulava dentro do rio com um monte de garota para tomar banho. Naquele lado de quem vai para a Estrada dos Bandeirantes, era um sítio. Ali não tinha casa, só capins baixinhos e árvores arranha-gato, que são cheias de espinhos. A gente tomava banho com as garotas e corria para dentro do mato do lado de lá, rolávamos no mato, mas não tínhamos aquela maldade.

Eu lembro que perto da casa da minha mãe tinha uma garota pequenininha que tinha apelido de Xuxa. E o pai dela era daqueles que ficam atrás das filhas o dia todo. Um dia, quando nós estávamos tomando banho no rio, um monte de mulher e um monte de garotos, corremos para o outro lado e começamos a nos beijar e rolar no mato. Era só aquele abraço dentro do mato. Eu lembro que o pai dessa menina nos viu. Atravessamos correndo, ele chamou a polícia, disse que tinha que levar a filha dele para fazer exames. Nós éramos crianças, com uns 13 anos. Ele fez um escândalo. Quando a polícia chegou, em vez de apontar para mim, ele apontou para o meu irmão. A polícia saiu correndo atrás do meu irmão; deu uma confusão danada. Esse coroa bebia muito e disse: "É o Antônio". Mas era eu.

Depois, eu conheci uma tal de Rita. Já estava surgindo um pouco de maldade. Naquela época, tinha muito sítio na Cidade de Deus, mato à vontade. No primeiro dia que ia rolar um sexo com penetração com essa Rita, em um lugar chamado Porta do Céu, um sítio, deu a maior confusão. A Rita era uma garota que, ainda novinha, tinha um corpo avantajado. Mas ela tinha um irmão que se chamava Pelé. O cara não era bandido, era meio malandro com vontade de ser bandido, e metido a valentão. O negócio dele era só fumar maconha e meter a mão em bolso de bêbado. E ele só vivia controlando a irmã; se ele a visse tarde da noite, ele gritava. Eu pensei: "Vou levar a Rita para o mato, mas tem que tomar o maior cuidado com o Pelé". Quando consegui convencê-la, depois de muito sacrifício, quando levei ela para o mato, ela estava vestida com uma japona preta dele. Era o mês de junho, e tinha muito balão no céu. No mato, quando empurrei a jaqueta no escuro, forrei justamente em cima de bosta. Acabou a noite. Quando começou a feder, apareceu um pessoal no mato correndo atrás de balão. Vestimos as roupas correndo, cheias de merda. Eu nem quis ficar perto dela: "Vai, e amanhã a gente se vê". "E o que eu vou explicar para o meu irmão?". O irmão valentão ia querer saber o que aconteceu com a jaqueta. No dia que ia rolar, não rolou, e depois ela não concordou mais, porque eu a larguei no meio da rua. Eu deveria ter levado a garota para outro lugar, e ainda forrei a jaqueta em cima de um monte de bosta. Depois, ela se mudou e só fui encontrá-la muitos anos mais tarde, já barbado.

Ailton negou sempre que as moças da favela naquela época fossem garotas de programa e nunca usou termos pejorativos — como "garota fácil" ou "piranha" — para se referir a elas.

Ali, era o seguinte: davam com vontade, caso simpatizassem com a pessoa. Não era negócio de fazer programa. Elas não eram assim, aquelas pessoas que eram malfaladas na comunidade. Eram moças que quase nem se via no meio da rua. Aquilo tudo foi farra, atravessamos para o lado de cá, íamos para o mato. Depois, rolou com outra vizinha também. Era uma coisa mais discreta, e nem era com vários rapazes que elas faziam. Rolou ali, mas não tem compromisso... O cara não quer compromisso, então, morreu ali.

Após esse período de aventuras e descobertas, Ailton conheceu aquela que seria um grande amor na sua vida — Dulcineia — quando tinha em torno de 15 anos. Ailton casou, ou melhor, "ajuntou" cedo. Ficaram uns 20 anos juntos, todavia, sem um voto de fidelidade por parte dele, o que levou o casal a inúmeros problemas. De acordo com a argumentação de Ailton, era ela a "titular". Por causa dela, fez nova tentativa de trabalhar regularmente e levar uma vida mais tranquila. Dulcineia o inicia no sexo adulto. Quando a conheceu, já veio uma filha, e nunca mais teve outro. Ela ainda ficou grávida duas vezes de Ailton, mas perdeu os bebês. Ailton criou a Mônica, que lhe deu nove netos.

Quando eu conheci a Dulcineia, eu tinha 15 anos, e ela estava com 17 ou 18 anos. Então, ela já tinha mais experiência do que eu. Aí rolou um sexo bom; eu gostei e grudei. Fiquei por ali. Em seguida, fui preso, fui parar no Padre Severino. Ela ia lá me visitar. Nessa época, eu pensava: "Mas mulher é uma coisa muito boa. Eu não vou ficar metendo bronca pra ficar preso, dormindo sozinho perto de um bando de marmanjos. Eu não quero saber disso, não. Eu vou é trabalhar e dormir com essa mulher todo dia". Quando eu saí da cadeia, comecei a arrumar trabalho, ainda menor de idade, para construir um quarto no quintal do pai dela. Na época eu estava trabalhando na PUC, ou não, acho que foi no Itanhangá. O dinheirinho que eu arrumava eu comprava um pouquinho de tijolo, um cimento. Até hoje está lá esse quarto.

Aqui está outra revelação crucial que torna compreensível por que tantos ex-prisioneiros se referem à mulher amada como motivo principal para sair do crime. É para estar com a "titular" todo dia. Dulcineia foi a "titular" até morrer. Por isso é que havia permanecido ao lado dele por quase 20 anos, tanto no momento ruim quanto no bom, até o ano de 1996, quando veio a falecer. Ailton desculpou-se das suas infidelidades em virtude de ser um conquistador com um excesso de desejo sexual. Dulcineia virou a referência afetiva mais importante, mesmo depois de morta, seu porto seguro, porque "de confiança" e de amor incondicional.

Eu brincava com as garotas e falava que o resto era tudo filial, a matriz mesmo era a Dulcineia; eu falava que a Dulcineia era a Alfa Um... Ficamos muitos anos juntos. Eu cresci, fiquei barbado junto com ela, mas tendo muitos outros casos. Inclusive, eu arrumei muitos problemas para ela; até tive que dar tiro em mulher. Fiquei muitos anos com a Dulcineia, e passamos por muitos momentos juntos na vida. Nos momentos bons e ruins, ela estava junto comigo. Momentos ruins eram momentos de guerra, às vezes bem longe de Jacarepaguá. De repente, eu poderia ganhar tiro assim, quando havia escama, falsidade. Talvez um encontro em tal lugar, que é para alguém morrer, longe da favela. Eu não portava arma na cintura, só gostava de portar arma na cintura dentro da Cidade de Deus. Onde a Dulcineia estava comigo, sempre carregava uma bolsa com a minha arma dentro. Além de prestar atenção nas conversas entre várias pessoas, de acordo com a conversa eu olhava dentro do olho dela e ela já entendia. De tanto conviver comigo, ela já entendia quando eu estava querendo que ela colocasse a arma em posição que eu pudesse sacar rapidamente. Aconteceu algumas vezes de estar com bandidos fora de Jacarepaguá e o papo não estar bom. Eu olhava para ela e ela já abria o fecho ecler em posição para eu sacar a arma. Saí muitas vezes de confusão assim. Tiroteio com ela do meu lado. E teve os momentos bons também, que a gente passeava, curtia. Teve uma época que a gente gostava de dormir em motel — era uma festa.

As histórias realmente nunca eram inteiramente românticas para o fã de Roberto Carlos que vestia calça boca de sino nos anos 1970. Lembrando-se de Dulcineia, seguem-se os relatos dos conflitos e confrontos armados, sempre presentes na vida agitada e perigosa que vivia então. E das possíveis traições fora das relações de confiança com a sua família e a família de Dulcineia. Colegas, amigos, nunca foram inteiramente confiáveis. O pano de fundo é o da pobreza, às vezes em cores mais fortes, de uma necessidade famélica, às vezes relatos de fausto e luxo de roupas, festas, farras. As transações comerciais do tráfico são também cheias de inesperadas soluções em que nem tudo passa pela moeda sonante. Até passarinho entra nas trocas, mesmo sem interesse pecuniário. Por fim, também no pano de fundo, a masculinidade construída na resposta violenta aos desafios que mexem com o orgulho de quem não pode ceder nem titubear para não parecer um homem fraco. O desejo é destruir fisicamente os rivais. Os danos causados não geraram culpa e remorso. Todos eram justificados por fazer parte de um jogo de ganhar ou perder, matar ou morrer. Não é à toa que dizem "perdeu" quando roubam ou matam alguém. Um extremo de competição, um jogo de soma zero radical: ou se ganha tudo, ou se perde tudo, a vida ou o respeito que os outros teriam por eles.

Os pais da falecida Dulcineia estão morando lá até hoje; eles me consideram como filho, desde quando eu era novinho. Em 1978/1979, na época da guerra com o Zé Pequeno, eu tinha um apartamento em Realengo, onde eu ficava com a Dulcineia. Os pais dela tinham uma garotinha que trabalhava para eles e sabia onde a gente morava. Pimenta colocou-a em um táxi e mandou-a lá em Realengo: "Vai lá e avisa o Ailton para tomar cuidado, porque o Zé Pequeno descobriu onde é o apartamento dele. Ele pode sofrer uma tocaia". Eu falava para a minha mulher: "Onde a gente dormir, não tem esse negócio de você levar colega, porque a gente não deve confiar em ninguém. Na hora de colocar a cabeça no travesseiro, eu quero dormir em paz, não quero estar preocupado com bandido". Mas ela acabou levando uma garota, dizendo: "Não, ela é gente boa, não fala demais". Eu soube, não sei se é verdade, que essa garota falou para o Zé Pequeno onde era o meu apartamento — ele ia fazer uma tocaia e me pegar sozinho. Eu não sei de onde o velho escutou isso, porque não sei se é verdade, mas na hora eu resolvi vender o apartamento. Aí, uma dona que morava no mesmo andar se interessou em comprar o apartamento para um parente. Nós já tínhamos uma mobília na Cidade de Deus, então não tinha como colocar mais uma mobília lá. A vizinha disse que um cara em Santa Cruz tinha uma casinha para vender. Fomos para Santa Cruz. Chegando lá, eu não conhecia ninguém no lugar chamado Antares.[32] Nessa época, era um lugar muito deserto, era um lugar da fome. Os caras assaltavam ônibus que vinham de Santa Cruz para dentro da comunidade, roubavam roupa no varal. Assaltavam pessoas com bolsa de compra, era um lugar de fome braba. Mas eu precisava de uma casa só para colocar a mobília e muita gaiola de passarinho que eu tinha.

Os passarinhos vieram de um traficante idoso que me abastecia de cocaína que ele recebia de uma boliviana em casa. No dia em que fui fazer negócio com eles, a Delegacia do Tóxico, na época no Alto da Boa Vista, foi lá e invadiu, mas a boliviana já havia saído. Aí o velho me disse: "Eu já estou abandonando essa casa, todo mundo correndo". Eu falei: "E essas gaiolas, os passarinhos vão morrer". E então, ele me disse para levá-los. Era muita gaiola, passarinho que não acabava mais. Eu enchi o carro com aqueles passarinhos todos, porque eu gostava muito de passarinho. Daí, eu precisava

---

32. Antares é o nome de um empreendimento habitacional popular construído ao final da década de 1970, localizado no bairro carioca de Santa Cruz, Zona Oeste da cidade. Há muitos anos é dominado pelo tráfico de drogas, que provocou a morte do cinegrafista Gelson Domingos, da Rede Bandeirantes, durante ação policial.

de um lugar para deixar aquelas gaiolas até ver o que ia fazer. Eu comprei a tal casinha do cara e expliquei: "Isso aqui é só para guardar minhas coisas". Mas eu não tinha todo o dinheiro, e só dei uma parte. Ele fez um recibo e fiquei de voltar no outro dia para pagar o resto. Mas depois eu vi que ele era marrento pra caramba. Ele era baixinho e a mulher dele era alta, uma negona que não tinha mais tamanho. Ela gritava: "Azul, você não vai não sei onde?". Quando eu vi aquilo, achei que ele tinha pinta de vagabundo, mas quem dava as cartas era a mulher. No dia em que marquei de ir lá pagar, foi justamente o dia que meu pai me disse que ia a Barra Mansa visitar a minha irmã. Então, eu disse que o levava. Entramos no carro eu, meu pai, a Dulcineia, a Mônica e o meu sogro. A Dulcineia foi na frente, meu sogro e meu pai, atrás com a garota. Fomos por Santa Cruz para pegar a Rio-Santos e eu poder pagar o dinheiro que devia. Chegando lá, não achei o cara. Abri a casa para correr um vento, dei comida aos passarinhos, troquei a água e fui a uma barraca cujo dono era PM. Perguntei a ele pelo cara escurinho, assim, assim. "Ah, o Azul?"; mandou a moleca sair procurando mas não achou. Então, resolvi ir embora e passar na volta. Fomos para Barra Mansa, ficamos um dia lá. Na volta, minha intenção era entrar em Santa Cruz para pagar o cara, mas surgiu uma discussão dentro do carro com a falecida. Eu não lembro qual era o assunto, sei que um não concordava com o outro, e me incomodava aquela zoeira. Quando estou descendo a Serra das Araras, tentando dar um susto neles, eu arriava o pé no acelerador e só pisava no freio na curva. Só para sacanear, porque eles estavam perturbando muito o meu ouvido. Eles ficaram apavorados. Com aquilo ali, me distraí e vim direto, não fui a Santa Cruz. Quando percebi, já estava chegando perto de Acari. Voltei para Santa Cruz. Chegando lá, a Dulcineia, com um coração que não tinha mais tamanho, como o pessoal passava muita fome, quando viu uma família ao lado, uma nordestina com um monte de filhos todos magros, que perguntou se não tinha um trocado para ajudar a dar comida para as crianças, foi ao galinheiro, comprou dois frangos, dois quilos de arroz, um quilo de fubá. Entrou em casa, fez aquele panelaço de galinha, arroz, fubá, colocou tudo do lado de fora, deu comida para todo mundo. As crianças todas comendo, até eu comi. Acabando de comer, ela falou para a dona guardar as panelas que ela pegaria quando voltasse. Ficamos ali conversando. De repente, apareceu o negão. Ele andava igual a um pato. A negona dele vinha atrás. Aí ele: "Como é que é, meu compadre, estou sabendo que você teve ontem aí e não voltou. Por que você não me esperou?". Eu respondi: "Não te esperei porque eu tive um compromisso, não dava para te esperar". Ele: "Mas você tinha que me esperar, tinha a obrigação de ficar me esperando". Eu fiquei olhando para a cara dele e falei: "Que te esperar, rapaz?". Ele: "Mas essa parada não ficou legal. Foram me chamar lá, me fizeram vir lá de casa, quando eu cheguei aqui, não te encontrei". E a negona dele ao lado, igual a um armário. Eu falei: "Quer saber de uma coisa, cara, eu não tenho satisfação a te dar, não. Nem à minha mulher eu dou satisfação, não vou dar satisfação a você. Você demorou, mas a minha palavra está de pé; toma aí o seu dinheiro". Mas a mulher dele se meteu: "Você vai deixar esse cara falar assim com você? Não estou te conhecendo!". Para que a negona foi falar isso? O cara meteu a mão em uma arma 635 na cintura, falou: "É mesmo, você não está certo, não; para começar, vou logo dar uma geral no seu carro. O que for encontrado está preso". Os meus pertences ele ia pegar para ele. Ele com a 635 na mão. Acho que ele nem ia tomar aquela atitude, mas como a negona incentivou... Meu sangue ferveu, eu olhei para a cara da mulher, quando ele virou para ir ao carro, eu "bum", dei um tiro nele. Nem deu para reagir, meteu a mão no peito, saiu correndo, e eu atrás, pelo beco afora. Quando passou perto do meu carro, a 635 dele caiu; aí, minha filha Mônica pegou: "Aqui, pai, aqui, pai!". Eu coloquei no bolso e fui atrás do negão. Depois, fiquei sabendo que foram cinco tiros que pegaram nele, o primeiro foi no peito, mas ele saiu correndo e eu fui dando o resto pelas costas. Ele atravessou uma ponte e caiu do outro lado, em cima de um monte de areia. Quando ele caiu debruçado naquele monte de areia, veio uma viatura da PM de sirene ligada. Eu voltei correndo e uma senhora me parou. Estava com um garoto com um tiro de raspão na perna e dizia que o filho fora baleado. "Minha senhora, eu sinto muito, foi o negão Azul". E continuei voltando porque a viatura estava vindo. Meu pai ficou apavorado, disse que nunca mais andava de carro comigo, nem meu sogro. Meu sogro ainda quase caindo do carro, eu arranquei pela avenida Santa Cruz e fomos embora. Os passarinhos morreram de sede e fome. Só depois pegamos a mudança.

Mas, no meio do caminho, entramos em um sítio em Bangu. Nesse dia na estrada, por causa desse problema da viatura, quando encontrei uma patrulha da PM dando blitz, diminuí a velocidade, mas só tinha dois PM, e eles estavam com a cara enfiada dentro do carro. Só que eles colocaram a cara para fora quando eu estava passando e deram um sinal para mim. Eu não tinha tido tempo nem de tirar as cápsulas e pensei que, se eu parasse, todo mundo ia entrar em cana. Eles enfiaram a cara para dentro do carro de novo e eu passei devagarzinho por eles. Fiquei com aquilo na cabeça, pensando que já tinha o problema da viatura, sem saber se esses policiais colocaram a cabeça para fora do carro mais uma vez e viram a placa do meu carro e anotaram para nos parar mais na frente. Resolvi entrar no sítio. Meu sogro frequentava um macumbeiro que morava dentro da mata, na área florestal. Era do governo, mas o cara morava lá e pronto. Tinha muita plantação lá. Era uma família de macumbeiro que estava enganando meu sogro e minha sogra. A minha sogra cismou de reencontrar um irmão que ela não via há 40 anos, porque vivia em São Fidélis. O macumbeiro falou que ele ia aparecer, mas que tinham que ir à Calunga fazer um trabalho, levando dinheiro. Diziam que tinha que dar tanto: R$ 1.777,00. Eu notei que era sempre com o final sete. Então, eu falei para o meu sogro: "Vamos entrar lá para dentro da mata". Passamos na portaria, o guarda florestal já nos conhecia. Subimos a ladeira e ficamos dentro do mato de um dia para o outro — o meu carro não estava mais na pista. Aproveitei para dizer ao meu sogro que os macumbeiros estavam enganando ele. Para descontar o que eles estavam roubando, entramos na mata e enchemos a mala do carro de aipim, batata-doce e frutas. Parecia que a gente estava vindo do Ceasa.[33] O carro, um Corcel, chegou a ficar arriado. No dia seguinte, fomos embora para casa e ficou tudo bem.

Dois meses após, quando encontrei um cara que havia sido morador da Cidade de Deus e morava em Antares, fiquei sabendo que tinha acertado cinco tiros no Azul. Ele foi socorrido pela polícia e ficou vários dias no

---

33. Ceasa é a sigla para Centrais de Abastecimento do Estado. As Ceasas são empresas estatais ou de capital misto (público e privado), destinadas a aprimorar a comercialização e a distribuição de produtos hortifrutigranjeiros.

hospital em Santa Cruz. Estava andando na favela com uma arma de calibre 12 na mão, cheio de esparadrapo nas costas, todo remendado, igual a uma múmia. O cara me contou também que ele passava com um grupo de homens dizendo que eu só tinha acertado porque ele estava desprevenido: "Quero ver vir agora que eu estou preparado". Isso bateu no meu ouvido e um dia de madrugada falei para o Manoel Galinha: "Daqui pra lá você reúne todo mundo e ninguém dorme. Daqui pra cá quem eu encontrar eu chamo. Acho que o Zé Pequeno vai dar um ataque na gente hoje". Passamos a noite toda todo mundo esperando o Zé Pequeno, mas quando deu umas 3h30 da manhã e o Zé Pequeno não veio com a quadrilha dele, eu falei para os caras: "Passamos a noite sem dar um tiro, vamos para Santa Cruz". Os caras: "Pô, três horas da manhã! Vamos para Santa Cruz, acorda o Rebelde" — um cara que tinha um caminhão. Entramos no caminhão e fomos para Santa Cruz. Fomos em 20 mais ou menos, em um desses caminhões de caçamba que carrega areia, lotado em cima; e eu e o Manoel Galinha dentro da cabine com o motorista. Foi no dia que eu peguei a mudança, entendeu, mas chegamos dando tiro, éramos tipo polícia. Bandido correndo, bala voando, e a gente entrando. Manoel Galinha foi por uma ponta. Eles correram, não esperaram a gente, não. Os primeiros que deram de cara com a gente, nós gritávamos: "Para, é a policia". E íamos metendo bala e penetrando para dentro da favela. Atravessamos o rio, cercamos a área todinha. Enquanto isso, o caminhão com outros caras tiravam a minha mudança toda. Nunca mais voltei lá. Perdi o dinheiro que já tinha pago, a casa, mas não fiz nenhuma questão. Foi até bom, porque eu descobri que ele tinha expulsado um morador daquela casa que ele me vendeu.

Dulcineia, a matriz, comprava e vendia casas, carregava a arma dele e ia para os esconderijos com ele. Foram muitas casas, muitas mudanças feitas a cargo da fiel companheira. Quando passou uns tempos escondido na Baixada Fluminense, procurado pela polícia, Ailton viveu incógnito entre vizinhos que não sabiam quem ele era. Tinha até grupo de extermínio lá. Foi com a mudança sem ter ainda casa para morar, fugindo de mais um problema, dessa vez com a Polícia Federal, porque um ladrão da Cidade de Deus lhe havia oferecido um cordão de ouro muito valioso, que posteriormente ele descobriu pertencer a um policial federal. O ladrão que havia roubado a joia foi preso e, torturado, contou para quem a havia entregado. A casa da sogra de Ailton foi toda quebrada. A mãe do ladrão pediu-lhe que devolvesse a joia, mas não há perdão para alcaguete, mesmo quando torturado pela polícia.

> A mãe dele ficou pra baixo e pra cima, a favela cheia de polícia, e a mãe dele querendo me encontrar. Então, me escondi em um lugar e mandei trazê-la, e ela me disse: "Só vão parar de bater no meu filho quando o cordão aparecer; vim pedir pra você devolver o cordão pra que eu possa levar lá". Mas respondi: "A senhora tinha que me procurar pra eu devolver esse cordão antes dele me dedurar; agora o seu filho vai ficar entrando no cacete, que eu não vou devolver nada, não".
> Dulcineia reclamou que eu tinha feito negócio com um merdinha e ela não tinha onde dormir, a casa toda quebrada. Então, eu lhe disse para ir a Caxias[34] levando logo a mudança, e procurar uma casa para alugar onde dona Agustina, a senhora escura que tinha um terreiro frequentado pelos meus sogros, conhecia tudo. Ela reclamou que não sabia como sair com uma mudança da casa arriada. Mas eu mandei que fosse chamar o fulano do caminhão, a *blitz* comendo solta na Cidade de Deus. Botaram a mudança no caminhão, a mulher foi pra Caxias com a mudança em cima do caminhão, mas sem casa. Ela ficou andando em Caxias, e a falecida dona Agustina arrumou um quarto pequenino onde morava uma paraibada danada, aqueles nordestinos que falam ainda com sotaque carregado. Eu fui lá no dia seguinte, dizendo que pelo menos eu tinha uma casa maior pra comprar. Uma paraíba veio na porta conversar porque tinha visto o jornal da hora do almoço, que falava da Cidade de Deus, e mostrou uma foto minha. Dizia: "Olá, vizinha, olha só, parece com o seu marido". Eu fiquei

---

34. Duque de Caxias é um município do estado do Rio de Janeiro, integrante da Região Metropolitana do Rio de Janeiro, situado na região da Baixada Fluminense, onde fica a maior refinaria de petróleo do estado.

preocupado, mas a Dulcineia foi logo cortando: "Parece nada, um homem feio daquele vai parecer com o meu marido?". Só que eu vi a minha foto na televisão. Meti o pé na estrada de novo e disse para ela ficar por lá que eu ia embora. Depois, ela conseguiu uma casa e comprou. Com o tempo, pararam de perturbar e eu fiquei por ali, mas achando que a qualquer momento a polícia ia me apanhar e levar o cordão de ouro. Antes que levassem, eu vendi no escritório de ourivesaria por um dinheirão. Antes, tirei uma foto com o cordão e uma guia para uma entrevista ao *Jornal do Brasil* em 1979. As pessoas usavam muito ouro naquela época; hoje em dia, as pessoas têm medo, usam só bijuteria.

A cumplicidade com a mulher é inegável. Mas também o é a adesão aos valores da exibição de joias de ouro para ganhar prestígio e dinheiro sonante. Dulcineia também cuidava da retaguarda e usava arma, se necessário para defender a casa ou o marido.

Eu estava vivendo bem ali, tomava a minha cerveja — "Meus vizinhos, estou indo, que amanhã é dia de luta"; "Vai com Deus" —, chegando de táxi e saindo de táxi. Eu os tratava assim, de noite, de manhã, durante quatro anos. As coisas só passaram a mudar depois que roubaram a minha casa, que aí eu meti bala nos ladrões de lá. Os vizinhos descobriram quem eu era, tive que vender a casa e ir embora. Um dia roubaram as minhas roupas todas, tentaram arrombar a minha porta, pisaram no meu calo. Ninguém gosta de ser roubado. A Dulcineia estava apavorada, mas ela não era boba. Eu deixava um revólver 38 em casa que ela sabia manejar. Os caras forçaram a porta, mandaram abrir, mas ela ficou atrás da porta com o revólver na mão dizendo que não abria. Como eles não conseguiram entrar na casa, pegaram tudo que estava na corda, um monte de roupa nova que eu tinha comprado. Naquela época, tinha umas blusas bonitas da marca Tucano. Todo mundo na Cidade de Deus gostava dessas camisas. Eu tinha comprado várias delas, estavam todas na corda, além de bermudas e tênis secando. Eu cheguei logo em seguida e saí andando para procurar. Quando entrei em um beco, tinha um birosqueiro entregando coisas na janelinha; os caras já estavam com o aparelho de som do coroa, colocando no chão. Aí eu cheguei de longe, metendo bala neles. Foram embora baleados e cheios de sangue. Depois, apareceu uma mulher dizendo que era tia de uns dos caras que tinham sido baleados e tinha ido lá para pegar dinheiro para o medicamento. Agora você vê, o cara quer roubar a minha casa e a tia dele ainda foi lá atrás de dinheiro para o remédio. Eu nem sabia quem era. Dulcineia falou para ela: "Meu marido só chega à noite, depois das 19h, a senhora vem aí". Eu ia sacanear, colocá-la dentro do carro para ir onde o cara estava e entregar o remédio. Mas ela não voltou, não, acho que tinha um anjo da guarda bem forte. De repente, recebi a visita de policiais, que cercaram a casa toda, e eu fui preso. Por coincidência, eu sonhara naquela noite que estava sendo preso. Nunca tinha acontecido isso comigo. De manhã bem cedo, acordei e falei para a Dulcineia: "Eu sonhei que essa casa estava toda cercada de policiais. Vamos ralar, vamos embora daqui. Não estou nem a fim de ir para a Cidade de Deus, vamos lá para a Rocinha,[35] para a casa da sua mãe". E ela me respondeu: "Você está acreditando em sonho?" "Hoje estou; eu sonhei que essa casa estava toda cercada". A casa tinha várias janelas. Ela reclamou que eu era meio louco, cismando de ir embora até mesmo de madrugada; então, foi no mercadinho para deixar comida pronta na geladeira, um lagarto assado. O mercado era longe, mas escutei a voz dela voltando, sem dar tempo de ir. Quando olhei pela janela, vi um bando de policiais, de metralhadora, de escopeta. Pensei: "Meu Deus do céu, é hoje". Aí, fui para a sala para tentar sair. Os caras estavam atrás de uma madeira, tudo já apontando para a janela dos fundos. Fui para a porta e, da cozinha, vi policiais no portão. Eu estava cercado por tudo que era lado. Saí para não metralharem a casa comigo dentro. Cheguei à porta com a maior calma e perguntei se estava havendo algum problema.

---

35. A Rocinha é uma favela localizada na Zona Sul do Rio de Janeiro. Muitos afirmam que ela é a maior favela do Brasil. O bairro foi criado e delimitado pela Lei nº 1.995, de 18 de junho de 1993, embora poucos moradores tenham o título de propriedade dos seus imóveis, o que caracteriza a aglomeração como urbana irregular ou "subnormal", na definição do Instituto Brasileiro de Geografia e Estatística (IBGE).

O policial que estava ali perguntou pelo meu nome e o que eu fazia da vida. "Ailton Costa Bitencourt, motorista de táxi." "Você é Ailton Batata da Cidade de Deus?" Respondi: "Não, senhor, não tenho roubo". Os outros já vieram invadindo: "É ele mesmo". Quebraram a casa toda procurando arma, e encontraram duas. Mas a Dulcineia sempre gingava, jogava coisas em cima deles quando eles estavam atrás de mim. Ela era danada, pintava e bordava. E eles falaram: "Vamos embora, que essa mulher é maluca". Jogaram-me dentro do carro e me levaram para a delegacia. Chegando lá, o delegado me perguntou se eu fazia parte de algum grupo de extermínio, porque ele tinha 11 anotações de homicídio na minha ficha. "Não, não tem isso, não, meu negócio é a guerra do tráfico na Cidade de Deus", eu respondi. Só que ele tinha um mandado de prisão preventiva contra mim. Fiquei preso lá em Belford Roxo. Dulcineia foi me visitar e eu disse para ela vender aquela casa, que lá eu não voltava mais. Foi o que ela fez, vendeu a casa bem barato para ir logo embora. Tinha roupa, ficou tudo lá. Mandei vender a casa porque os vizinhos já haviam descoberto quem eu era, e eu já estava vendo que o dono da boca no local ficou com medo de mim. Não dava mais para me esconder ali. Mandei que ela fosse à Rocinha falar com o Denis para arrumar uma casa de modo a colocar a mudança. Denis arrumou um apartamento no prédio da família do Zé do Queijo, aquele presidente da associação de moradores da Rocinha que foi assassinado.

Nem tudo, porém, foram companheirismos e lealdades na relação dos dois. Ailton teve muitos casos, pelo prazer da conquista, assim como pela necessidade de ser recebido em várias casas quando estava fugindo de policiais ou de bandidos inimigos. Nessas casas deixava sempre mudas de roupa que as mulheres lavavam e guardavam para quando precisasse. Dulcineia sabia de todos os casos, mas nunca pela boca do Ailton, só pela fofoca. Algumas vezes, ela reagiu dando surra ou tiro nas rivais. Mas também apanhou e levou tiro de Ailton, sem deixá-lo. Acabou por aceitar dividi-lo com outras, contanto que não lhe contassem que ele estava com outra em algum lugar, porque ela iria lá para quebrar a fulana. Ela só arriou depois que Ailton foi sentenciado e cumpriu pena em uma penitenciária, quando só ela podia ir visitá-lo. Passou a beber muito e morreu de câncer na garganta. Outras foram visitá-lo na prisão. Antes de ser preso, Ailton viveu seus momentos de mais poder e violência, exercida também sobre as mulheres sem nenhuma culpa ou remorso. Vivia nas fronteiras da paranoia, um tanto necessária para quem estava cercado de inimigos por muitos lados, e da onipotência, sentindo-se todo-poderoso, um verdadeiro mandachuva que dava ordens a todos.

> A Lúcia eu conheci em 1970, e eu tenho um filho com ela que hoje tem 30 anos, o Licínio. Nos apartamentos ainda não havia começado a guerra, nem o Zé Pequeno era dono da boca. Então, eu tinha boca de fumo lá dentro da Cidade de Deus, na estrada do Gabinal, e fui arriar mercadoria para um casal que me procurou — Araci e Lúcia. Ela era uma escura simpática, meiguinha e bonitinha. Eu comecei a levar mercadoria pra eles trabalharem pra mim lá nos prédios. Era uma época que o pessoal me abastecia de maconha com um preço bom pra mim, e a mercadoria era boa. Quem mais vendia na Cidade de Deus era eu. A maconha era bem servida, então, os fregueses faziam filas e iam aonde ela é melhor e mais servida. Quando o traficante compra maconha cara e não muito boa, ele tem que botar pouca quantidade porque senão ele não vai ter lucro e perde freguesia até falir. Quando o fornecedor está me dando um preço bom, vou servir a mercadoria pra chamar a atenção. Todo mundo queria fazer negócio comigo. Esse casal me pediu para abastecê-los, mas o marido foi embora com todo o dinheiro, com a mercadoria que ainda tinha, e largou a Lúcia para trás. Quando fui lá, ficamos conversando, ela fez um café; ela era toda metida, gostava de servir na bandeja, cafezinho na xícara. Dois dias depois, eu fui lá de novo e nem sinal do cara. Fiquei no prejuízo. Mas não ia continuar assim, ele foi embora, mas deixou a mulher. Resolvi ficar com a mulher só por maldade. Ela me convidou pra almoçar, sentamos no sofá, conversamos e rolou. Fiquei com a mulher durante um tempo até que ela engravidou do Licínio. Perdi o encanto e desapareci. Nunca mais quis saber. O garoto pequeno, eu sempre via, às vezes na Rocinha, onde ela tinha parentes e me procurava; às vezes na Cidade de Deus, quando ela ia lá me procurar. Fiquei sem vê-la quase uns 20 anos.

Tive encontros com muitas outras, mas não era para ficar junto: era de estar na madrugada e surgir uma oportunidade, porque minha mulher estava dormindo, então vai a fulana mesmo, "periguetes" e "boquetes". Eu sou um cara que sempre estava correndo atrás de novidade, sempre querendo achar uma melhor que a outra, e no final dava tudo no mesmo.

Depois da Lúcia, veio uma vizinha que morreu recentemente, a Célia, um pouco mais nova do que eu. Ela era trocadora de ônibus e gostava de passar perto da boca e ficar me olhando. Mas eu não dava confiança, até que um dia ela estava com um namoradinho, um moleque bem novinho. Tarde da noite, eu a chamei e perguntei se ela gostava do moleque desse tamanhinho parecendo uma criança, e disse que ela estava precisando de um homem. Ela riu. De tarde, batemos um papo e rolou. Tinha um porém: ela morava em frente à casa da Dulcineia e era amiga dela. Mesmo assim, ficamos juntos também um tempão sem a Dulcineia saber. Eu tinha duas grandes amigas que andavam comigo pra todo canto, sempre me ajudando, e que eram amigas da minha mulher também. Duas irmãs que se chamavam Gilda e Miriam, duas mulatas de estampa mesmo. Quando elas me viam com alguma situação, elas me deduravam. E descobriram que eu tinha esse caso com a Lúcia. Um belo dia eu chego na casa do meu sogro e fiquei sabendo que a Dulcineia e a Célia — a vizinha amiga da Dulcineia que tinha um caso comigo — foram lá nos apartamentos e deram uma coça na Lúcia. Quebraram o apartamento todo dela. Quando cheguei em casa, Dulcineia e Célia estavam em cima da laje tomando sol. Bati nas duas lá em cima mesmo; a Dulcineia desceu voada, a Célia tentou sair correndo e dei um chute nela também. Depois, chamei-a e falei que ela não podia ter feito aquilo porque estava de caso comigo, como é que ela ia ajudar minha mulher a bater em outra? Se a minha mulher descobrisse que ela também está nessa, ela ia ganhar uma coça porque a Dulcineia batia bem pra caramba.

Apareceu uma mulher que vinha a ser parente do Martinho da Vila, uma mulata, mas aquelas mulatas de fechar o trânsito — a Letícia —, que foi visitar uns parentes do Martinho da Vila que moram ali perto da casa da minha mãe. Quando essa mulata apareceu, era novidade uma mulata que andava rebolando. Eu parei o carro na beira do rio pra ir à casa da minha mãe e indaguei ao garotinho que ficava sempre tomando conta do carro quem era aquela mulata. "Pergunta se ela quer tomar uma água de coco comigo lá na Barra". Deu certo, e nós fomos pra beira da praia, ficamos tomando água de coco e conversando. Depois, fomos para um motel na Dutra,[36] longe da Cidade de Deus, para eu não ser reconhecido. Fiquei de caso com a Letícia por um bom tempo, e ela passou a ficar na Cidade de Deus morando na casa do parente. A gente andava muito de carro, passeava, mas sujou, porque a Dulcineia descobriu. Um dia, a Letícia estava no portão e eu fiz sinal pra ela dizendo que iria entrar no quarto onde a gente se encontrava, mas não podia deixar as pessoas na rua me verem. A rua estava cheia de gente conversando. Fui pela beira do rio e dei um monte de tiro para o alto, todo mundo saiu correndo. Quando voltei, não tinha ninguém na rua, entrei no quintal, tomei um banho, fiquei lá trancado com Letícia. Daqui a pouco era só vidraça quebrada, tijolo, pedra e a Dulcineia lá fora gritando: "Bota essa vagabunda pra fora que eu vou bater nela". Uma despesa danada, porque eu tive que pagar os prejuízos do dono da casa. E a Letícia, que era uma mulata fortona, mas medrosa, ficou agarrada nas minhas costas: "Não deixa essa mulher me bater, não, não deixa ela entrar aqui, não". Quando a Dulcineia parou de falar, achei que ela já tinha ido pra casa. Pulei o muro pelos fundos, me arranhei todo porque tinha uma plantação com pé de cana na casa do vizinho, e saí pelo outro lado. Cheguei em casa e, na maior cara de pau, neguei tudo — eu estava na Triagem, de conversa fiada! Ficou o dito pelo não dito, mas ela sabia que eu estava lá.

Em seguida, eu tive um caso com a Zezé, que vinha a ser mulher de oficial da Marinha. Estavam separados, mas ele ainda estava vivendo na mesma casa que ela. Já nos conhecíamos desde criança, mas comecei a ter um caso com ela quando ganhei um jogo de xícara em um lance de dardo no bar e ofereci a ela, dizendo que esperava um dia tomar um cafezinho na xícara. Dias depois, a polícia cercou tudo e eu vim pulando de quintal

---

36. Rodovia Presidente Dutra (BR-116, também SP-60, no estado de São Paulo), conhecida coloquialmente como Via Dutra, faz a ligação entre as cidades do Rio de Janeiro e de São Paulo.

em quintal. Caí no quintal da Zezé e ela fechou a porta. Como eu estava todo suado, ela me deixou tomar um banho. Quando pedi a toalha, ela já entrou pelada com a toalha na mão me agarrando no banheiro. Quem vai olhar uma mulher pelada e resistir? Aí rolou, e continuamos. Às vezes eu ia à casa da mãe dela, o ex-marido dela chegava e eu estava agarrando a Zezé no quintal. Ela tinha dois filhos com esse cara, e ele perguntava se ela não ia cuidar das crianças. Mas era tranquilo, sem briga. Depois que ela teve esse filho meu que morreu no negócio das armas lá em Guadalupe, nós nos encontrávamos somente em motel lá na Dutra. Ela tinha um cunhado que era PM e morava perto da Dutra. Nós deixávamos a criança lá com ele e ia pro motel. Um belo dia, nós estávamos dentro do motel, ela me perguntou: "Você se lembra daquele dia que a Dulcineia quebrou a casa querendo pegar a Letícia na bordoada? Fui eu que te dedurei, tu foi à beira do rio, deu tiro pro alto, todo mundo correu, e só eu fiquei atrás do muro e vi quando tu entrou. Fui lá na casa da Dulcineia e contei que tu ia transar com a Letícia naquela hora". Xinguei muito a Zezé e parei com ela.

A Kelly era uma garota novinha e morava perto da casa da minha mãe. Quando vim de volta da Rocinha, eu estava no Karatê,[37] de vez em quando eu a visitava, um casinho, nada de mais. Em 1985, eu e meus caras tivemos um problema com os do Karatê e demos muito tiro por lá. Peguei a Kelly e levei-a para uma casa do outro lado. A mãe dela tinha um problema de saúde e foi junto. Mas a Dulcineia de vez em quando cismava, ia lá e metia a mão na cara da Kelly e da mãe dela: ela batia nas duas, na mãe e na filha. Botava um terror naquelas mulheres. Então, eu disse que ela não podia bater na coroa, que não tinha nada a ver com isso, e a proibi de passar da rua para onde a Kelly morava, sob pena de levar bala. Só dois dias durou a trégua. Mas quem tomou tiro foi a Kelly e a Dulcineia. Um belo dia eu estou com uma porrada de bandido na esquina da boca conversando, de repente vi um vulto e fiquei na dúvida se era a Dulcineia. Ela fingiu que foi pra ver

---

37. Karatê é o nome de uma favela que fica colada ao conjunto habitacional da Cidade de Deus, do outro lado do rio que margeia o conjunto. É uma das áreas mais violentas da região, dominada por traficantes de drogas.

se eu ia falar, e voltou assim que me viu, mas eu dei o flagrante e fui atrás dela. Mandei três tiros na perna dela e ordenei um rapaz da boca levá-la pro hospital de táxi. Dois dias depois falei pro moleque ir na casa da Kelly e dizer pra ela passar rápido uma bermuda e uma camisa minhas. Ele voltou e contou que ela tinha dito que não ia fazer nada disso agora, não. "Ela falou pra você ir na casa de uma outra piranha tua porque agora ela está ocupada". Ela era a mais novinha de todas, uns 20 anos, e a outra ganhou um tiro porque ia lá bater nela, aquilo era um abuso. Fui lá e mandei-a repetir o que tinha mandado dizer pra mim. Ela ficou rebolando dizendo que era novinha e as outras vacilavam. Mas ela vacilou também. Peguei a pistola e o Taurus e perguntei se ela queria tiro de 38 ou de pistola, e furei o pé dela. Mandei pro hospital de carro também. Depois ela falou pra mim que gamou mais ainda naquele dia e disse pra minha mãe que se apaixonou por mim depois que eu dei aquele tiro no pé dela.

A Dóris, que é a mãe do meu filho Aramis, vinha da escola uniformizada e ia lá na boca me procurar; nós passávamos a tarde juntos. Ela devia ter uns 16 anos, porque eu estava com 20 e poucos antes da guerra com o Zé Pequeno, mas logo em seguida a guerra começou. Eu sumi da vida dela também, dei um tempo sem vê-la. Em 1985, nós nos encontramos de novo; ela engravidou, e eu fui passar uma temporada lá na Pavuna,[38] onde ela ficou uns dias comigo já com o maior barrigão. Eu morava em uma estrada, uma casa onde estava a Dulcineia e, do outro lado, outra casa onde estava a Dóris. As duas, uma em frente da outra, se davam bem. Quando a criança nasceu, ela estava lá comigo. Quando eu fui pra cadeia, ela estava comigo também. Só que depois que eu fui preso e condenado, pedi pra ela não voltar mais, porque só a Dulcineia ia me visitar. Eu pedi para ela entregar o menino para a minha mãe, que o criou até ele ser preso em 2008.

Zafira era uma menina branca novinha que veio do Maranhão, com um filho de colo, um garoto loirinho. Ela veio do Maranhão com o marido, não conhecendo nada do Rio de Janeiro. Quando chegaram, o marido, que bebia

---

38. Pavuna é um bairro residencial e industrial de classe média localizado na Zona Norte do município do Rio de Janeiro.

muito, foi lá na boca, pegou uma bicicleta e levou. Ninguém viu. A molecada da boca, procurando a bicicleta, chegou a uma casa e viu a dita. Chamou o cara, que veio e disse que a bicicleta era dele. A molecada agarrou o paraíba e o levou dizendo: "Morando aqui, tu vai roubar bicicleta aqui, ainda mais a bicicleta da boca que tu foi roubar". Na beira do rio, encheram a cabeça dele de bala. A menina novinha ficou sozinha, sem conhecer ninguém aqui. Dias depois, quando já estava refeita, eu achei que ela estava precisando de um amparo. Fui lá e dei uma moral a ela — passou a ter um salário da boca. Botei um fogão que ela não tinha, uma cama e uma televisão. Tive um caso com ela, e a chamava de paraibinha, porque ela veio lá do Norte. Ela tinha uma lerdeza pra falar, essa Zafira, falava que parecia que estava cantando. Ela me chamava de filho. Eu batia na porta dela pra dormir, pra me esconder de madrugada. Ela falava assim: "É você, filho, que está aí?". Eu ficava com a maior vergonha do filho dela loirinho me chamar de pai. E eu avisei que dava uma ajuda, mas que ela tinha que caçar trabalho, porque um dia eu não estaria mais aqui. Uma vizinha foi e ajudou, levou-a na Barra da Tijuca e conseguiu um emprego pra ela. Ela ficou trabalhando. Saía da Cidade de Deus, pegava o ônibus até a Barra. A dona pagava pra ela tomar conta do filho, e eu dormia muito lá porque era um lugar fora de qualquer suspeita, uns barracos muito humildes na beira do rio, lá em cima. Antes de dormir, eu trazia uns quatro caras pra fazer minha segurança. Os caras vinham andando, mas quando chegava pertinho, eu falava pros caras voltarem dali, pra não verem onde eu ia entrar. Antes de chegar no barraco dela pra dormir, eu pulava uns cinco quintais, nunca entrava no portão da frente, pra ninguém me ver entrar. Sempre havia uns pinguços bebendo nas biroscas, e eu chegava dando boa-noite e pagando bebida pra todo mundo. Eles começavam a ficar alegres, entretidos, e eu ia escorregando pelos quintais, sem que eles me vissem sumir.

Em uma noite de Natal, conheci uma mulher em frente à casa da minha tia, uma mulher muito bonita, que todo mundo queria. Ela tinha muita intimidade com a minha falecida tia. Comentei meu interesse com a minha tia, que me apresentou a ela, dizendo que achava que a minha mãe passava açúcar em mim em vez de talco quando eu era neném, porque eu era cheio de mulher. Fiquei conhecendo essa loira bonita, de cabelão, que tinha um marido russinho, mas estavam separados. Ela foi logo me dizendo que eu era muito convencido, mas eu expliquei que se ela me conhecesse, ia ver que não era, não. No dia seguinte, marquei de pegá-la. Ela foi ao salão, se embelezou toda, apanhei-a e levei pra churrascaria Marlene e pro motel na Via Dutra. Dali fomos para Anchieta,[39] porque eu precisava conversar com um advogado. Mandei a loura voltar de táxi enquanto eu e o advogado íamos de carro, que eu não queria chegar junto com ela lá. Quando ela chegou à Cidade de Deus, encontrou umas amigas, todas curiosas, querendo saber o que tinha acontecido. Quando entrou em casa com as amigas, o ex-marido estava embaixo da cama deitado, esperando-a chegar. E ela se gabou que eu a tinha levado pra churrascaria, pro maior motel, contando tudo — e ele embaixo da cama escutando. No que estou descendo em direção à vila, dou de cara com ele, que foi me dizendo que já sabia de tudo. Mas eu nem tinha intimidade com esse cara. "Estou sabendo que tu tá com a minha mulher, só quero te pedir uma coisa, você pode ficar com ela, mas deixa de vez em quando eu vir aqui ver minha filha". Fiquei com muita raiva e disse que não sabia do que ele estava falando: "Que intimidade é essa? Sai de perto de mim, que eu não quero esses papos comigo, não". Ele voltou para ela e eu não quis mais aquela mulher. Mesmo assim, naquele dia, ela me disse que tinha contado para a mãe que íamos ficar juntos e que a mãe fazia o maior gosto, já estava até contando comigo para a festa de Natal. Pensou errado.

Comprei um monte de envelope, tudo com cartãozinho, escrevi mensagem, botando um dinheirinho para a Zafira, de modo que ela comprasse umas roupas pra ela, pro filho e fizesse uma ceia. Chamei um cara que fazia sempre as minhas contas, mandei entregar um cartão a cada uma dessas mulheres. Só o da Zafira tinha dinheiro, o resto não tinha nada dentro, apenas a mensagem. Elas ficaram possessas comigo. Mas teve um problema na casa da Zafira. Chegando o Natal, primeiro fiquei em casa com a Dulcineia, passei um pouquinho na casa de cada uma, mas já bem na madrugada resolvi dormir na casa da Zafira. Naquela época, eu dava uma cheirada de vez

---

39. Anchieta é um bairro de classe média baixa e média da cidade do Rio de Janeiro.

em quando, e o pó que eu separava pra mim era aquele que ainda não tinha levado nada. Tomamos um vinho, namoramos bastante, depois ela disse que queria dormir e eu fiquei vendo televisão, cheirando, com o revólver e a pistola do lado. Mas o barraco dela era de folha de zinco, e quando pombo ou galinha andava em cima fazia um barulho que era pânico pra quem estava cheiradão de pó, sozinho de madrugada. O barraco dela era daqueles no alto com uma escada do lado de fora e uma porta que estavam desativadas. De repente, eu ouvi a porta fazer um estrondo e eu, sem saber se era a polícia ou inimigo, meti bala naquela porta. Era a Dulcineia, que me xingava e dizia que ia quebrar a paraíba — maior escândalo. A Zafira acordou e me pedia: "Filho, não deixa ela entrar aqui pra me bater, não!". E eu sem querer falar pra não entregar que eu estava ali. Só saí dali quando o dia amanheceu, deixando passar a hora pra ver se ela ia embora, ao mesmo tempo com medo dos tiros terem atraído a polícia e eu ficar cercado. Fiquei em pânico, mas saí depois de uns 40 minutos e encontrei uns molequinhos e essas duas irmãs: Gloria e Maria, na metade do caminho. Eu estava com um saco com 20 gramas de cocaína, era véspera de Natal. Mandei-os apanhar um prato, virei tudo no prato e dei pros moleques festejarem o Natal. Queria chegar à casa da Dulcineia sem cocaína, sem nada pra conversar com ela e amenizar a situação. Eu sempre começava a brincar, cantar, e depois chamava para curtir um motel, sempre contornava a situação. O problema era quando alguém dedurava que eu estava em tal lugar com uma mulher. A gente ia para casa depois e discutia bastante. Eu deixava ela falar, só deixava falar, falar, falar.

Se havia privilégios, regalias e afagos para as mulheres dos donos de boca, e talvez também para as dos demais componentes importantes, como gerentes e vapores, as regras da boca em relação às mulheres eram tirânicas. E a punição, caso essas regras fossem infringidas, a pena de morte, executada após julgamento rápido, baseado em informações de disse me disse, da fofoca local. A mulher que se envolvia com alguém da boca tinha que ter muita coragem, mas também "muito juízo". Não podia usar rádio na favela, principalmente passando pela boca, pois seria considerada alcaguete da polícia ou do inimigo, e executada por traição. Nenhuma mulher da favela, fosse ou não ligada a alguém da boca, poderia namorar alguém de um bando inimigo ou um policial, a não ser que este fosse do esquema da corrupção e facilitasse os negócios da boca.

Embora Ailton nunca tivesse colocado suas mulheres em situação que poderia dar flagrante de crime, ou seja, não as usava como "mulas" para carregarem drogas, as mulheres tinham mil e uma utilidades práticas, além das afetivas e sexuais.

> Assim, eu entrava na casa de uma e lá sempre tinha bermuda, camisa, podia tomar banho. Quando passava lá embaixo, resolvia jantar na casa da fulana. Andava a favela todinha, tinha aonde entrar pra tomar banho, pra comer, pra dormir. E elas brigavam só entre elas, não me batiam, não. A Doris era a mais medrosa de todas. A Alice de vez em quando bate nela até hoje, porque a Alice também é valentona, tipo Dulcineia. Só não brigavam a Zezé e a Dulcineia, elas se entendiam. Eu achava estranho que elas se davam. Já a Alice e a Dulcineia brigaram muito. Em 1985, teve uma vez que foram me chamar porque as duas estavam se atracando, a Dulcineia com a faca agarrada nas costas da Alice. Tive que dar tiro pro alto pra elas se soltarem. Igual cão e gato.
>
> Quem ia me visitar quando eu estava preso era a Zezé, a Denise e a Alice. Depois que a Dulcineia morreu, só ficou a Alice. A Célia foi me visitar no Presídio Frei Caneca,[40] e foi quando a Dulcineia veio a saber que eu tive um caso com a Célia. Eu já tinha deixado a Célia de lado, mas a Dulcineia

---

40. O Complexo Penitenciário Frei Caneca começou a ser erguido em 1850 no Centro do Rio, mas foi implodido em 2010 para dar lugar a um conjunto habitacional construído no programa Minha Casa Minha Vida, do governo federal em parceria com o estadual. Ali estiveram presos artistas e intelectuais famosos durante a ditadura Vargas, como Graciliano Ramos e, mais tarde, Madame Satã, o primeiro travesti no palco, capoeirista exímio que vivia na Lapa, acusado de ter provocado a morte de Geraldo Pereira, famoso sambista da Escola de Samba da Mangueira. Também ficou preso ali Gregório Fortunato, o segurança de Getúlio Vargas condenado pelo atentado a Carlos Lacerda, o que acabou por provocar o suicídio de Getúlio Vargas.

um dia me disse que a Célia ia mandar um rádio pra mim. Eu aceitei, e a Dulcineia que levou, e me sugeriu mandar uma carta pra ela, agradecendo. Eu não queria mais ligação com a Célia pra evitar problema; escrevi uma carta e mandei só agradecendo. Ela me escreveu de volta perguntando se nada mais existia entre nós, e estranhando eu só agradecer o rádio. Então, sugeri a ela tirar uma carteira de visita dizendo que era minha cunhada. Começamos a transar dentro da cadeia; ela mandava carta pra mim e eu mandava pra ela, mas uma dessas cartas chegou pelo carteiro na hora que ela estava trabalhando, e a Dulcineia, que morava em frente, foi lá pegar. Dulcineia conhecia minha letra e abriu a carta. Só tinha putaria no que eu escrevi pra Célia, que, chegando do trabalho, ganhou uma coça na porta de casa. E ainda a Dulcineia enfiou na cabeça dela que eu só queria enganá-la com palavras bonitas pra ela levar droga no presídio, que ela ia carregar muita droga pra dentro das cadeias. Mas quem levava droga eram os guardas; eu os pagava pra levarem os troços grandes. Era fofoca da Dulcineia pra outra ficar com raiva de mim. Eu mandei carta, contornei a situação, e um mês depois a Célia já estava indo lá de novo. Ia a Célia, Zezé, Alice e Denise. Só na Água Santa que não dava pra fazer isso, porque lá o guarda podia cortar a visita, e me disse [que] eu não estava na boca, não; só podia ter uma visita na prisão. Na penitenciária é que os cambalachos permitem ter uma em um dia, outra no outro, uma vai no nome de um preso, a outra no nome de outro preso. Mãe, pai, filhos, irmãos e uma mulher, então o cara pode ter várias mulheres visitando ele na cadeia. Tem um monte de preso lá que está abandonado, não tem família, não tem ninguém, e faz carteira de visita em nome de outro preso.

Havia também as frequentadoras da boca, as viciadas que prestavam vários serviços em troca da droga e vendiam só na boca de fumo as mercadorias roubadas em supermercado.

Sempre tinha aquela moradora, uma garota viciada, conhecida da bandidagem, que a gente dava sempre um trocado e pedia pra lavar e guardar a roupa. Se um dia a gente voltasse ali de novo, lembrava onde tinha uma roupa para trocar quando estivesse correndo do inimigo.

Tinha as mulheres que eram ladras, roubavam para comprar droga, mas só em supermercado. Eram chamadas "do pisa". Elas entram no supermercado com uma saia comprida, pegam as garrafas de uísque mais caras que tem, tiram da caixa e põem por baixo da saia, andando normalmente. Recentemente fiquei sabendo que não falam mais pisa, agora é "fazer uma Elza". Só que hoje está mais difícil, com essas câmeras espalhadas dentro do mercado. Encontrei umas conhecidas minhas em Laranjeiras com tudo que era mercadoria. Chamaram um táxi e me ofereceram carona até Jacarepaguá. Elas já saem com dinheiro na bolsa, para o caso de serem agarradas. Se der pra comprar a liberdade com aquele dinheiro, elas pagam. E só vendem o que elas pegam para a boca de fumo. Vendem mais barato e ainda levam gorjeta, que é um saco de pó. E têm que vender pra boca porque, quando elas querem sair e não têm dinheiro, é a boca que empresta.

"O problema é que mulher gosta de homem que tem cintura grossa", afirmou Ailton muitas vezes. E não é só o dinheiro que leva um homem a cometer crimes. O poder, o prestígio dos moradores, assim como a atração exercida sobre as mulheres, também motivam as transgressões e a exibição do poder carregando arma na cintura. Para alguns, mais ainda.

O que eu queria era só o dinheiro, mas dá satisfação ter um monte de gente que me respeitava como chefe, ser o "dono da situação". Isso, além do dinheiro, também fazia bem. Se as pessoas te respeitam, mulher então não é problema. Era uma brigalhada danada das mulheres por minha causa. Mulher gosta de homem de cintura grossa! Tem mulher que gosta de homem armado, vive em volta da bandidagem. Na penitenciária tem um monte de mulher que quer conhecer cara que está cumprindo pena. Quando eu estive preso, várias foram me visitar, às vezes também ajudavam a levar recados, trazer coisas, e a fazer sexo comigo.

Como o cara, aqui fora, tem mais de uma mulher, às vezes dá confusão, uma querendo ser mais importante que a outra. Têm as mulheres que são as titulares e têm também os "lanches", aquelas que aparecem de madrugada na boca, só para ter um sexo ali na hora. Mas essas não davam problema, o problema era com as outras, as que eu estava mais frequente.

Às vezes uma vinha já armada pra dar tiro na outra, mulher que era minha mesmo. Me descuidava e deixava um revólver guardado, uma lá apanhava ele e ia atrás da outra dando tiro, às vezes, facada.

Teve uma que eu tinha proibido ela de atravessar a rua para ir brigar com uma outra lá. Ela arrumou a maior confusão, tanto que me chamaram pra resolver a encrenca. Quando cheguei em casa, eu dei um tiro no pé dela, botei num táxi e mandei pro hospital. Era para ela aprender a me obedecer. Depois que ela levou o tiro, ainda ficou mais "gamada" por mim!

Esses problemas eram coisa passageira, não dava polícia, nem nenhuma delas dava queixa na delegacia.

Era bom ter mulheres assim interessadas, e eu não queria que elas brigassem, mas quanto mais isso acontecia, outras queriam entrar pra "firma". Não é que eu gostava, acontecia..., e tinha que ser daquela forma, não tinha outro jeito, não.

Ailton teve quatro filhos dessas relações — Licínio, Aramis, o que ficou sem nome dado por Ailton e morreu traficando armas, e a Mônica —, mas só criou como filha a da Dulcineia, Mônica, hoje mãe de nove filhos, e que nunca teve envolvimento criminal. Aramis foi criado pela dona Benedita, mãe do Ailton, mas foi acompanhado pelo pai preso e, agora, pelo pai em liberdade condicional. Embora não inteiramente ausente, pois via e mandava presentes sem regularidade, a experiência do pai preso não foi suficiente para evitar que os filhos fossem presos também, um deles apenas por comprar drogas para colegas do trabalho. Dois filhos homens não escaparam da vida bandida, um deles, Aramis. Um morreu de morte matada, traficando armas. O conselho de pai para que não entrassem na canoa furada em que ele havia entrado de nada adiantou. O distanciamento paterno, pois o pai estava preso, aliado ao contexto social do lugar onde moravam, sob o domínio de traficantes de drogas e fácil acesso a armas, suplantou o cuidado tardio do pai.

Acho que foi em 2000 que a Zezé morreu. Antes mataram o garoto, o filho que eu tinha com ela. Ele estava crescendo e, primeiro, começou a trabalhar com a minha irmã Eliana na loja de material de construção que ela tinha. Depois, pegou uma gerência de boca. Na cadeia, recebi o recado pelo telefone: "Seu filho com a Zezé está sempre aqui fazendo mandado pra gente e tal". O tempo passou e fiquei sabendo que o moleque estava de gerente na boca, rápido assim. Em 1999 ou 2000, a Alice foi me visitar na cadeia e contou que tinham matado meu filho com a Zezé. Ele foi fazer uma compra de umas armas com mais três homens da boca, ele dirigindo o carro. Foram para Guadalupe, mas, no encontro para fazer a transação das armas, outros carros chegaram e todos dentro do carro foram mortos.

Eu dava conselho, mas é o de menos: não adianta dar conselho, no lugar em que eles vivem, conselho nenhum resolve. Nem pra ele nem pro Aramis, não adiantou nada. Licínio chegou a puxar duas cadeias e foi preso duas vezes por tráfico. Mas ele não estava traficando, só indo comprar em boca de fumo. Assaltar, roubar, ele nunca fez isso, não, trabalhava no Barra Shopping e o apelido dele era Barra Shopping. Na hora do almoço, fizeram uma vaquinha pra comprar, e quem vai buscar? Alguém tinha que ir na Cidade de Deus, ele se ofereceu e foi de bucha comprar maconha. Ficou preso dois anos. A mesma coisa aconteceu depois nos apartamentos: foi comprar e foi preso de novo. Eu conversei com ele quando eu estava preso na penitenciária, na Frei Caneca. Ele foi ao Hospital Central e mandou recado pelos caras que estavam na cadeia e que trabalhavam no hospital retornando pra dormir na cadeia: "Tem um filho teu lá no hospital, falou que pode mandar uns materiais pra ele, um dinheiro". Fui na cantina, fiz uma compra de material higiênico, tirei um dinheiro e dei pro cara dar para ele quando voltasse pro hospital. Logo depois, ele ganhou a liberdade. Durante uma festa na penitenciária onde eu estava, ele foi lá me visitar, e na hora que ele entrou eu estava conversando com o falecido Escadinha,[41] perto da cantina, e eu falei pro Escadinha: "Zeca, esse aqui que é o meu filho Licínio". Os amigos chamavam o Escadinha de Zeca, apelido que ele tinha antes dele ir pra

---

41. José Carlos dos Reis Encina, conhecido como "Escadinha", nascido no Rio de Janeiro em 1956 e assassinado em 2004, quando saiu da penitenciária para ir trabalhar, foi um traficante de drogas que ficou preso na Ilha Grande, de onde tentou escapar de helicóptero, na mais espetacular fuga da história prisional do Brasil. Fundou a Falange Vermelha, depois denominada Comando Vermelho, com seu irmão Paulo Maluco e outros prisioneiros.

cadeia. Conversando com o Escadinha, falei sobre a situação do Licínio e ele deu o maior conselho ao Licínio. Falou: "Pô, cara, essa vida não presta, não, a gente já está saindo, a gente está saindo dela e você procurando cadeia". O Licínio falou pro Escadinha: "Mas estou trabalhando em uma firma lá em São Cristóvão,[42] estou de carteira assinada, é legal". O Escadinha abraçou-o e falou: "Legal, tem que seguir isso mesmo, ganha pouco, mas está de cabeça erguida na rua". Passaram três meses, eu recebi um recado na cadeia que o Licínio estava preso, na mesma situação, indo na boca comprar tóxico. Ficou mais um ano e meio preso.

Os relatos não são dramáticos, embora alguns falem de enredos mortais. Um senso de humor, às vezes rude, às vezes carregado de ironia, perpassa todos eles. Não carregam conscientemente culpas e *pathos*, mas não deixam de revelar consciência moral na avaliação da ação de cada mulher e dele mesmo. A conversa com Escadinha e o filho na prisão é também reveladora dessa consciência moral e sensatez prática que torna difícil um diagnóstico psicopatológico. Ailton não conseguiu afastar os filhos da vida no crime. Mesmo reconhecendo cada um deles, a sua vida no tráfico impediu a convivência com os filhos. Mas criou a única filha da "titular" Dulcineia, com quem mantém estreita relação até hoje. Além das suas dificuldades pessoais, Ailton nada podia fazer contra o sistema de Justiça em funcionamento no país, que processa como traficante o usuário pobre por causa do estereótipo do criminoso confundido quase sempre com o favelado.

---

42. Bairro de classe média onde fica a favela da Mangueira e sua famosa escola de samba.

PARTE II

O negócio e a guerra

5
O negócio da droga

Do furto para a boca de fumo

Ailton foi testemunha-chave e um dos atores principais na construção do tráfico de drogas como negócio por seu tino comercial e por sua capacidade de liderança e de organização. Seu depoimento tem o valor de documento da história oral do mundo do crime no Rio de Janeiro.

Um economista diria que ele foi um empreendedor e, nesse negócio, um pioneiro. O tino comercial fica claro na avaliação que ele faz do mercado em meados dos anos 1970, quando o tráfico de cocaína começava a se espalhar na cidade do Rio de Janeiro. A reputação de bom comerciante, que ele defende até hoje, sustenta-se na negativa de que, na sua época e na sua boca de fumo, a cocaína fosse malhada. No máximo, uma mistura que já vinha do fornecedor. Ele mesmo não misturaria com fermento em pó, como se faz hoje, o que torna o produto vendido com menos de 50% de cocaína. Mas, como as mercadorias que vendia eram ilegais, cometeu muitos crimes, principalmente o homicídio, visto que não tinha como resolver judicialmente os conflitos em torno dos "estabelecimentos comerciais informais" (ou bocas de fumo) criados na Cidade de Deus, depois que ele deixou de ser o único traficante poderoso. As emoções desencadeadas na disputa com os que, de repente, viravam inimigos foram tomando conta das suas ações não mais apenas comerciais.

O nome sempre foi esse — boca de fumo —, porque começou com o fumo. No passado, as bocas começaram com o fumo, até surgir a cocaína. Nem todas as bocas trabalhavam com cocaína, mas tinha, era pouca coisa... Em 1974 para 1975 já se usava cocaína. Muita gente saía da Cidade de Deus para comprar no Cantagalo, e tinha um pessoal que vendia lá na Taquara. Em 1974 já tinha muita cocaína no subúrbio. A cocaína não era assim um privilégio que uns podem e outros não podem.

Se eu comprasse um quilo, já mandavam de presente meio quilo de mistura.[43] Hoje em dia tem até preço barato, porque a cocaína hoje é cheia de fermento em pó. Tem favela que vende cocaína aí de R$ 3,00. Naquela época, vamos dizer que, por menos de R$ 10,00 ou R$ 20,00, não se comprava cocaína. Ela era servida naquele papel, acho que se chamava papel-manteiga. Claro, com o plástico por dentro. A cocaína melava muito, até virava água. Tinha várias qualidades de cocaína. Era uma época em que poucos cheiravam por causa do preço, entendeu? Hoje em dia, com R$ 3,00 ele cheira o pó nas favelas. Naquela época era caro, uns R$ 10, R$ 20, R$ 50. Às vezes até de R$ 10,00 era difícil de comprar. Quem tinha não fazia o que se faz hoje. Naquela época ele comprava R$ 50,00 de cocaína, cheirava a noite toda e guardava, porque ele não ia aguentar cheirar tudo. Hoje em dia os caras ficam aí a noite toda, porque é muito fermento que eles estão cheirando, entendeu? Em vez de um cara falar pó ou cocaína, falava brizola.

---

43. Ailton nunca soube o que era essa mistura, mas afirma que não apresentava diferença com a cocaína. "Era igualzinha", afirma. No Google, é possível descobrir quais são as principais substâncias adicionadas ao cloridrato desde o início da produção: os anestésicos e estimulantes, como lidocaína e procaína, além de cafeína. Também pode ser misturada com metilanfetamina, metilfenidato, efedrina, manitol, inositol, bicarbonato de sódio, sacarina, farinha de arroz branco (para dar volume) e maltodextrina. Atualmente é cada vez mais comum misturar um medicamento anti--helmíntico usado para matar vermes parasitas que causa agranulocitose, uma doença que derruba a produção de células brancas, deixando o corpo com a imunidade baixíssima. Mais recente ainda é a benzocaína, que pode causar reações alérgicas graves, tais como dificuldade em respirar e inchaço da boca e da língua. Um usuário pode pensar que é viciado em cocaína quando, na verdade, é viciado em benzocaína.

> No meu tempo, a cocaína era de outra qualidade. Então, corria risco de melar, até derretia, se deixava muito tempo exposto ao vento, porque não se levava muita mistura igual hoje. Hoje a própria mistura que eles colocam na cocaína, aquilo você pode jogar ela aqui em cima da mesa e dar uma volta de duas ou três horas e quando você voltar ela está ali ainda no mesmo lugar. A mistura ali é demais, porque o fermento, a maisena, aquilo ali protege a cocaína para não melar. E como hoje em dia é mais o fermento do que cocaína... O meu filho Aramis foi preso [em 2009] com três gramas e pouca de cocaína, duas gramas de fermento. Tanto é assim que a pena diminuiu de cinco para três anos.

Assim, em pleno regime militar e com a guerra às drogas já transformada em política pública no Brasil, o negócio prosperava, e o consumo se espalhava entre os moradores e visitantes da cidade, inclusive nos bairros pobres do subúrbio carioca. Os traficantes, que já andavam armados e emprestavam armas a assaltantes, ganhavam muito dinheiro e não eram tão incomodados pela polícia como acontece a partir do final dos anos 1980 até hoje, permanecendo na quase completa ignorância que tinham sobre a droga que vendiam. Não havia ainda as mortíferas incursões em favelas, nem o sistema institucionalizado do arrego. Apenas iniciativas individuais de policiais civis ou militares para "dar flagrante" de tráfico, na maior parte das vezes para cobrar a impunidade do traficante e a continuidade do seu negócio.

A continuidade entre o período anterior — em que o furto e o roubo eram as atividades principais — e a fase em que o tráfico de drogas se torna mais importante foi dada pela abundância do ouro. Foram duas fases da criminalidade na Cidade de Deus e, provavelmente, no resto da cidade, marcadas pela frequência com que as ações criminosas passaram a fazer parte do cotidiano dos moradores dali e dacolá. Pouco a pouco descobriram que o tráfico de drogas dava mais dinheiro, sem os riscos existentes no assalto.

> Eles [os adolescentes da Cidade de Deus] roubavam mais era na cachanga. Eles arrumavam muito ouro e dólar. Era a época em que a Cidade de Deus

era uma fartura em ouro. Você via todo mundo com muito ouro, anel, cordão. Eu mesmo, quando comecei com boca de fumo, pegava algumas peças lá, mas pegava também em Bento Ribeiro. Ali tinha um bar que era ponto de encontro só de matuto e pessoas que vão fazer encomenda [de droga]. Então, toda vez que eu chegava lá, tinha uma porrada de viciados, pessoal de condições, sabe, e muito ouro para vender, anel, cordão. Eu comprava tudo. Só pode ser roubado, mas outros traziam de casa, né? Não tem aqueles viciados que pegam dentro de casa para vender e comprar cocaína? São pessoas de condições, pessoal do asfalto. Na Cidade de Deus também, porque era uma época em que os caras saíam para o Recreio, Barra, não sei como, parecia gato para entrar na casa dos outros. Só apareciam com porta-joias cheio, sempre arrumavam revólver e dólar.

Mesmo assim, o mercado de drogas ilegais era menor do que é hoje. No entanto, nos anos 1970, ainda não existiam as facções, pois os prisioneiros continuavam ligados a assaltos de banco, roubos e latrocínios. Os transgressores ainda não tinham o projeto de fazer dinheiro com o tráfico, como hoje parece ser o plano principal. Isso significava menos conflitos, menos guerra, menos gastos com a segurança do negócio. Sem saber muito bem precisar quando se deu a mudança na aspiração dos infratores da lei, Ailton nos conta como o tráfico passou a ser o objeto da cobiça de todos os que fantasiavam sair da pobreza da forma mais rápida e fácil possível.

> Hoje todo mundo quer ser traficante, hoje, não, a partir de certo ano, por quê? Porque, na época em que eu era jovem, já existia tráfico em algumas favelas, mas não uma favela é de uma facção, a favela vizinha é de outra facção. Então, existia quadrilha, grupo. Às vezes no morro tinha duas quadrilhas, uma parte do morro era a boca de fumo de uma quadrilha, e a outra parte era de outra quadrilha. Aí, quando havia um conflito, não era nem noticiado. E não era tão lucrativo igual é hoje.
>
> Então, era uma época que o noticiário era só assalto de banco... E eram quadrilhas e mais quadrilhas assaltando banco. Ninguém tinha ambição

para o negócio de tráfico. Aí, conforme as coisas foram apertando, foi diminuindo o assalto a banco, naquela época que eu era menor. Conforme ia diminuindo, alguns já começaram a colocar o olho pro lado do tráfico.

Ailton nunca negou que o que buscava era o dinheiro. Não se ligava na fantasia de ser um vingador do pobre explorado, como o Zorro, ou de qualquer outro bandido ou mocinho de filme americano. Desde sempre foi um empreendedor capitalista, no meio da pobreza mais notória do Brasil, no meio da favela. E insinua que a concorrência está dentro da própria favela, do próprio grupo de comparsas. O aprendizado para se tornar chefe, ou o "homem de frente", é informal, ou seja, funciona vendo o outro fazer, principalmente o outro poderoso, o modelo a imitar, um administrador com responsabilidade de cuidar dos que trabalham para ele. Nada de Zorro ou bandido social, sobretudo um patrão que precisa estar sempre atento para as "voltas", as traições ou "traíras" que fazem parte do mundo subterrâneo das atividades fora da lei. Mas, como em qualquer negócio, a responsabilidade com as transações e a confiança adquirida pelo cumprimento do que foi acordado de boca é fundamental.

> Eu estou falando é por mim; não estou querendo dizer também que não tem pessoas que possam se sentir assim [se identificando com o Zorro]... Meu objetivo era sempre dinheiro, sempre dinheiro, não é que o camarada... É porque a geração vai trocando, né? Às vezes o cara está lá dentro da favela, então, tem um novinho que está ali mas está objetivando chegar lá, e chega, muitos chegam, mas o cara também tem que levar jeito pra coisa, senão não dá certo. Por exemplo: vamos dizer que ele se espelhou, conviveu com o cara que foi o dono antigo ali; então, ele está vendo como o pessoal age ali, o cara recebeu uma quantidade de cocaína ou maconha, um carregamento de arma, ele viu o procedimento do cara pagando direitinho. Se o cara está com muito soldado preso na cadeia, não pode faltar nada, porque os caras estão ali, e ter responsabilidade em tudo ali, então, ele tem que se espelhar no cara que foi o dono antes. Mas nem todo mundo é assim.

A CONFIANÇA PESSOAL E A RESPONSABILIDADE NO NEGÓCIO

A confiança nas pessoas que são parceiras no negócio é de fundamental importância também no tráfico. Mas é a mais difícil de todas para se estabelecer de fato por estar sempre posta à prova, se equilibrando no fio da navalha. Segundo Ailton, tráfico, negócio, maldade e malandragem se confundem no seu objetivo principal: ganhar em cima do outro. Negócios, negócios, não há amigos à vista. Só os inocentes e os verdadeiramente amigos escapariam do espírito do negócio. Em palavras que ele não usa porque desconhece, só eles escapariam do capitalismo selvagem em que não há limites morais nem institucionais para o ganho no mercado, a que se agregam as regras do crime organizado que pune com a morte o traidor ou quem engana os comparsas no negócio. "Pilantragem" é o que fazem os que passam a perna, enganam o parceiro no negócio já acordado, mesmo que informalmente. Sujeito homem cumpre a sua palavra. A desconfiança gera a vigilância contínua, sem descanso. Em qualquer transação pode aparecer alguém com malandragem, querendo enganar e fugir da responsabilidade e do acordado. "Maldade", no bom sentido para ele, é ter uma postura de atenção para evitar levar um tombo, nesse jogo de soma zero interminável em que se ganha ou se perde tudo. No limite, ninguém escapa da vontade de trair e ocupar o lugar do chefe, pela inveja que essa posição provoca. Nem mesmo o "fiel", o segundo do chefe, o que acompanha sempre aquele que "está de frente" e responde por todos os acertos e erros do negócio.

> Confiança é no dia a dia, convivendo com a pessoa por um tempo que a gente vai percebendo se pode ou não confiar. Às vezes é amigo, você está se dando bem, mas, na nossa mente, sem comentar com ninguém, a gente sempre tem uma desconfiança, né, naquele parceiro. Porque tinham umas pessoas que você podia estar comendo e bebendo com elas ali e, de repente, estar matando alguém para tomar o que a pessoa tem. Só por causa de uma arma ou muito dinheiro. Todo mundo é amigo, mas estar num lugar, assim, tudo matagal, eu não confiaria em ficar ali dentro

do mato com eles, porque ali eu ia estar dentro de um lugar escondido, como quando todo mundo corria pra dentro do mato, fugindo de batida da polícia nos apartamentos. De repente, por causa de uma arma, eles podiam atirar um na cabeça do outro. Aí, quando chegam lá no pedaço, dizem que a polícia matou fulano e ele morreu. Então, não eram confiáveis porque a mente deles era tirar a vida das pessoas por pouca coisa.

[...]

No tráfico, ninguém é amigo de ninguém. Eu já vi muito vagabundo estar um abraçando o outro chamando de irmão pra lá, irmão pra cá. Eu já não acredito nisso, porque um precisa do outro, não existe traficante sem soldado, sem vapor, sem segurança da boca, sem gerente. Então, todo mundo ali é amigo, irmão, se abraça, mas na hora que o dono falar: "Fulano, mata o sicrano", aquele que estava abraçado com ele de manhã deve estar matando ele. Mas que amigo é esse? Se eu gosto do meu amigo e alguém fala: "Mata o fulano", eu não vou matar ninguém. Se eu tiver uma bagagem para bater boca com ele, eu vou falar: "Mata você", e também vou querer saber se o cara merece mesmo morrer, quem está com a razão. Porque, se for uma coisa errada, eu vou falar: "Pô, você vai tirar a vida do cara por nada?". Mas muitas das vezes isso não acontece. A pessoa que recebe a ordem de matar avisa o fulano: "Pô, está acontecendo isso, isso e isso. Quem está merecendo morrer é ele [o que mandou matar]". Então, aí vai, toma a boca, mata o dono, entendeu? Da mesma forma, na época do assalto, um precisava do outro. Mas eles eram as pessoas que, se tivessem em rua deserta, dentro do mato e tiver com muito dinheiro em jogo e uma arma na mão, eles tiravam a vida de qualquer um por pouco.

Ele tinha um encontro com uma boliviana que trazia mercadoria. Só que ele viajou. Ele não foi só para os Estados Unidos, primeiro ele foi para o México, e depois, para os Estados Unidos. Foi para vários lugares com os documentos falsos, entendeu? Tanto é que depois ele mandou mais um cara junto com ele. Tanto é que depois mandou matar esse cara porque achou que o cara caguetou ele. Ele foi e deixou a boca com os dois irmãos, mas aí os dois irmãos passaram a ser dominados pelos caras que chegaram da Ilha Grande. Então, chegava uma pessoa na Rocinha que era amigo do Denis de consideração, aí o que os caras faziam? À noite, os caras matavam.

Aí, chegava outro na favela: "Cadê o patrão, o Denis não está aí, não?". Os caras que estavam ali eram todos amigos do Denis, mas estavam todos traindo ele. Os caras queriam dar um golpe na boca e estavam matando os amigos do Denis que chegavam à Rocinha. Aí, eu, já desconfiado com aquilo, fui embora... Então, uma mulher, que já foi desse cara, era atualmente mulher do Denis, e a mãe dela ia à Rocinha pegar dinheiro. O Denis fazia contato com eles dos Estados Unidos, mas os caras começaram a rir. Eu, de longe, via aquilo e percebia a traição: "Esses caras estão traindo o Denis, vão dar um golpe nele". Os caras estavam alucinados, cheirando dia e noite, pó e uísque. Então, às vezes, eles estavam conversando com os caras, assim, sentados, encostavam a pistola no ouvido e já era. Matava e colocava na mala do carro. Os moradores passavam para ir trabalhar de carro, viam um corpo no chão, eles falavam: "Leva esse corpo aí"; o morador não estava acostumado com aquilo, né, o Denis não fazia isso. Os caras estavam barbarizando a favela. Aí, os moradores, com medo, não querendo levar, eles falavam: "Ou você leva o corpo ou vai junto também"... Eles andavam com um saco de pó [cocaína] pela favela. Eles pegavam um canudo e enfiavam dentro do saco para cheirar. E matando dia e noite. Parecia que estavam matando mosca.

   Aí, quando eu já estava fora da favela, eu liguei para o Bolado. Ele era fiel ao Denis de verdade. Aí, telefonei para ele e expliquei a situação. Um coroa que estava fugitivo da Ilha Grande estava liderando o golpe contra o Denis. Quando eu liguei da [nome da favela] pra lá para avisar onde eu tinha deixado umas armas do Denis, esse velho — era cascudo mesmo — atendeu ao telefone: "Quem é?". Eu disse quem era. Aí, ele falou assim: "Pô, é você, meu camarada, não leva mal, não, mas para você eu tiro o chapéu"; eu: "O que você quer dizer com isso?"; ele: "Você enxerga pra caralho, hein?". Então, ele quis dizer mesmo que eles iam tentar tirar a minha vida ali. Aí, eu falei: "Eu nem sei o que você está querendo dizer". Ele: "Não, sabe, sim, você enxerga pra caramba". Aí, quando o fiel veio, ele me explicou: "Pô, você está certo, eles estão tramando um golpe mesmo, mas eu não dou mole perto deles, fico com a mão no gatilho, eles vão se foder". Passaram uns dois dias, eu fui assumir a situação de um cara que me pediu um socorro, precisava de cocaína pra lá, que não tinha. Eu já aproveitei e pedi ao Bolado um quilo de pó emprestado. Dois dias depois, o Denis chegou de viagem, se reuniu na rua Um sem ninguém saber, subiu o fiel e mais um grupo que confiava nele, desceu para a rua Dois e matou todo mundo. Foi uma matança muito grande. Ele matou esses caras todos que tinham fugido da Ilha Grande, esse coroa e mais um bando deles. Descobriu um porão com várias metralhadoras que os caras estavam guardando lá. Só fugiu um que era o cara que estava de frente na boca. Mas fugiu como? A polícia invadiu e ele pediu garantia de vida.

Ele [Denis] estava viajando muito. Eles gostavam muito de ir para Florianópolis. Chegaram a assaltar vários bancos lá. Nessa época, o fiel, o Denis e um grupo de seis assaltaram uns cinco bancos, arrumaram muito dinheiro. Eles já tinham os lugares certos para deixar o dinheiro para vir embora sem o dinheiro, e só depois as mulheres vinham para o Rio trazendo o dinheiro. Em uma dessas, Bolado foi preso. Ele era um branquinho, baixinho igual um *playboy*. Ele era da Rocinha, mas quem não o conhecia achava que era mauricinho da Zona Sul, mas era um cara responsável e amigo de todo mundo. O Denis gostava muito dele. Então, esse foi o único que foi preso em Florianópolis. O Denis gostava tanto desse cara que reuniu um grupo, gastou muito dinheiro, embarcou os caras para Florianópolis, e os caras o resgataram lá na cadeia. Eu sei que trocou a bandidagem da favela depois que ele fez a matança. Mas quem está no posto? Bolado que está mandando em tudo. Aí, o Denis está conversando com o fiel e disse: "Deixa eu conversar com o fulano agora". Bolado passou o telefone pro cara que estava ao lado dele, e o Denis falou no telefone: "Quebra ele, quebra ele que eu quero escutar o tiro, e assuma a boca". Isso foram os amigos que estavam lá que depois me contaram, né? Aí, o cara acabou de falar com o Denis: "Atende aqui que o cara ainda quer falar com você". Bolado atendeu ao telefone e ele matou o fiel. Era amigão, criados juntos. Um policial arregado é que contou que Bolado tinha caguetado o Denis.

É difícil confiar, apesar de que, naquela época, não tinha tanto esse negócio que tem hoje: a pessoa cheira dia e noite, usa *crack*. Naquela época, a pessoa não se drogava tanto assim. O máximo que via alguém é fumando um baseado. Hoje em dia é muito diferente. O cara fica alucinado de cocaína, de *crack*. E fazem muita besteira.

Como patrão, havia a questão de quem empregar e de como estabelecer as relações de trabalho, com pagamentos, prêmios, descanso, responsabilidades etc. No recrutamento, Ailton se perdia diante das dificuldades de estabelecer quem era confiável, quem não era, optando sempre pelos que ele conhecia desde pequeno, pelos vizinhos mais próximos. Embora, no caso do Zé Pequeno, que virou seu inimigo figadal, isso não tenha funcionado. Zé Pequeno fazia "mandado" para ele quando adolescente, ou seja, prestou serviços à sua boca. Sobre a escolha de com quem trabalhar, afirma que a confiança era fundamental, mas nunca estava garantida, como o resto.

> Não é que eu escolhia, não; naquela época, quem chegava pedindo emprego estava empregado. Conhecia as pessoas, era todo mundo dali mesmo, só quando vinham as pessoas de fora que eu ficava meio desconfiado, como aconteceu com esse cara que matou o Manoel Galinha... O único em que eu confiava mesmo era o Manoel Galinha, só ele. Na infância, conforme eu até falei ontem, tinha aqueles companheiros que eram assim, mais chegados, ligados à gente, mas é meio difícil dizer se é amigo, é meio difícil. No morro do Urubu ainda não era desconfiado; eu acho que eu era muito inocente ali. Inocente é que não entra só maldade na cabeça da pessoa. Porque na malandragem o cara está sempre querendo obter lucro, querendo alguma coisa, né, e a maldade já é assim, a pessoa está alerta com algum mal que ele possa sofrer. Malandragem, esse cara é malandro pra caramba, por quê? Ele quer sempre fazer um negócio com alguém querendo levar vantagem de alguém, está sempre visando um lucro. Eu penso assim, a pessoa tem que ter uma maldade. No nosso meio, lá naquela época, na vida que eu vivi, a gente pensava assim: tem que ter maldade na situação. Por quê? Está lá fazendo um negócio e está todo lesadão, confiando em qualquer um. Daqui a pouco, está ganhando uma volta, passaram a perna, por quê? Fez um negócio e esqueceu a maldade, tem que estar atento. Está fazendo um negócio com uma pessoa, mas ao mesmo tempo está desconfiado daquela pessoa passar a perna. Fazer um negócio e depois que a pessoa for embora tu falar: "Aquele filha da puta me enganou, me deu uma volta". Não dá.

No negócio, a confiança e a responsabilidade para não dar prejuízo andam juntas. E não se pode esmorecer nem perdoar ou esquecer os erros cometidos. Segundo a experiência de um dos pioneiros no tráfico armado do Rio de Janeiro, é necessário estabelecer um sistema rígido de relações de trabalho, em que falhas devem ser exemplarmente punidas para manter a ordem, ou seja, o respeito à hierarquia, ao comando do chefe e dos gerentes, e às regras do negócio. Embora a organização da boca seja muito diferente da máfia, neste ponto a lógica é semelhante. A diferença é que a organização mafiosa evita com muito mais eficácia os conflitos mortais entre seus membros, porque é mais abrangente e baseada em laços de parentesco e étnicos, o que não acontece nas bocas de fumo daqui.

O pessoal leva a coisa a sério, muita gente está envolvida naquela situação do tráfico ali. Se não levar a coisa a sério, vira bagunça. E dá prejuízo, né? Pessoa que não vai agir certo com aquilo que está lidando ali, alguém vai ganhar prejuízo. Porque é muito dinheiro investido para a pessoa não ter responsabilidade.

No tráfico é assim com as pessoas envolvidas que mexem com a coisa. Porque, se o cara errou, por exemplo, meteu a mão aonde não devia, pegou cinco quilos de cocaína onde tinha 100 quilos, aí ele fez o quê? Ele deu uma volta, pegou e sumiu. De repente, ele aparece em outro lugar, o cara que ganhou o prejuízo fica sabendo e vai lá. Conversam, conversam, conversam, conversam: "Oh, você vai ter que pagar aquilo, vê aí a melhor forma que você tem para pagar e pôr aquilo no lugar". O cara não vai se preocupar em pagar aquilo, não. Ele não vai se preocupar e, se tiver outra oportunidade, vai fazer a mesma coisa de novo. Então, para que isso não aconteça, existe a violência. No tráfico tem que ser assim: a pessoa tem que estar se policiando para não errar. Porque, se errar, é fatal; se der oportunidade, acontece de novo. Ele meteu a mão aqui, levou e foi para outra. Vai dar liberdade para ele, ele vai fazer a mesma coisa contigo mais cedo ou mais tarde. A única coisa que pode acontecer com ele, é o quê? Ele pensa que é confiável para as pessoas, mas sempre tem alguém de olho nele. Ele pode continuar ali convivendo, mas pode correr um risco de ser usado. A pessoa prepara um golpe lá onde ele conviveu. Se ele fugiu de lá, ele conhece tudo lá, né, aí leva as pessoas daqui para dar um golpe lá. E depois, se der certo, o que acontece? Os caras podem matar ele, porque ele não é uma pessoa confiável. Então, quando uma pessoa não é confiável, ela está sempre sendo olhada. É meio perigoso esse negócio de fugir de uma quadrilha e ir para outra. Corre um risco grande.

Ailton fala extensivamente sobre como a mercadoria era embalada, quem eram os usuários e os fornecedores, onde se dava a transação da venda e compra via matutos, dois personagens importantes para garantir o negócio que viria a transformar o mercado informal/ilegal do Rio de Janeiro e, consequentemente, o cenário do crime, especialmente os mais violentos. Depois de decidir ser um comerciante da droga ilegal para ganhar mais dinheiro com menos risco, em meados dos anos 1970, durante o regime militar, que já adotara a política de guerra às drogas, Ailton fala da fartura e da facilidade do comércio de então.

Hoje é no sacolé, mas naquela época se vendia tanto cartucho inteiro como a metade. Um cartucho feito de papel, a maconha era enrolada no papel. Fazia-se isso em papel de revista ou naquele papel de computador listrado, pessoal trazia muito. Eu fazia assim também. Ainda era uma época de fartura. Muita gente me abastecendo, e o preço era bom; então, eu, com muita mercadoria e no preço bom, colocava mais e dava mais vantagem para os fregueses, aí a boca ficava inflamada.

O fornecimento da droga também ia mudando com o desenvolvimento do negócio. Inicialmente, em pleno regime militar, era muito mais tranquilo e de pequena monta, não mais do que poucas dezenas de quilos comprados, com o matuto como intermediário entre o caminhoneiro que trazia a carga grande de fora e o traficante do varejo na favela. Hoje, as transações são de algumas toneladas, o que exige muito mais capital, logística e segurança, sem precisar do matuto do asfalto. No entanto, desde sempre, a favela serviu de depósito para as drogas compradas sem problemas fora dela, provavelmente pela falta de policiamento local. Mas a falta de investigação e controle, inclusive no sistema bancário, também explica o aparecimento dos santuários de drogas e armas dentro das favelas. As transações entre traficantes de diferentes favelas, em pequenas quantidades, também eram comuns, mesmo antes de aparecerem as facções. Mas esses traficantes de favela não tinham a função do matuto intermediário que comprava grandes carregamentos de centenas de quilos. Faziam mais pelas alianças e apoio futuro baseado na reciprocidade, como dádivas instrumentais com o objetivo de garantir a continuidade do negócio.

> Naquela época, essas pessoas e outros coroas da Baixada Fluminense, quando eles compravam, não era no negócio de comprar uma, duas toneladas de maconha e pagar logo, não. O dinheiro ia sendo mandado pra lá aos poucos, o dinheiro ia sendo depositado em conta-corrente aos poucos. Não funcionava dessa forma, pagamento em espécie. A maior parte das pessoas que comprava muita droga, muitos quilos, colocava tudo dentro da favela. Era até para evitar uma *blitz*, numa batida policial perder tudo. Porque a droga sempre vem de fora, ela nunca vem do estado do Rio de Janeiro, até porque a gente nunca vai ver plantação de maconha no Rio de Janeiro. Mas nem todo traficante daquela época tinha condições de comprar um caminhão de maconha. Então, tinha o que se chamava de matuto, o cara que compra o caminhão. Não é um traficante de favela. O traficante da favela vende no varejo. Então, tinha aqueles traficantes do asfalto, tinha muitos naquela época que seriam pessoas de idade, fora de qualquer suspeita. Passavam na rua, andavam até de bengala, com um jornalzinho, óculos na cara. Ninguém vai imaginar que aquele senhor é um matuto, né? Então, é o cara que compra assim, 200 ou 300 quilos de maconha, e vendia para os morros. Um [da favela] ia lá, comprava 20 quilos, o outro comprava 50 quilos. Então, comprava assim, um preço bem melhor nessa condição. E houve mudança daquela época para cá, porque hoje o dono de boca no morro ele mesmo faz a encomenda: "Quero uma tonelada de maconha".

Esses matutos compravam carregamento. O primeiro cara a ficar famoso no Rio de Janeiro, eu conheci e depois reencontrei na cadeia. E ele morava assim: um pouco no Rio, um pouco no Mato Grosso, um pouco no Paraguai. Era um coroa, senhor de idade. O nome dele era Renato; ficou conhecido como Renato Tonelada porque, há uns 30 anos atrás, foi um dos primeiros a entrar em cana com uma tonelada de maconha no Rio de Janeiro. Ficou conhecido nacionalmente.

A droga [maconha] vem do Paraguai, vem do Cabrobó,[44] vem de vários lugares. Só no Rio de Janeiro é que não plantam. Naquela época se usava muito a do Paraguai. Eu conhecia até umas pessoas que traziam do Paraguai [no caminhão]. Aí, descia a Via Dutra, parava no posto de gasolina, enchia aquele monte de mala dos carros. Muitos dos nossos encontros eram em Barra do Piraí, na Via Dutra.

Já tinha cocaína, mas pouco se usava, por causa do preço. Eu mesmo comecei a pôr cocaína lá em 1977 para 1978. Foi do cara que me servia a maconha lá da Vila Valqueire, ali do lado da Aeronáutica. O cara era dono da boca de Magalhães Bastos, e ele me servia assim: o carregamento da maconha chegava para ele do Paraguai, e a mesma quantidade que ele pedia para ele, também pedia pra mim. Lá nesse local tinha uma boliviana que descarregava para ele. Aí, eu comecei a comprar também dele. Tinha esse pessoal, tinha um coroa que até parecia ser gringo, senhor Gremo; tinha outro que se chamava Zé da Hora. Era só velhinho. Naquela época, eu era bem novo, mas fazia negócio com pessoas bem velhinhas, fora de qualquer suspeita. Então, eles estavam me dando muita quantidade. Aí, eu fui ficando abarrotado de mercadoria.

Então, muitos morros às vezes compravam assim, de um morro para outro, não que fosse uma facção, porque não tinha facção. Às vezes o

---

44. Cabrobó é um município do estado de Pernambuco, à beira do rio São Francisco, região ainda da caatinga, mas de clima agradável e de vegetação abundante. Em 1991, tinha o índice de desenvolvimento humano municipal (IDHM) de 0,381, e em 2010, o de 0,623. O valor da renda domiciliar mensal *per capita* era de R$ 138,80 em 2010. O Instituto Brasileiro de Geografia e Estatística (IBGE) não fornece dados sobre a produção de maconha na região.

cara queria 10 quilos de maconha, aí mandava ir ao morro: "Fala lá com o fulano se tem condições de vender 10 quilos de maconha". O cara lá não é o matuto, mas ele comprou 100 quilos, então, ele vende para o outro morro cinco ou 10 quilos, mas ganha um dinheiro em cima. Não é muito lucrativo, porque também ele não quer explorar o cara.

Teve uma época que eu fui a Rocha Miranda fazer negócio lá. Ali perto do 9º Batalhão tinha uma boliviana que tinha o dia certo dela chegar para arriar cocaína. Deixava grande quantidade de cocaína no Rio, e quem ia lá já fazia negócio ali com ela, e quem não ia, ela já deixava com essa mulher, a Célia. Ela depois saía distribuindo, né? Quando eu cheguei lá, só encontrei um velhinho. Aí, eu passei de carro e vendo a rua toda deserta, né, aquela rua que estava sempre cheia de carro no dia em que a boliviana chegava. Aí, quando eu vi o velho, não parei na porta, não, parei mais na frente, fiz sinal porque fiquei meio desconfiado, né? Tudo deserto. Aí, chamei o velho lá e ele falou assim: "Todo mundo deve estar correndo até agora porque a delegacia de tóxico teve aí, estourou, eu já estou sumindo também. Estou preocupado com esses passarinhos, vão todos morrer de fome". Eu falei: "Me dá, coloca tudo no meu carro". Aí, levei. Muito passarinho bom.

Como já está claro nas afirmações anteriores, Ailton desmente a ideia corrente de que os primeiros traficantes de maconha e cocaína no Rio de Janeiro, que teria sido o estado pioneiro e o centro do tráfico, pagavam em espécie, em moeda ou em ouro. Ao contrário, o tráfico para esta cidade vinha por meio do estado de São Paulo. Os pagamentos eram feitos enviando dinheiro via bancária para longe da cidade, o que revela o pouco receio de serem apanhados com provas concretas nessas transações ilegais. E a confiança em quem ia ao Mato Grosso ou ao Paraguai para comprar grandes carregamentos e trazer para a cidade, via estado de São Paulo, era fundamental para que o negócio fosse concluído. Só agora é que o pagamento em espécie torna-se mais comum, possivelmente por causa do maior controle governamental das transações bancárias e financeiras, como modo de evitar a criminalização.

> Não, ninguém carregava isso [dinheiro e ouro] assim, não. Eu já mandei dinheiro para o Mato Grosso, depois mandei pra pagar as contas de um cara lá. O cara estava em um hotel e acabou o dinheiro dele. Eu mandava dinheiro. Porque ninguém carregava dinheiro vivo pra lá e pra cá não; dinheiro era depositado em conta, tanto de cocaína quanto de maconha. A pessoa que recebia um carregamento de droga, essa pessoa tinha que ser confiável, quem está lá fora manda sem receber nada. Às vezes, recebe até uma parte, mas muitas das vezes primeiro a situação vem pra depois o dinheiro ir, entendeu? Não faz negócio com qualquer um, tem que ter confiança.

A confiança também era necessária para estabelecer, sem deixar dúvidas, quem teria a responsabilidade caso a mercadoria fosse apreendida em batida policial e todo o carregamento fosse perdido. Segundo Ailton, se o matuto a perdia na estrada, ele assumia o prejuízo. Uma vez entregue, mesmo que não tenha sido inteiramente paga, a droga é do dono da boca que a encomendou ou a comprou do matuto, e a perda é dele. Portanto, ir buscar a mercadoria com o matuto era uma atividade muito arriscada, que poderia ocasionar perda total. Não fora esse acordo tácito, os conflitos seriam muito mais numerosos. Mesmo assim, nem todos seguem as regras do acordo de boca, e questionamentos ou troca de tiros podem acontecer, além do flagrante policial. Por isso, diz ele, hoje os traficantes do varejo não estão mais indo com tanta frequência buscar a droga em pontos de encontro ao longo da rodovia Presidente Dutra, que liga o Rio de Janeiro a São Paulo.

> No que ele recebe a mercadoria, é dele. Quem mandou não tem responsabilidade nenhuma, mas se perder na estrada é o matuto que perde. E agora funcionam assim: eles mandam, não tem esse negócio de a pessoa ter que ir lá buscar. Ninguém quer se arriscar, ainda têm uns bobos que a gente vê: "Foi preso dentro de um ônibus, com uma mala, não sei quantos quilos de cocaína e de maconha". Mulas que ganharam tanto para ir buscar. Quem perdeu está no prejuízo.
> Diz um acerto assim, perdeu! Perdeu como? Perdeu porque a polícia invadiu, aí ele perdeu. Conforme perde arma ou vai preso. Isso vai de boca em

boca, de facção para facção. Tem boca que é o seguinte: o cara perdeu para a polícia, e aí a polícia levou. O cara não fez nenhuma pilantragem. Porque tem boca que ele pode ficar devendo, ou então cada um paga a metade. Na minha boca, perdeu, perdeu! Quando perdia, estava perdido. Agora, conforme perdia aquela arma, tinha que botar outra no lugar. Às vezes o cara tem uma arma, a arma é da boca, ele tem que estar portando. Não é pegar e esconder em cima de um telhado ou esconder em cima de um muro. Aí, a polícia vem trepando em cima dos telhados e leva as armas. Então, ele deu mole. Se ele viu a polícia e correu, se a arma está com ele, a arma vai junto. Ele está portando uma arma, mas está com medo de entrar em cana com aquela arma, então, neste caso, o cara tem é que colocar a arma em algum lugar.

Tem boca em que o cara vai preso, ele cobre a metade do dinheiro que tem que pagar à polícia, e a boca cobre a outra metade. Dependendo do valor, se não for um valor muito grande, e dependendo do cargo do cara também. O cara é vapor, fogueteiro, aí o preço é barato. A não ser que ele caia com uma responsabilidade muito grande, se foi preso com carga grande, com tóxico, com arma... se foi preso porque ele é o fogueteiro ou é o vapor, o valor dele é pouco. Depois, vem um recado: "Os homens estão lá com fulano lá, esperando tanto"; aí, os caras mandam um dinheiro. Mas dependendo do cargo do cara, o valor é alto, e a boca também pechincha, né? O cara perder a carga para a polícia não acontece nada disso, não. A não ser assim: o cara é responsável por uma carga, então, se ele é o responsável, só ele sabe onde ele vai guardar. Então, ele guarda em um lugar; aí, depois vê que sumiu. Vai lá avisar o gerente: "Pô, cara, coloquei a situação em tal lugar, e agora fui lá e a situação não está mais lá"; "Não quero saber de nada, é com vocês mesmo". Aí, depois tem uma conversa, né, "Vai pagar tanto aos poucos", o cara vai pagar tanto aos poucos. Mas aí ele vai e faz isso de novo. Aí, já fica difícil de acreditar, né? Pode haver uma punição perdendo nessas condições. O cara perdeu, teve um refresco, ele vai pagar aquilo ali. Cada vez que ele pôr uma carga para trabalhar é descontar tanto. Eu pelo menos fazia isso, para não deixar ele duro, é descontar tanto. Mas têm uns caras que já falam para eles: "Oh, vai vender essa carga e não vai levar nada"; o cara vai trabalhar de graça até pagar o que perdeu, entendeu? Eu já dava uma colher de chá.

Antigamente era mais difícil. Hoje em dia [em 2008], os bandidos não correm da polícia, com as armas que têm no morro, eles ficam todos cheirados, não correm. Hoje em dia, eles não correm, ficam todos entocados em laje nos morros. A idade [para entrar no negócio do tráfico] hoje não quer dizer nada, que naquela época, né, o pessoal não gostava de tiro na polícia, então, tinha que correr mesmo. Quando estava bêbado, perdia o dinheiro.

A EXPANSÃO DO NEGÓCIO: OS DEPÓSITOS E O REGIME DE TRABALHO

Sempre houve o problema do armazenamento das mercadorias e das armas dentro da favela. Inicialmente, o volume bem menor de ambas permitia que fossem escondidas dentro das casas de vizinhos. A quantidade maior, comprada agora sem o matuto, complicou e encareceu a logística. Grandes recipientes, como caixas d'água ou cisternas, precisaram ser construídos. *Bunkers* e obstáculos nas ruas da favela servem hoje para ocultar os produtos ilegais da polícia e dos inimigos também.

Não, mas é caixa grande mesmo, as favelas têm é cisterna pra enterrar esses troços. Tu acha que o cara enterra, guarda 100 quilos de cocaína como? Ele não vai botar em cima do guarda-roupa dentro de casa, entendeu?, tem que ser tudo enterrado, só que não tudo no mesmo lugar. Bota parte em um lugar, bota parte em outro, porque na hora de perder, perde só um tanto, nunca perde tudo. Mesma coisa é arma, maconha, não vai pegar mil quilos de maconha e botar guardado em um lugar só, aí a polícia encontra: "Ih, foi apreender 200 quilos de maconha na favela tal, prenderam 200 quilos de maconha na favela". Passa lá amanhã, tu vai ver a fila que tá lá, nego comprando maconha pra caramba, por quê? Não era só 200 quilos que tinha lá. A boca não para, eles vão, prendem 200, 100 quilos de cocaína em uma favela, maconha pra caramba, mas eles descem com aquilo tudo, e mais tarde a boca está funcionando de novo, é porque eles nunca levam tudo.

Mesma coisa são as armas: prenderam tantos fuzis na favela, as outras bocas que são inimigas, né, estica logo a orelha, "Oh, prenderam tantos fuzis, dá pra invadir lá agora". Aí, vão e quebram a cara, porque prenderam uma parte só. O cara tem que ser muito burro pra guardar tudo em um lugar só.

Apesar de todos os riscos e gastos, o tráfico de drogas continua atraindo os jovens vulneráveis por causa de sua ganância, segundo Ailton. No início, diz ele, as despesas da boca teriam sido bem menores. Não havia o arrego institucionalizado, ou seja, o pagamento semanal ou mensal aos policiais do batalhão ou da delegacia que funcionava no local. Nem as facções criminosas cobravam o pagamento exigido como modo de evitar invasão e assegurar bom tratamento dentro da prisão, quando o traficante é apanhado, processado e condenado. Tudo ficou sistematizado em acordos entre coletividades, anulando muito a iniciativa individual.

Naquela época, não tinha em uma boca de fumo essa quantidade que tem que ter hoje, e as despesas muito grandes. Hoje em dia é o seguinte: você tem que pagar o dinheiro do arrego da polícia, bancar a família de quem está preso, tem que bancar todo mundo que está preso. Vocês não veem quando eles prendem um livro aí, a contabilidade da boca? É dinheiro pra tudo quanto é lado; então, por isso que eles estão exagerando hoje em dia. E o tipo de viciado hoje em dia é diferente do que daquele tempo.

O trabalho na boca era feito por plantão, mas qualquer um que estivesse na folga deveria ficar atento na favela, em caso de ataque de inimigo ou de policial, principalmente do primeiro, bem mais comum. Hoje, o medo de perder a boca, por causa das facções inimigas, seria bem maior, e os que trabalham lá não saem da favela. As bocas não fechavam naquela época em que Ailton traficava; funcionavam 24 horas por dia, com os horários estabelecidos (mais ou menos) por plantão de 24 horas e folga de 24 horas. As saídas da favela não eram proibidas, mas dependiam da situação. O dono da boca, patrão sempre preocupado em agradar os seus parceiros para que não o matassem e assumissem seu lugar, usava a dádiva de levar os comparsas para passear em pontos de grande atração popular, como o Maracanã e o Tivoli Park,[45] que ainda existia então. Quantidades maiores do pó também eram dadas como prêmio no final do trabalho de "endolar" a maconha e a cocaína, ou menores, durante o trabalho para mantê-los sempre alertas ao que se passava ao redor.

> Todo mundo pode sair. Eles têm a folga, tem o grupo que é 24 horas, vai virando, mas depois ele folga. Eu ia de manhã até às 22 horas, e o outro grupo dobrava. Estava sempre trocando. Quem estava de dia ficava depois à noite. Passou de manhã até na manhã seguinte na boca. Aí, quando chegava a noite, aquele cara estava de folga. Podia ir pra onde quisesse e fazer o que quisesse. Mas quem não saía da favela de qualquer forma estava atento. Ele não ficava ali com obrigação de estar resolvendo nada, mas, se precisar meter a mão no revólver, ele vai meter a mão no revólver. Não é obrigado a morar na favela [onde está a boca], não, mas até pessoas que vêm de fora, quando chegam na favela, sempre têm casa para morar. O cara chega e já arruma uma mulher. Têm os que gostam de sair fora [da favela] quando não estão de plantão, mas isso funcionou no passado. Hoje em dia, a pessoa, vamos dizer assim, tem medo de perder a boca. Então, muitos ficam direto na favela. Quando ele não está com obrigação de ficar plantado dentro da favela. Também não vai sair um grupo grande da favela e deixar a favela desguarnecida, né?
>
> Sabe como eu usava cocaína quando eu usava? Nunca fui aquele usuário de usar cocaína, assim, alucinadamente viciado, não, sabe? Quando cismava num final de semana, eu ia passar a noite no motel, ia curtir uma mulher. Primeiro, eu ia em uma casa de show que tinha ali em Caxias, assistia um show aí e caía na Via Dutra, ia pro motel, brincava a noite toda com a mulher, e lá pela madrugada eu falava: "Agora tá na hora deu dar um tequinho". Aí, dava uma cheiradinha, negócio de pouca coisa, não era viciado de ficar

---

45. Tivoli Park era um parque de diversões que existia na margem da Lagoa Rodrigo de Freitas, na Zona Sul da cidade do Rio de Janeiro.

alucinando, não. E em favela também: dentro da favela, eu nunca cheirei, nunca cheirei, também não tinha condições, porque a gente tem que estar atento, porque pode receber um ataque do inimigo a qualquer momento; então, tem que estar com a consciência tranquilona pra saber o que está fazendo. Não, o dono da boca não pode ser viciado, não. Mas cheira pra ficar acordado, aceso. Boca de fumo não fecha. E tem boca de fumo que é tipo uma festa, aquela procissão. Nas favelas, tudo quanto é favela tem o baile *funk*, né? Baile *funk* traz dinheiro pra favela, então, começa às vezes na quinta-feira, o dia amanhece, dá nove, 10 horas da manhã, ainda está cheio de gente naquelas biroscas perto da boca, cheirando, fumando, usando *crack*. Cai a noite, emenda e vai até segunda-feira. É muito dinheiro que entra. Boca de fumo não fecha. Vai um bocado dormir, descansar, o outro bocado está ali em pé, mas fechar não fecha, não, porque não pode deixar a boca desguarnecida. Todas as bocas do Rio de Janeiro funcionam assim, dia e noite, todo mundo quer a boca um do outro. Então, uma suposição, eu vou dormir, vou botar meus olheiros todos pra dormir, e quando acordar? A favela já está tomada por outra quadrilha, está todo mundo morrendo.

Teve época aí, até hoje ainda tem, porque o cara que está lá mais ligado com o dono da boca, o gerente-geral, o segundo depois do gerente-geral, ele não cheira aquele pó que está lá vendendo pro freguês. Então, ele não precisa colocar uma quantidade desse tamanho pra ele sentir que está doidão de cocaína, ele vai cheirar um pedacinho e vai estar satisfeito.

Essas pessoas [da boca] são todas devagar com a bebida. O único que gostava de uma cerveja era eu, mas também nem tanto, né, agora eu bebo mais do que naquela época. Nem pensar em tomar porre. Se acontecer um negócio desses, o cara perde a boca. Quem é que vai respeitar ele? Não tem como. Eu bebia mais assim, sabe como? Às vezes eu pegava uns caras da boca e levava para o Maracanã para dar um passeio. Às vezes a gente ia em uma boate lá pra cima [no subúrbio]. Então, todo final de semana eu levava uma ou duas pessoas diferentes. Os caras não eram muito de sair, como muitos vagabundos. Na boca de fumo não fica saindo da favela. O dia a dia do cara é ali. O lazer dele é ali. Até para comprar uma roupa eles pedem alguém para ir comprar. Eu já gostava de sair para fora da favela. Gostava de curtir a vida, ir ao Maracanã, boate, às vezes ia para o Jardim Zoológico com as crianças. Quando não era isso, era na época do Tivoli Park, levava a criançada, minha mãe. Final de semana eu gostava de fazer isso. Às vezes, quando eu ia para o Maracanã, eu sempre tomava uma cerveja lá dentro, mas era dia que eu nem voltava para a casa. Saía para o Maracanã, chegava um certo trecho, colocava eles no táxi e eles iam embora para a favela. Eu gostava de fazer isso toda semana. Levava também para fazer a mente desse cara, sabe, levava um e comentava com ele: "Pô, cara, nem comenta com ninguém da boca que eu te levei para a gente tirar essa onda, porque senão nego vai ficar com inveja. Você é um cara que eu gosto e confio pra cacete, você é o melhor amigo que eu tenho ali na boca. Tem que estar sempre alerta se escutar alguma conspiração a meu respeito. Tem que estar comigo que te considero". Mas eu falava isso para todos eles, entendeu? Uma tática.

Não tem nem muitos anos, em 1985 pra 1986, em uma boca de um amigo que socorri, às vezes eu ia dormir na madrugada, mas dava uma volta pela favela, depois dos trabalhos. Tinha um grupo escalado pra trabalhar picotando a maconha, tinha um grupo escalado pra trabalhar com a cocaína... pra embalar e deixar muitos sacos embalados. Um pegou, fez o plantão dele, largou, está entrando outro, então, já sabe aonde é que tem que pegar. Um fulano vai lá e pega tantas cargas, aí entrou, quando a dele acabou, o outro fulano vai lá e pega tantas cargas. Então, depois daqueles trabalhos, sempre sai uma boa pra cada um: "Isso aqui é pra ser dividido aí, pra todo mundo ficar alerta e ninguém dormir". Então, aquilo ali divide pra todo mundo, o cara está lá dentro olhando a polícia, olhando pra ver se inimigo não vai invadir... de vez em quando ele vai lá e dá um cheiro. Por que ele deu aquela cheirada? Porque o sono está querendo pegar ele, certo? Aí, às vezes, lá pras duas ou três horas da manhã, do nada eu saía com um deles, dando uma volta. Está todo mundo no seu posto, aí, ia colocando um negocinho pra cada um: "Abre a nota, abre a nota", nego abre a nota correndo. Então, os caras vão até de manhã ali; não é pra estar doidão, é pra estar alerta, olhando pra lá... o gato pulou lá no muro e o cara está vendo. Vendo tudo. O cara até fica doidão, quando o cara não está com a obrigação de ficar ali de plantão, em pé ali. Todo mundo tem o seu momento de lazer. Então, o cara saiu fora com a sua mulher pra um motel, aí o cara pode até ficar doidão... Coloca um filme pornô e dana de cheirar pó. Assim, ele até fica doidão, longe da boca.

As facções e o território

O território sempre existiu para os donos de boca que preservavam a exclusividade da venda no pedaço. Sempre usaram armas para defender essa exclusividade de forma mais ou menos ostensiva. Mas os estilos no controle do pedaço variavam muito, resultando em maior ou menor aceitação da presença deles ali. Como logo se tornou sistêmico, havia bocas em muitos pedaços, e muita diferença nas avaliações dos traficantes. A aceitação às vezes adviria do próprio medo que os moradores tinham de ser dominados pelos desconhecidos ou pelos que tinham má fama, caso de Zé Pequeno. Ele tinha má fama desde pequeno, e conseguiu aumentá-la durante a guerra com Ailton e Manoel. Os moradores nem tentavam dar conselhos para os jovens saírem do tráfico armado por medo de que outro traficante pior viesse tomar conta do lugar onde moravam. Depois que as facções passaram a controlar não apenas a boca, mas toda a favela, ou o morro, a liberdade de ir e vir do morador praticamente acabou.

> Naquela época lá, os moradores torciam contra o Zé Pequeno. Então, ali não tinha jeito de mandar ninguém sair dessa: "Sai dessa, isso não está certo". Até porque, quando a guerra começou, estava eu e o Manoel Galinha de frente, né? Os moradores vibravam quando a gente dava um basta e conseguia pôr eles para fora dali. Então, se fosse para eles darem conselhos para a gente, vamos dizer que eu falava assim: "Está bom, vou abandonar essa vida", o Manel falava a mesma coisa e o outro também. Quem ia dominar o pedaço? Zé Pequeno! Era tudo que eles não queriam.
>
> O morador apoia quem está no momento. O morador não critica ninguém. O morador não critica a milícia, não critica o ADA, não critica o Comando

Vermelho, não critica o Terceiro Comando, não critica ninguém. As coisas estão sempre mudando; a polícia vai lá, mas vai embora! Quem é que vai proteger o morador? Não tem ninguém. Então, o morador é neutro, ele pode sentir uma mágoa, mas guarda para si, e não vai comentar com ninguém. Quem está no poder é que sabe. Hoje está o Comando Vermelho na favela: "Oi, minha senhora, bom-dia, boa-noite"; ela: "Oi, meu filho, bom-dia, boa-noite". E amanhã ela estará dando bom-dia e boa-noite para a outra facção.

As pessoas costumam evitar dar opinião, fazer comentário para não correr risco. Mas quando é uma pessoa que tem um pouco de ligação com bandido, porque sabe ou gosta de um tóxico, ou uma pessoa que já conviveu no meio, ou ela mora aqui em uma facção e daqui a pouco está lá na outra, aí é arriscado ela perder a vida. Daqui a pouco vem no ouvido dos caras: "Pô, fulana tá frequentando a favela tal", vão botar na cabeça que ela está passando informação. Se já foi mulher de bandido, ou se é viciada, aí, sim, corre risco. Esse negócio de facção está um problema sério hoje em dia. As pessoas que vão em favela de outra facção ficam sendo olhadas, às vezes elas nem sabem que, de vez em quando, são seguidas.

As mulheres de traficante e as mulheres da boca

As personagens femininas no universo da boca são claramente diferenciadas. Há a "mulher da boca", ou a "mulher que frequenta a boca", e a "mulher do traficante", que é fixa, seja casada ou não, e que não frequenta a boca, nem deve dirigir a palavra a nenhum dos parceiros que lá ficam embalando, vendendo, vigiando. Para falar das primeiras, Ailton empregou as palavras mais grosseiras, aquelas que nunca usou para se referir às mulheres com as quais teve casos, casamentos, filhos, enteados, ou às mulheres da sua própria família, é claro. A avaliação severa das mulheres chega a ser conservadora para um personagem da pós-modernidade em contexto social tão globalizado do ponto de vista do consumo e das aspirações à riqueza rápida, própria do capitalismo sem ética protestante.

O cara está na boca, e é o seguinte: ele está na condição de ter o que elas [mulheres] gostam, porque elas não estão gostando dele, elas gostam do que ele tem, a cocaína... Umas querem dar, por quê? O cara está no poder, está com a cintura grossa, mas na madrugada você vê esse monte de mulher rondando a boca. É tudo mulher que quer pagar um boquete pra ficar pancadona de cocaína. Isso não é só em boca, não, isso é tudo que é lugar fora dali também... Elas querem pó, querem cheirar.

O moleque está lá na boca, então, ele está no poder... tem a mulher que gosta do cara porque ele está no poder. Então, essa é a mulher que está a fim do cara, mas aquele monte que fica rodeando a boca é o quê? As vagabundas, que nego chama de vadia, que vai lá a fim de dar uma mamada em alguém e cheirar pó, entendeu? Têm essas e têm as que gostam do cara. O cara pode ser feio, mas o cara está no poder, com a cintura grossa. Então, têm duas qualidades de mulher, aquelas que querem colar com o cara, passa a ser a mulher do cara, a amante, porque às vezes o cara tem família, já tem a mulher dele, e tem aquelas que são ocasionais, aparecem assim, do nada... porque a mulher do dono da boca, ela não vai à boca falar com ninguém.

E outras pessoas também, né, que às vezes gosta do outro que não é de se misturar com drogas, essas coisas... Já não acontece assim, de um namoro sério. Mas é meio difícil, porque quem já está envolvida com vagabundo é porque já é da bagunça mesmo, que gosta, entendeu? E às vezes quando uma facção vai invadir uma favela, os caras [traficantes] já estão trazendo mulheres, as vagabundas das outras favelas pra lá...

Diante do espanto dos entrevistadores para entender essa poligamia muito antiga no Brasil, mas também pós-moderna, em ambiente tão conflitado e tão pouco convencional, querendo saber como o traficante convivia com várias mulheres sem que elas armassem quizumbas, pancadarias, gritarias o tempo todo, Ailton respondeu. Sua resposta não deixa dúvidas sobre o papel subalterno da mulher, sejam as mulheres da boca, sejam as mulheres dele.

Normalmente, quando tenta, tipo assim, uma ameaça de discussão, uma rixa, o cara avisa logo: "Oh, isso não pode. Está com marra aí querendo ser a dona da situação... Oh, vai ser descartada". Então, ela tem que concordar com a situação. Vai ter uma boa vida, o que precisar vai ter na mão. Aí, aceita.

Eu sou o dono da boca, eu não vou mandar a minha mulher ir lá na boca falar nada com ninguém. Tem alguém pra resolver isso, ela em casa ou aonde ela estiver, entendeu? Sempre tem uma mulher que trabalha na boca. Se eu tiver que mandar liberar um dinheiro lá, eu mando procurar a fulana que também trabalha na boca.

As relações entre homens e mulheres no ambiente da boca e do baile *funk*, que era financiado pela boca, são tão marcadas pelo domínio exercido pelos homens, pela liberalidade sexual e pelas drogas, onde as mulheres silenciam na sujeição, que não haveria sentido em se falar de estupro. As mulheres não dizem "não" no contexto da boca. No entanto, nas regras que regem as relações entre traficante e moradores da favela, no contexto social da favela, o homem que abusa de uma mulher, que a força a ceder sexualmente, tem castigo exemplar, não especificado por Ailton. Basta o conhecimento da retaliação para que ninguém ouse cometer tal delito ali.

Não acontece [estupro], até porque as coisas hoje em dia, do jeito que estão, nem precisa ninguém estuprar ninguém. É gente se entregando, se trocando por droga... Nunca vai escutar ou ler em jornais "estupro na favela". Isso não acontece, não. É por causa da cocaína e esse tal de *crack* que as mulheres estão se dando, se trocando. Em tudo que é favela isso é a noite toda, é farra, é festa, é orgia até o dia amanhecer... Elas estão se trocando pelas drogas. E outra que os caras [os traficantes da boca] não admitem também, não tem nem como acontecer isso, o cara que fizer isso vai morrer... Ninguém tem merda na cabeça de estuprar ninguém dentro da favela. Isso não passa pela cabeça de ninguém. As garotas agora se oferecem. Nas comunidades, por causa dessas drogas, o cara hoje em dia nem canta a mulher, elas que estão cantando os caras. Então, não tem como isso acontecer, não...

Um monte de jornal... Aumenta muito, tipo assim, uma pressão para acabarem com o baile funk. Aí inventa um monte de coisa. Agora, que rola uma orgia danada, uma putaria danada, rola mesmo... Mas nada forçado, não, nada forçado, não. É porque o pessoal gosta mesmo, já vai pra madrugada para lá, pra zoar mesmo. Esse negócio de estupro, mulher forçada, isso não existe, não. De vez em quando a gente vê alguma coisa no jornal, mas são pessoas comuns que não têm nada a ver com a situação, não. O cara levou a mulher para o hotel, estuprou e matou, mas não é aquela pessoa que é bandido ou que está envolvido com drogas. Pessoal que anda com drogas não age dessa forma, não.

A idade não tem importância nem é levada em conta para avaliar a moralidade da ação do homem no contexto. Pedofilia não é termo de uso corrente, nem inspira nenhuma repulsa moral. Remete aos costumes mais antigos do país, do Oiapoque ao Chuí, sem conexão com o Estado de direito, o Estatuto da Criança e do Adolescente (ECA). Mais uma lei que ali não pegou. No entanto, nenhum conservadorismo familiar moralista. Ao contrário, apenas as prerrogativas de homem em sociedade sem Estado de direito. A preocupação maior de Ailton é eximir os traficantes, por solidariedade, de qualquer acusação de estupro.

Hoje eu estava lendo um jornal e estava escrito assim: "traficante estuprador"... Foi em uma favela do Complexo da Maré. Mas não é aquilo; quando eu vi no jornal, na primeira página, "traficante preso, traficante estuprador", fui ler depois, não é nada daquilo. A imprensa que coloca aquilo para acabar de queimar o filme do cara. Do jeito que o cara foi preso, ele estava com uma garota de 13 anos e ele, 27 anos. Já estava sendo procurado, é um dos gerentes da boca e estava com a garota de 13 anos, já vinha tendo relação com ela há muito tempo. Isso acontece em qualquer favela... Não é que o cara não queira, às vezes o cara até fala: "Você é muito novinha", mas elas querem, elas querem. A mãe do meu filho Aramis, quando se envolveu comigo, ela era assim, igual essa garota que foi presa. Ela vinha com uniforme da escola me procurar na boca. Então, elas querem, preferem o cara que está com a cintura grossa, que tem o poder, que tem a arma pesada, tá ganhando dinheiro... É o que elas querem: 14, 15, 16 anos, é o que elas querem. Aí, o cara vai preso dentro de uma casa, encontra uma garota dessa lá, o que colocam no jornal? Estupro. Mas não foi.

Traficantes e usuários ontem e hoje

A idealização do passado aparece na sua narrativa quando compara o tráfico de hoje com o de antigamente. No passado, os usuários seriam comedidos, sabiam quando parar, e não aprontavam confusão nem saíam assaltando as pessoas pelas ruas. Os usuários eram mais velhos, e o uso era feito privadamente. O uso da droga teria mudado principalmente por causa do *crack*, que ele considera um mal introduzido no negócio da droga no Rio de Janeiro. Marca também a distinção entre o traficante de antes e o de agora: antes, iam invadir ou trocar tiros para manter a boca sem necessitar tomar coragem com o tóxico. Agora, ao contrário, vão para a guerra cheirados de pó de cocaína ou fumados de *crack*.

> Naquela época, a cocaína que se via era muito pouca, e a maioria das pessoas que usavam já tinham uma idade, muitos tinham uma posição. Não se via criança ou moleque usando tóxico; era uma coisa, assim, camuflada. As pessoas saíam, bebiam, usavam aquilo num lugar fechado. Hoje em dia, qualquer criança, essas garotas aí, pô. Cresceu muito.
>
> Hoje em dia, saem todos drogados, cheirados, usando *crack* pra caramba. Não vê aí os caras que apontam uma arma no sinal, no gesto que a pessoa faz, eles já estão matando...
>
> Então, naquela época, ninguém agia muito assim, não, principalmente lá. A gente saía: "Vamos invadir a área do fulano hoje"; "Vamos". Eu escutava todo mundo ali conversando, e não entrava esse negócio de se intoxicar pra tomar coragem pra ir lá. Hoje em dia já é dessa forma.
>
> Muitos somem no morro, aí ficam procurando "qualquer informação, ligue para o número tal". Muitos somem é nos morros, nas madrugadas.

Vai usar drogas na favela, aí fica doidão, vacila, os caras não perdoam. Já estão todos alucinados na madrugada mesmo. Eu digo que, naquela época, não é que eles agora sejam mais cruéis, não, naquela época nós resolvíamos nossos problemas. Questão de guerra, ninguém se intoxicava pra ir trocar tiro, procurar ninguém, não, nós íamos no normal.

Por isso mesmo, Ailton é inteiramente favorável à liberação da maconha, uma droga que ele considera tranquilizante, que serve para criar amizade entre as pessoas, usada como dádiva para construir alianças e paz, dentro e fora da boca. Não tem a mesma opinião da cocaína, embora não pense que a guerra às drogas vá resolver o problema do consumo, muito menos o da violência. Condenação clara só para o *crack*, que chama "vício maldito".

Eu até seria a favor da liberação da maconha, principalmente a maconha. Eu acho que a maconha é uma coisa que não faz mal, não faz mal assim, não faz o mal que outros tóxicos, que o *crack*, a cocaína e outros fazem. O cara que usa a maconha, ele se torna um lesado, ele fica lesado, só pensa em comer, dormir. Eu acho que ele não pode fazer nenhum mal pra ninguém, por isso seria até a favor da liberação da maconha. Mas cocaína, o *crack* e outros, não, esses já trazem algum mal. Por exemplo, assim: um cara que fuma a maconha não adianta o cara chamar ele para ir assaltar que ele não vai ter nem disposição para ir assaltar.

A maconha, eu considero um tranquilizante. Eu usava pouco na rua porque eu não era de usar, não. Passei a usar a maconha na cadeia, e na rua eu andava com um embrulho dentro do bolso, e em todo lugar que eu passava, encontrava um amigo, dava um baseado. Principalmente lá na boca na Cidade de Deus quando chegava a época, por exemplo, do Ano Novo. Ano Novo eu colocava uma base de meio quilo ou mais. Era aquele baseado que eu mandava o cara preparar em uma régua, porque não dava para fazer na mão. Os caras até brincavam, na virada do ano, esse é o cachimbo da paz. Colocava aquele papel que embrulha pão, colocava uma régua em cima do balcão, e fazia um troço enorme que tinha que segurar com as duas mãos. Um charuto mesmo... Era para várias pessoas em um bar ou esquina... Só pra dar... Era uma festa aquilo... Todo mundo ficava tão feliz que todo ano eu gostava de fazer aquilo. Tinha um grupo que passava, daqui a pouco estava em outro lugar. Dia 31 de dezembro era um dia que eu rodava a favela toda.

Eu fui criado ali, e tem uma diferença de um cara que vem de outra favela para o que cresceu ali. Então, em todo lugar que eu passava, os moradores todos me chamavam para eu ir na casa deles: "Ailton, vem cá, vem tomar um vinho aqui". Sentava na mesa com a família toda. Eu parava na base de uns 10 minutos em cada lugar, entendeu? Quando o ano se rompia, a maconha estava quase indo embora... de repente, você via aquele monte de gente rindo, todos lesados. Então, o cara que fuma a maconha não se torna violento. Até a cachaça às vezes deixa o cara valente pra cacete, e a maconha, não. A maconha evita tudo, o cara quer saber de ficar alegre, sorrindo... quando a onda está quase indo embora, o cara dana a comer, deita na cama para dormir. Então, por isso que sou a favor.

Os craqueiros não têm dinheiro para comer, não têm dinheiro para nada, mas para o *crack*, não sei como, eles arrumam. Para o *crack* eles têm. E é muito, é muito... É o Rio de Janeiro todo, se a senhora andar a pé por aí em qualquer rua, você vê eles usando *crack*, e aqueles que estão dormindo são os que usaram o *crack* durante a noite. Eles pedem muito, né, mas se der uma bobeira, eles roubam também. Porque o viciado em *crack*, eu acho que ele fica desmemoriado, porque ele rouba qualquer um, qualquer coisa, qualquer coisa para eles tem valor. Eles roubam até os parentes, esses viciados em favela, né? Esses que estão aí na rua foram expulsos da comunidade. É diferente, porque o cara usa o *crack* uma vez, ele não para mais, é um vício maldito. Eu posso ser o melhor amigo dele, mas, se eu deixar um dinheiro de bobeira, ele vai me roubar. O viciado na cocaína, ele não faz isso. Ele até sai para roubar, mas para roubar como qualquer outro ladrão, como qualquer outro assaltante. Mas o viciado do *crack* tem uma diferença, é um vício muito maldito mesmo. E vende muito!

Guerra às drogas não acaba com o tráfico. A polícia vai fazer o quê, se acabar com tudo? Vai mandar a metade embora? E os presídios, tem muita gente "mamando" na teta da vaca, principalmente esse negócio de presídio. Na estrada também, até chegar na favela. Quem está tirando o lucro disso quer que acabe? Não vai acabar nunca! Não adianta invadir a favela, não. É pouca favela que tem destilaria, não daria conta. Não é em todo lugar que tem recurso para isso, né? Eu ia começar proibindo a entrada dela de lá de fora pra cá, mas eles... Eu não sou presidente, mas sei como funciona aquilo lá, não sei qual é o recurso que ele tem e nem as pessoas que ele pode confiar e que vão estar ao lado dele. Porque tem muita gente ganhando, senão a droga não passava. Se quisesse proibir a entrada, teria como, pelo ar, pelo mar e por terra. Teria como, mas é o que te falo, tem muita gente levando grana, então, quem está abaixo dele não vai ser fiel ao ponto de "não vai passar nada".

Ailton entendeu o espírito do negócio, que vai muito além dele e da favela. Mas desconhece, porque nunca foi um usuário contumaz ou fissurado, o que há dentro do sacolé de cocaína que ele vendia até meados dos anos 1980, que não é apenas o cloridrato "batizado" com a misteriosa mistura, que recebiam como promoção do intermediário, ou o fermento. Quanto ao dinheiro, nunca usou ou nunca teve tempo e conhecimento para usar os esquemas financeiros de lavagem de dinheiro em paraísos fiscais. Comprava casas que depois era obrigado a vender, transações estas na maior parte das vezes intermediadas pela mulher principal, Dulcineia. Sabe que os personagens do negócio da droga não chegam a perder tudo, mesmo pagando as propinas a policiais e a advogados criminais caros, mas ficam com pouco no final das contas. O dinheiro que ganhava ia sempre se esvaindo pelas mãos de quem tinha mais força judicial do que ele, e de quem dependia para continuar o negócio. Quanto mais notoriedade como um bem-sucedido traficante, mais achaque e até sequestro sofria nas mãos de policiais nos flagrantes e nos depoimentos nas delegacias. Quanto mais prisão, mais gasto com advogados e mais problemas para manter a ordem dentro da boca e o respeito à figura do chefe.

Também não sabe até hoje como acabar com a sedução que a droga exerce e, portanto, terminar com a demanda. Mas sabe, por conta da sua atividade de comerciante, que a repressão deveria estar nas entradas para o país, nos intermediários dentro e fora do país, na estrada que acaba levando as drogas e as armas para as mãos dos traficantes na favela. Com estas e por causa daquelas, os jovens pobres e, na maioria, negros, se matam sem piedade nas vielas, nas ruas e nos matos da cidade.

6
Às armas! A guerra com Zé Pequeno

Sem nenhum treinamento militar, Ailton teve de aprender, fazendo a guerra contra inimigos agressivos que eram amigos fingidos, a se defender, a se esconder, a surpreender, a escolher locais estratégicos para ver sem ser visto. A pontaria, a surpresa no ataque e a rapidez em municiar de novo a arma estão entre os maiores problemas que enfrentou na sua falta de treinamento. Aprendeu usando sua intuição ou, como ele diz, a maldade que faltava a Manoel Galinha, porém cometendo muitos erros quase fatais. Várias vezes escapou da morte por muita sorte; em outras, pela capacidade que tinha de prever o que podia acontecer em seguida. Contou com alta dose de coragem, frieza, pontaria, capacidade de decidir rapidamente diante do perigo e agilidade para subir em telhados e pular muros. A guerra que ele aqui narra é fascinante e apavorante pelas emoções que a provocaram, bem como pela crueldade que acabou desenvolvendo ainda mais nos seus protagonistas.

Ailton não é um escritor, mas é um bom contador de histórias que prende a atenção do ouvinte com o sabor do suspense e do seu particular senso de humor nas muitas cenas descritas. Soube contar como as desconfianças foram se acumulando e o ódio substituiu a amizade. Ressaltou seu papel de protagonista, mas não deixou de registrar os fracassos e erros que cometeu. Decidimos então que aqui ficará a sua narrativa, sem interrupções dos entrevistadores que organizaram a sua história de vida. Sua narração foi feita com os recursos da oralidade e da memória pessoal. É a resposta dele ao livro de Paulo Lins e ao filme de Fernando Meirelles, que não quiseram reconhecer que ele era o Sandro Cenoura, o aliado de Manoel Galinha e o inimigo de Zé Pequeno.

A GUERRA

No início, a boca ali era minha na parte das casas cá de dentro.[46] Nos apartamentos, tinha um camarada chamado Damião, que era o dono das bocas de lá. Isso era 1977 para 1978. O pessoal da Macedo Sobrinho, quando foi transferido para a Cidade de Deus, chegando removido da Macedo Sobrinho, uns camaradas que tinham boca de fumo lá continuaram com a boca deles. Eles chegaram, logo foram vendendo ali também.

Naquela época, já tinha muita cocaína. Era uma mercadoria de ótima qualidade. Não é o que eles fazem hoje. Naquela época, não se usava fermento em pó misturado com cocaína. De 1977 em diante, já tinha bastante cocaína. Entre 1974 e 1976 tinha cocaína, mas era uma coisa meio escassa, que muita gente não tinha acesso. Em alguns morros da Zona Sul e no Grajaú tinha cocaína de boa qualidade. Na Cidade de Deus também tinha. A boca funcionava como funciona hoje, mas só que não tinha fuzil. Tinha revólver, pistola, submetralhadora, só não tinha o fuzil. Todo mundo foi sempre bem armado porque tinha muita pistola, inclusive a 45. As armas não eram muito expostas, porque não existia guerra. Tinham as armas, mas não tinha guerra. Hoje é uma coisa mais organizada.

---

46. Ailton sempre se refere à Quadra 15, à área da praça Matusalém e às triagens onde ficava a sua boca como "cá dentro", enquanto os apartamentos e a Quadra 13, onde Zé Pequeno pegou a boca de fumo já existente, como "lá fora". Outra oposição usada por ele é "lá em cima" *versus* "lá embaixo". Esta última ficava perto da avenida Ayrton Senna, onde foi construída posteriormente a Linha Amarela. A Quadra 15 ficava ao lado do rio, mais longe da avenida. Às vezes, refere-se à Cidade de Deus como apenas as quadras de casas cá dentro, excluindo os apartamentos lá fora.

Nessa época, em 1977, na parte mais baixa dos prédios, tinha uma mata após os prédios que ia dar lá para aquela Igreja da Penna.[47] Era um morro com uma mata que dava de fundos para aquela igreja. Teve até uma matança lá. Teve uma *blitz*, e a bandidagem correu toda para dentro do mato, inclusive eu, que frequentava lá. Eu era amigo de todo mundo. O Zé Pequeno nessa época não existia como Zé Pequeno. Ele era muito pequeno [risos]. Tinha um coroa deficiente, que não tinha uma das pernas, todo mundo o tratava como o tio Dodô. Ele trazia muita maconha de fora, tinha um contato com um pessoal de fora; então, ele servia para todo mundo. Servia para mim, servia para aquele pessoal dali, porque era uma época que tinha muita festa, e o pessoal da Zona sul — uma playboyzada — fazia negócio lá também. Tinha também uma mulher que vendia grande quantidade de cocaína nos prédios. Era uma época que vários artistas compareciam nessas festas.

Então, eu era lá de dentro da Cidade de Deus, mas frequentava os apartamentos devido eu ter uma mulher que é a mãe do meu filho Licínio. Ficava muito ali participando das festas, dos ensaios dos blocos que tinha ali. Deram uma *blitz* lá dentro da mata onde fizeram essas casas. Eu estava lá porque tinha uma mulher de lá, aí fiz uma amizade com pessoas que faziam negócio comigo. Aí, teve essa *blitz*, e eu resolvi sair do mato, sei lá, fiquei impressionado. Dentro do mato fica mais fácil para a polícia matar, ainda mais que tinha helicóptero arriando o mato. Aí, eu consegui sair pela beira de um rio e fui parar lá na Freguesia, porque estava tudo cercado. A polícia matou cinco caras nesse dia. Dentro do mato. Dizem — era um

---

47. A Igreja de Nossa Senhora da Penna é uma das mais antigas do Rio e fica na Freguesia, a 170 metros de altura, circundada pelos maciços da Tijuca e da Gávea, bem como pela serra de Guaratiba. A imagem de Nossa Senhora da Penna foi inaugurada em 8 de setembro de 1661, quando um negrinho escravo perdeu uma vaca de seu senhor e foi ameaçado de levar uma surra caso não a encontrasse. Aflito, pediu proteção à Virgem e, ato contínuo, ao olhar para a colina, viu Nossa Senhora apontando onde estava a rês. O milagre foi reconhecido pelo fazendeiro, que mandou construir uma ermida e alforriou o escravo. Foi o primeiro registro de alforria no Brasil colônia. Em 1664, a igreja foi construída com paredes espessas de madeira de lei contra as flechas dos índios e os ataques de piratas, a um só tempo um templo e uma fortaleza. Hoje a igreja é tombada pelo Patrimônio Histórico Nacional.

comentário — que os caras chegaram a se render, mas ninguém estava lá para testemunhar isso, né? Aí, mataram cinco caras e, se não me engano, um desses era um dos irmãos do Zé Pequeno, o Guta. Foi aí que eu me afastei um pouco de lá, mas, depois, as coisas se acalmaram e eu voltei. A boca continuava sendo desse Damião. Aí, de repente ele sumiu, sumiu que ninguém sabe se a polícia prendeu. (Até no filme da Cidade de Deus mostra o Grande que a polícia pegou, deu um sumiço, mas não foi bem o Grande; era o Damião). Damião era o nome dele. Aí, ele sumiu.

A boca era do Damião, mas ele tinha um parceiro que veio também da Macedo Sobrinho que tinha o apelido de Bê. (Esse camarada é vivo até hoje e trabalha na Comlurb [Companhia Municipal de Limpeza Urbana].) Então, ele ficou sendo o dono da boca, sendo que, naquela época, como não tinha guerra, muitos caras que eram donos de boca de fumo não tinham atitude. Precisava dar tiro em alguém ou matar, o cara não dava para aquilo. Acontecia muito isso do cara ser dono de boca de fumo porque a coisa estava fácil, o dinheiro estava entrando e ele não tinha trabalho em nada. Mas, se precisasse matar alguém, o cara não prestava. Era o caso dele. Ele vendia lá fora, e eu tinha o meu negócio cá dentro. O irmão do Zé Pequeno, o Paulinho, era um moleque magrinho, mas ele gostava de mim pra caramba. Ele era passista. Chegou a ficar preso comigo algumas vezes na época quando eu frequentava o Padre Severino. Ele tocava em um conjunto. Foi preso umas duas vezes por assalto, mas não era o ramo dele. O negócio dele era tocar pandeiro e participar de show com o grupo dele. Ele era passista, sambava muito e batia pandeiro. Era amigo de todo mundo, esse Paulinho.

O Zé Pequeno era pequeno, pequeno mesmo [risos], e não se metia com nada, porque não era ainda o que foi depois. Inclusive, quando ele era menor, até fazia uns mandados pra mim. Eu estava com uns 16 anos, ia preso para o Padre Severino, quando eu voltava, encontrava ele lá andando bem atrás de mim, fazendo mandado. Às vezes eu saía para prender uma Kombi de cigarro, e até levava ele: "Vai lá e veja quantos seguranças tem no carro". Ele ia e olhava pra mim. Aí, quando voltávamos, eu falava: "Vai lá no açougue, moleque, comprar dois quilos de carne pra gente almoçar. Traz refrigerante, traz cerveja". Ele fazia esse tipo de mandado pra mim.

O tempo foi passando, Zé Pequeno se juntou ao Bené nessa coisa de moleque. A gente não vê na Central do Brasil? Sempre tem dois ou três moleques juntos, aí um vai, puxa a bolsa de alguém e sai correndo. Eu passo por ali e vejo isso quase todos os dias. Então, o Zé Pequeno e o Bené eram assim. Eram pequenos e iam para a cidade roubar os outros. Eu sei que, do nada, o Bené foi trabalhar lá na cidade, na padaria Del Rey. Aí, ele se afastou, e o Zé Pequeno se juntou com o Jorge Marimbondo, que, no livro Cidade de Deus, aparece como Ferroada. Eu identifiquei logo quando li o livro. Então, esse moleque — vamos dizer uma gíria — não tinha pátria, ele não considerava ninguém. O cara não era amigo de ninguém, não estava de lado nenhum, e se juntou ao Zé Pequeno. O que eles faziam? Eles assaltavam qualquer um, davam tiro em qualquer um por nada. Aí, começaram a frequentar o morro de São Carlos levados por um senhor chamado Durval. Aí, ele voltou com outra postura, tipo que já era bandidão bem armado.

Era uma época que só se usava aquele revólver calibre 22. Às vezes, um freguês comprava a maconha, e eles ficavam perto da saída da Cidade de Deus e assaltavam o freguês para pegar a maconha. Esse Jorge Marimbondo e o Zé Pequeno gostavam de cercar lá na praça. Quando acabava a feira, eles chegavam lá fora, perto da praça, e cercavam para assaltar. Uma vez, um cara, que era técnico eletrônico e viciado, foi lá comprar uma grande quantidade de maconha. Aí, quando ia para o ponto de ônibus, por causa da maconha, eles deram um tiro no pulmão do cara. Jorge Marimbondo deixou o cara mal pra caramba. Eles foram chegando num ponto que estavam sendo olhados por todo mundo. O Jorge Marimbondo reinou pouco, porque ele começou a matar os outros por nada. Tinha um camarada lá que jogava futebol, todo mundo gostava dele, tinha o apelido de Cafezinho. Ele foi e discutiu com o cara porque o cara estava olhando para ele, foi e matou o cara. Aí, de repente, ele viu que podia sofrer uma cilada que não só eu, mas todo mundo estava de olho neles, e foram embora para o morro de São Carlos.

Lá na época tinha um grupo que tinha uma boca, se não me engano era o Trio Ternura. Eu sei que eles chegaram de volta e saíram matando os caras.

Os caras eram amigos deles, eles frequentavam lá. Aí, mataram os caras, ficaram com as bocas dos caras, arrumaram problema com o jogo do bicho lá em cima também. Foi um banqueiro que eles se meteram também. Eles não estavam respeitando ninguém. As biroscas que eles frequentavam no morro de São Carlos, eles mesmos assaltavam e davam tiro nos donos. Não tinham pátria. Ninguém era amigo para eles.

Nisso, o Jorge Marimbondo passou a ser maior de idade e estava cheio de crime. O que aconteceu? Ele foi para Ilha Grande. Mal foi preso, jogaram ele lá na Ilha Grande. Chegou lá, fazia a mesma coisa que fazia aqui fora, assaltando com faca e facão. Na cadeia, não respeitava ninguém, tanto é que os presos políticos depois se juntaram com os assaltantes de banco lá da Ilha Grande para fundar a Falange Vermelha, até para acabar com a pouca-vergonha: negócio de estupro na cadeia, assalto. E esse cara era abusado. Ele gostava de tomar o que era dos outros. Ele, novinho, chegou na Água Santa e matou logo um cara considerado pra caramba. Se não me engano, o apelido do cara era Napata, um cara muito famoso na época. Esse Napata era dono de uma boca. Aí, ele matou o cara na Água Santa e foi para Ilha Grande. Chegou lá, formou com uma quadrilha que era a tal da Falange Jacaré, uma falange sem-vergonha que assaltava os outros presos e não respeitava ninguém. Antes da Falange Vermelha, tinha a Falange Jacaré, que era formada por todos esses caras sem-vergonha.

Aí, quando foi surgindo a Falange Vermelha, os caras, para moralizar, fizeram uma matança muito grande na Ilha Grande. Muita gente morreu, inclusive ele, o Jorge Marimbondo. Morreu muita gente mesmo. Um amigo meu que estava lá nessa época contou que esse cara — Jorge Marimbondo — parecia que tinha o capeta no corpo. Ele até comentou comigo assim: "A mãe dele, que faz uns trabalhos, não conseguiu proteger ele dessa vez, não". Disse que era uma guerra com facão e espadas. Contou que o Marimbondo, com duas facas, caía pra cima dos outros dando facada, e que conseguiram espetar uma lança na barriga dele. Ficou caído no chão. Quando o pessoal achou que ele estivesse morto, ele levantou com duas facas e ainda pegou um outro cara pelas costas. Disse que todos saíram atrás dele dando facada e enfiando aquela lança nele, furando ele todinho, e que ele ficou lá caído, banhado de sangue. Aí, levantou de novo. Então, quase arrancaram a cabeça dele para ter a certeza que ele estava morto. Aí, morreu, né? Aí, aquela pouca--vergonha que acontecia na cadeia acabou.

Depois, o Zé Pequeno, já mais metido a valentão, se juntou ao Jorge Devagar, e tinha também um camarada chamado Amendoim. O que ele fez? Tomou a boca de fumo do cara que era amigo dele, o Bê, esse que é gari e que está vivo até hoje. O Damião tinha sumido. Ninguém sabia se foi preso, se a polícia sumiu com ele. O Bê, que era o segundo dele, ficou com a boca, e o Paulinho Quiciqui, que era o irmão do Zé Pequeno, se juntou a ele, porque eles eram compadres. O Zé Pequeno meteu bala no Bê, que era amigo dele, meteu bala no irmão dele; só não acertou, mas assumiu a boca. Todo mundo respeitando ele. E ficou assim: ele com a boca dos apartamentos, eu com a boca lá de dentro da Cidade de Deus. O tempo foi passando. Ele dava festa nos apartamentos. Na época, vinham o Agepê,[48] aquele outro compositor que fazia música para o Agepê, o Canário, e alguns compositores de samba-enredo, como o Beto sem Braço,[49] se eu não me engano, compositor do Império Serrano. Era festa todo final de semana, tudo regado de bebida e cocaína. O pessoal regava de tudo. Tinha um cara chamado Valmir que esbanjava cocaína quando dava essas festas.

---

48. Antônio Gilson Porfírio, mais conhecido como Agepê, nasceu em 1942 no Rio de Janeiro e morreu em 1995 de cirrose. Foi um cantor e compositor romântico, sensual e comercial. Antes da fama, trabalhou como transportador de bagagem e técnico projetista da extinta Telecomunicações do Estado do Rio de Janeiro (Telerj). Teve canções de sucesso, como "Moro onde não mora ninguém" e "Deixa eu te amar", que fez parte da trilha sonora da telenovela Vereda Tropical. O disco Mistura Brasileira, que continha esta canção, foi o primeiro disco de samba a ultrapassar a marca de 1 milhão de cópias vendidas (vendeu 1 milhão e meio de cópias). Foi integrante da ala dos compositores da Portela.

49. Laudemir Casimiro, sambista carioca, mais conhecido como Beto sem Braço, nasceu em 1940 no Rio de Janeiro e morreu em 1993 de tuberculose. Seu apelido veio da infância porque perdeu um braço devido a uma queda de cavalo. Trabalhou como feirante no Rio de Janeiro. Pertenceu à ala de compositores da Vila Isabel até 1981, quando, descontente com a desclassificação de seu samba, atirou no presidente e no vice-presidente da escola. Foi então para a Escola de Samba Império Serrano. No ano seguinte, com Aluísio Machado, ajudaria a escola de samba a vencer o Carnaval daquele ano, com o samba "Bum Bum Paticumbum Prugurundum".

Era cocaína e uísque. Os convidados dele queriam ir lá toda semana, e eu frequentava aquelas festas, com Zé Pequeno, a turma toda. A minha boca era lá dentro, mas eu frequentava mais os apartamentos. Gostava de ficar ali. Todo mundo era amigo.

Aí, o Jorge Devagar, que era parceiro dele, foi pra cadeia. Foi preso num assalto quando saiu com um amigo nosso que se chamava Ernani, que foi criado comigo no morro do Urubu. Nós fomos transferidos do morro do Urubu para um abrigo na época, e depois fomos com a família para a Cidade de Deus. Esse Jorge Devagar, o que ele fez? Saiu para assaltar com o Ernani lá em Pilares. Ele foi para assaltar e voltou cheio de dinheiro. Mas o Ernani não voltou. O cara morreu lá. Então, ele alegou que a polícia atirou neles depois de um assalto, e o Ernani caiu da beira de um trem e morreu. Mas o Devagar tinha a fama de sair para assaltar com os outros e matar a pessoa para não ter que dividir o dinheiro. Ficou essa dúvida, e ele foi afastado lá de dentro. Como ele já tinha uns crimes, foi preso.

O Bené nessa época já tinha saído do emprego de novo, da padaria Del Rey. Aí, ele se juntou a uma mulher que tinha o apelido de Mosca. Essa mulher roubava no pisa, roubava muito, e só comprava muita cocaína. Eles tinham conhecimento na Zona Sul e compravam uma quantidade grande de cocaína, faziam papelotes bem grandes e serviam na Zona Sul. Então, por isso que a vida do Bené era assim: ele fazia negócio com o pessoal da Zona Sul e não se envolvia muito com vagabundo. Mas ele se juntou ao Zé Pequeno também porque já eram parceiros de infância, só que ele não se envolveu muito em boca de fumo. O negócio dele — não gostava de andar armado —, o negócio dele era mulher, Zona Sul, praia. E essa mulher também dava uma boa vida para ele.

Eu sei que estava a maior fartura na Cidade de Deus em 1977-1978. Estava vendendo muita maconha e cocaína. Eu sei que estava todo mundo bem, eu com a minha boca vendendo bem, eles com a deles lá, e todo mundo se dando.

Depois que o Devagar saiu da cadeia, ele começou a pôr um monte de minhoca na cabeça do Zé Pequeno, falando: "Pô, vocês estão todos bem, com boca de fumo, estão de carro... eu não estou com nada, eu preciso de um pedaço". O cara saiu da cadeia querendo ser dono de boca de fumo! O Zé Pequeno não estava querendo arrumar confusão com ninguém, não, sabe? Devagar que foi colocando minhoca na cabeça dele.

Então, atrás do supermercado estão aquelas triagens, aquelas casinhas de bambu. Ali, na época, tinha um coroa que era meu amigo da Ilha Grande, chamado Ronaldo. Ele era cego de um olho, mas nem eu sabia disso, vim a saber depois. O olho dele era de vidro. Ele tinha uma esposa chamada Suely, pequena e bem pretinha mesmo, uma coroa bacana que todo mundo gostava dela. Eu sempre dava uma cobertura para ela levar para ele lá na cadeia. Aí, quando ele chegou da prisão, eu falei: "Pô, Ronaldo, coloca uma boca lá naquele canto para você se defender, só maconha". Aí, ele colocou.

Na época, eu tinha um conhecimento e estava comprando muita maconha fiada e barata. Teve uma época que a maconha estava escassa no Rio de Janeiro e, onde era encontrada, estava cara e não prestava. Era maconha esfarelada, e ninguém gosta desse tipo de maconha, né? Era tipo capim picado, não valia nada, o pessoal chamava de carioquinha. Na época, eu tinha ido no morro do Juramento, o dono da boca lá não era o Escadinha, não, era o Josué. Eu pedi para ele 20 quilos de fumo, ele mandou os caras trazerem a maconha e colocaram no beco. Quando abri, desisti, porque era dessa maconha. O pessoal fumava e falava que parecia cigarro, não dava onda nenhuma.

Aí, em 1976 ou 1977, eu fiz conhecimento com uns caras que, não sei de onde, trouxeram a maconha vinda do Paraguai. Em muita quantidade, preço bom, e não precisava pagar na hora. Eu comprava aquela maconha e deixava tudo escondido fora da Cidade de Deus. Tinha um aleijado em Realengo chamado Zé Carlos. Ele passava no meu prédio e falava assim pra mim: "Pô, cara, fiz entrega o dia todo, sobrou 40 quilos de maconha, fica aí? Eu não estou fazendo questão do dinheiro agora, pode levar". Então, eu ia juntando muita maconha. Quando eu comprava barato, vendia mais barato também. Colocava uma quantidade mais servida, né? Aí, a boca começou a fazer fila. Às vezes eu olhava para a boca de longe, não queria nem chegar perto, porque era uma fila muito grande. Eu chamava o gerente e falava assim: "Luiz, não tem polícia na fila não, cara?". Era uma época que estavam fazendo aqueles laboratórios na estrada dos Bandeirantes. Estava tudo em obra. Na hora do almoço, os peões iam todos à Cidade de Deus comprar maconha.

 A maconha estava tão boa e tão bem servida que o pessoal já comprava em grande quantidade. Aí, eu comecei colocar 100 gramas, 250 gramas. Tinha gente até de fora indo comprar comigo. Zé Pequeno queria saber onde eu estou comprando aquela maconha. Volta e meia ele ia lá: "Pô, Ailton, me apresenta o homem dessa maconha? Estou com uma maconha ruim pra caramba lá". Eu falava para ele: "Pô, te apresento o cara, você mata o cara e não vai pagar a maconha". Mas ele queria porque queria que eu o apresentasse. Eu tinha comigo que se alguém arriasse uma boa quantidade de maconha ou cocaína para o Zé Pequeno naquela época, ele ia matar o cara para não pagar. Ali na praça da Cidade de Deus, bem lá fora, tinha um camarada que vinha a ser cunhado dessa mulher do Bené, que é a Mosca. Ele era conhecido como César Brizola, um apelido porque ele vendia muita cocaína. Ele veio de uma geração do pessoal da Zona Sul que tinha uns contatos e uma quantidade de cocaína para vender. Eu mesmo só não pegava com ele porque tinha preços melhores. Aí, o que o Zé Pequeno fez? Um belo dia, era aniversário desse César Brizola, que me convidou de manhã e foi convidando o pessoal que era da amizade dele, inclusive o Zé Pequeno. O Zé Pequeno, ele e o grupo dele, foi de noite lá fora perto do posto da PM, vindo dos apartamentos, matou dois moleques. Ele não gostava de andar sozinho, não. De lá, foi para a festa. Aí, o cara colocou cocaína para todos eles cheirarem, e eu ainda não tinha chegado. Foi até bom eu não estar lá. Depois, eu soube o que aconteceu e nem fui. Eles cheiraram, cheiraram... Aí, quando o cara pegou o copo para beber, o Zé Pequeno fuzilou o cara. Ele e o grupo dele. Para tomar tudo! Tomou tudo que o cara tinha. Vasculhou a casa do cara e levou a cocaína toda que tinha lá guardada. Naquele dia, ele estava com o diabo no corpo. Matou dois perto da área dele, foi lá e tomou tudo do cara. Dali mesmo voltou para os apartamentos. Claro que ninguém gostou; eu já fiquei um pouco sem ir nos apartamentos.

César Brizola não tinha boca lá, não. Ele tinha um conhecimento e comprava em grandes quantidades para servir às pessoas. E nisso sempre ganhava em cima do preço, ele repassava, mas não traficava, e ainda ganhava uma boa parte em cocaína só para repassar. Por exemplo, eu tenho um conhecimento de um camarada que pode me servir uma tonelada de maconha, uns 100 ou 200 quilos de pó. Tenho esse conhecimento e a confiança do cara, mas não quero apresentar ele a outros. Aí, eu repasso a mercadoria dele. Vou estar ganhando em cima. Muita gente faz isso. Ele põe para mim, em grande quantidade, R$5 mil o quilo da cocaína, aí eu posso vender a R$7 mil ou R$ 8 mil. Era o que o César Brizola fazia.

Zé Pequeno tomou tudo do César e ficou sumido por uns dias. Quando apareceu, passou lá na boca desse coroa que eu tinha dado um espaço, o Ronaldo. Como eu não dava para ele o contato da maconha, pediu para o Ronaldo: "Pô, Ronaldo, essa maconha está muito boa. Mandei comprar aí, essa maconha está boa. Nem eu estou fumando da minha maconha. Aperta um baseado aí?". O cara desconversou, falando que não tinha como apresentar ou fornecer aquela maconha, porque: "É um amigo que está me adiantando". O Zé Pequeno estava com um grupo grande. O Ronaldo, coroa das antigas, usava caixa de fósforo no bolso, apertou um baseado bem grande; quando ele riscou o fósforo, o Zé Pequeno o fuzilou. O coroa caiu dentro do rio depois daquela praça e ainda conseguiu sobreviver. No escuro, ele se agarrou nas mudas de capim e conseguiu ir embora. Mas foi embora todo furado no rosto, pescoço, peito, braço, barriga; ele ficou mal mesmo. Socorreram ele do outro lado e a irmã dele morava onde era a boca do Zé Pequeno. Ela era enfermeira. Foram lá buscar ela para socorrer o irmão. Levou para o hospital e ele sobreviveu.

Aí, o tempo passou e a minha boca está lá, vendendo pra caramba. Um belo dia, ele aparece de novo, o Zé Pequeno. Eu já gostava muito de andar sozinho. Eu não andava com a quadrilha quando saía de perto da boca. Quando a gente estava andando com um grupo de oito ou sete camaradas pela Cidade de Deus, chamava a atenção. Se a PM visse de longe aquele monte de gente, era tiro para todo lado. Eu gostava de sair sozinho porque dava para me esquivar despercebido. Muitas das vezes, eu entrava num quintal de algum morador e ia sair lá na outra esquina, aí eu ficava encostado no portão vendo tudo. Pessoas pra lá, pra cá. Eu pensava que se uma pessoa daquelas passasse pelo posto da PM e se não gostasse de mim, poderia me denunciar: "Fulano está lá na quadra tal, em frente ao número tal". Então, às vezes eu estava em pé ali conversando, de repente eu entrava de costas para o quintal e ia pulando o muro para a outra esquina. De repente, as pessoas falavam: "Pô, o Ailton estava ali e agora já está lá embaixo".

Em uma dessas, eu vi o Zé Pequeno vindo com um grupo de uns cinco ou seis. Depois que ele matou o César e feriu o Ronaldo, eu comecei a tratar ele assim, toda vez que ele vinha, eu metia a mão em dois revólveres e ficava com eles debaixo do braço, já com o dedo no gatilho porque, qualquer reação dele, ia morrer os dois. Ele não era bobo nem nada. "Aí, Ailton, tudo bom?"; "Tudo bom"; "Aí, estou com uns amigos aí"; "Legal, legal." Ficava conversando, conversa vai, conversa vem... E o olho dele em mim. Qual era a intenção dele? Já matou o César, já tirou o Ronaldo de circulação, mata o Ailton, aí a favela toda é dele. Passamos a nos tratar assim. Onde a gente se encontrava, eu sempre estava com um revólver na mão. A minha sorte era que eu sempre via ele primeiro, porque eu estava sempre sozinho, não ficava muito exposto na rua. Os caras lá na boca até reclamavam.

A boca da Quadra 13 antes era minha também. No começo, até nos apartamentos, nos primeiros blocos, eu também tinha boca, antes do Zé Pequeno se meter ali. Foi o lance do cara que foi embora e a mulher ficou sozinha, a que hoje vem ser a mãe do meu filho Licínio. Ele foi embora e eu me envolvi com a mulher dele. Depois, fui cortando, porque já não tinha uma pessoa de confiança para estar lá vendo a situação, e parei também porque já estava com a boca na Quadra 13, boca lá em cima. Na Quadra 13, eu comecei com a maconha e o cheirinho da loló, na época que vendia muito. Eu tinha um amigo que trabalhava no hospital; então, ele trazia muitas caixas de vidro com tampa de borracha. Então, às vezes, eu saía para a Quadra 13 e, do nada, dava de cara com o Zé Pequeno. Ele vinha sempre com a gangue dele e sempre estava com alguma rapaziada de fora: "Aí, Ailton, trouxe uma rapaziada para te apresentar aí". O pessoal com a mão esticada para apertar a minha mão e eu com dois revólveres nas mãos. Ele: "Pô, Ailton, você não vai apertar a mão dos meus amigos?"; E eu: "Pô, não precisa, não". Se eu apertasse a mão deles, ele ia me fuzilar. Então, eu só cumprimentava o Zé Pequeno e os amigos dele na cabeça. Aí, comecei a me afastar das festas dele.

Quando chegava a época do Carnaval, tinha o banho de mar à fantasia, porque os blocos iam para a praia fantasiados com papel crepom. Os ônibus já saíam da Cidade de Deus, tudo que era comunidade levando a rapaziada para os blocos. Tinha esse bloco dos apartamentos que tem até hoje, que na época se chamava Chuchu Beleza, hoje é Coroado.

Aí, o bloco saiu no ônibus para irem para a praia, e dentro estava quem? O Zé Pequeno, o Bené, a gangue toda, a molecada danada do Zé Pequeno, o tal do Raimundinho, Grilinho, Amendoim, indo no bloco dentro do ônibus. O Jairo, que, uns dias antes, tinha matado a namorada dele, estava dentro do ônibus. Não sei por quê. (No filme *Cidade de Deus* mostra uma cena lá do cara que foi traído e matou a mulher, né?) Não sei se foi ciúme, só sei que ele matou a menina lá dentro do mato e encravou um galho de árvore nas partes íntimas dela. Deixou ela morta dentro do mato. Nesse lance que eles estavam dentro do ônibus, o Zé Pequeno, com a quadrilha dele, deu uma coça no Jairo dentro do ônibus. Machucou muito o cara. Antes do ônibus parar, jogaram ele no asfalto, na Ayrton Senna, que naquela época se chamava Via 11. Aí, o cara se arrebentou todo, fora o pau que ele já tinha tomado no ônibus. Quando o ônibus voltou de tardinha da praia, o Zé Pequeno e Bené foram lá na casa do cara. Uma das irmãs avisou: "O Zé Pequeno está vindo aí, deve estar vindo atrás de você". O que o cara fez? Ele já tinha arrumado uma arma emprestada e ficou na quina da parede. Quando o Zé Pequeno e o Bené vinham vindo, ele apontou no Zé Pequeno e atirou. Só que ele errou o Zé Pequeno e matou o Bené.

O Bené morreu. O Zé Pequeno ainda conseguiu correr arrastando o Bené. Aí, ele passou a andar atrás do Jairo. A família toda foi embora porque, se o Zé Pequeno pegasse qualquer um da família dele, com certeza ia matar. Mas depois eu fiquei sabendo que o Jairo foi preso, pagou o crime da morte do Bené, e o Zé Pequeno perdeu um grande parceiro. Todo mundo gostava do Bené. O negócio do Bené era só viver na base da sacanagem. Às vezes ele ia lá em casa, a falecida era viva na época, a Dulcineia. Aí, chegava lá gritando: "Dulcineia, cadê o Ailton?". "Tá lá em cima, pra boca". "Deixa esse presente aí pra ele". Era uns negócios de roubo que a mulher dele trazia, essa que dava uma boa vida a ele. Ela trazia coisas boas.

Zé Pequeno continuou lá com o bando dele, uns moleques que ninguém gostava deles. A quadrilha era muito grande. Raimundinho, Grilinho, Amendoim, Joel Cabeção, e têm outros nomes que eu não me lembro. Nessa brincadeira, eu parei de ir lá em cima para os lados dos apartamentos.

Teve um dia que chegaram uns caras lá do morro de Quintino. Um cara foi jogador de futebol; ele era o dono da boca ali no Quintino, no morro do Saçu.[50] Eram Valdir e Miltinho. Então, esses caras, na época, eles gostavam muito de assaltar banco. Eles tinham boca de fumo na favela do Saçu, mas gostavam muito de assaltar banco e de sempre pegar umas armas emprestadas comigo. Aí, teve uma vez que eles chegaram lá, mas já estava de noite e chuviscando. Chegou esse Miltinho, o Valdir, e mais dois amigos que eram da boca deles lá em Quintino. Falaram que tinham um assalto a banco no dia seguinte e que precisavam de umas armas grandes emprestadas. Aí eu falei: "Vamos até ali". Estamos conversando encostados em uma parede, conversa vai e conversa vem, o Jorge Devagar estava dentro de uma casa com a intenção de me dar um tiro pelas costas. Acho que já estava nos planos dele me matar para ficar com aquela boca ali. Ele estava dentro da casa e a gente conversando perto da porta. O cara explicando que tinha um banco para assaltar em tal hora, assim, assim. Aí, o Jorge Devagar vem na ponta do pé, no escuro e com um revólver na mão. Nisso, eu olho para a esquina e estou vendo a sombra, mas, quando olhei para a esquina, surgiu um farol de carro que clareou onde nós

---

50. Saçu é uma favela que fica no bairro de Quintino, palco de muitos tiroteios entre traficantes, milicianos e policiais militares. Em 2008, pressionados pela polícia para saírem de favelas em Quintino, milicianos teriam negociado a venda do controle dos morros com traficantes da facção Comando Vermelho por R$ 500 mil para deixar o caminho livre para que os traficantes retomassem as áreas, sem confrontos. Os confrontos armados continuam até hoje.

estávamos. Eu, para disfarçar, falei para os caras: "Olha lá aquele carro, é o camburão". Mas eu vi o Devagar pela sombra. Ele ia me matar por trás, da mesma forma que matou o cara que foi assaltar com ele. Dava-se bem comigo pra caramba. Esteve preso comigo no Padre Severino e tudo. Aí, eu comecei a ficar mais de olho neles: "Esses caras estão querendo me matar para ficar com a boca". Estava tudo planejado entre o Jorge Devagar, Zé Pequeno e a quadrilha toda.

É aquela história: quando o Jorge Devagar saiu da cadeia, ele reclamou com o Zé Pequeno que todo mundo tinha boca e ele não tinha. Era porque ele estava de olho em um pedaço lá de dentro. Ele era um cara muito assim, na época se falava "traiçoeiro". Estava rindo, brincando, comendo e bebendo, mas, se o amigo desse uma bobeira, ele matava. O apelido dele já dizia tudo; ele era bem devagar mesmo. Eu o vi passar uma decepção no Padre Severino quando estávamos presos lá, porque o Jorge Devagar era meio pederasta. Quando o Bené era novinho, o Jorge Devagar era doido para comer o Bené. É sério! Quando o Bené se juntou com o Zé Pequeno, mais novinho de bunda empinada, e o Jorge Devagar, um cara mais cascudo, já era meio pederasta de cadeia. Então, ele ficava sacaneando o Bené, apertando a bunda dele e falava: "Pô, Ailton, eu vou comer essa bunda". No Padre Severino, ele foi querer fazer isso com um moleque. Ele, preso, foi querer abraçar e beijar o pescoço do moleque por trás. O moleque o agarrou pelo pescoço e jogou ele por cima. Ele não esperava que o moleque fosse fazer isso. O moleque pisou a cara dele todinha, e ele desmaiou.

Mas o negócio dele era mais olho grande para ficar com a boca. Estava tudo tramado. O César era amigo, ele matou. Com o Ronaldo, o Zé Pequeno fez a mesma coisa: pediu para o amigo apertar um baseado e matou. Eu sei que nós ficamos durante mais ou menos uns seis meses assim. Onde eu encontrava o Zé Pequeno, eu procurava vê-lo de longe. Por isso que andava sempre olhando para tudo que era lado. Tinha que ver o Zé Pequeno a distância para dar tempo de pôr a mão no revólver. Aí, sempre foi assim, a gente conversando e eu com o revólver embaixo do braço. Teve um dia que ele me encontrou ali onde morava a dona Zilda, mãe do Manoel Galinha. Eu estava no portão e o Zé Pequeno veio com o grupo dele pela calçada de onde a minha mãe mora. Fiquei ali com o revólver na mão. Ele: "Ailton, essa rapaziada aqui é lá do morro do Juramento, daquela outra parte do morro". (Lá também estava em guerra com a boca do Escadinha, mas era uma guerra que só de vez em quando tinha um tiro. Tanto é que o pessoal foi para a Cidade de Deus e se juntou ao Zé Pequeno.) Aí, ele falou: "Cumprimenta os parceiros, só sangue bom". Eu, com dois revólveres debaixo do braço: "Legal, legal". "Não vai apertar a mão dos meus parceiros?" Eu: "Não". Ele: "Pô, ultimamente você só me recebe com revólver na mão, o que está havendo?". Eu: "O que está havendo é que você está matando os amigos". Ele: "Tô nada, está morrendo só quem tem que morrer, amigos somos nós, nós, sim, somos amigos". Eu: "Qual é, Zé Pequeno, eu te conheço, os caras também eram amigos da gente, o César, o Ronaldo", sendo que o Ronaldo estava vivo, mas ele não sabia. Ele estava lá em Realengo se tratando. Ele: "Tá legal, não tem problema, não". Aí, nisso o Zé Pequeno saiu levando os amigos dele todos desconfiados, né, mas toda vez que eu encontrava com o Zé Pequeno assim, ele dava mancada porque eu percebia no olhar dele e nos dentes que ficavam meio trincados, naquela ansiedade. Ele olhava para os amigos no rabo de olho, querendo uma oportunidade para disparar em cima de mim. Mas, quando ele apontasse para mim, eu ia apontar para ele também. Ele poderia até me matar, mas ia morrer junto comigo, né, então ele segurava.

Até que um dia, em 1978, a guerra explodiu. A guerra explodiu por causa de uma fila lá na boca. Nesse tempo, eu não tinha envolvimento nenhum com o Manoel Galinha, porque a minha quadrilha era com outros caras, outra geração. O Manoel Galinha não parava quase ali, e ninguém ouvia falar nele. Aí, teve um dia lá que tinha uma fila muito grande na boca. Aí, eu chamei o gerente e falei assim: "Pô, cara, vê se não tem polícia aí"; ele: "Não, não tem". Nisso, vem um senhor, peão do laboratório em horário de almoço, estava comprando maconha. Nessa época, a gente vendia uns cartuchos de maconha que se chamavam dólar. Então, tinha a inteira e a metade. Aí, o coroa falou assim: "Eu queria levar uma inteira, mas o dinheiro não dá. Mais tarde eu pago". Falei para o Luiz que era o gerente: "Dá um dólar inteiro para esse coroa que é cortesia da boca, não precisa pagar nada, não". Para o senhor: "E esse dinheiro que você ia pagar toma uma cachaça pra abrir o apetite". O coroa foi embora todo satisfeito.

Nisso, ia passando um soldado da boca do Zé Pequeno. A quadrilha do Zé Pequeno mandava comprar da minha maconha. Eles mesmos não estavam nem fumando a maconha deles, na época ruim pra caramba. Aí, quando eu estou virado de costas, aparece esse cara, abusado pra caramba. Ele era da favela da Nova Holanda e estava refugiado na quadrilha do Zé Pequeno. Era um negão de cabelo africano. Ele pediu a maconha para o Luiz: "Pô, libera uma maconha aí?". Como ele era um cara muito cheio de marra — eu dei a maconha para o peão da obra e falei para o coroa que não precisava pagar —, mas ele era marrento, o gerente falou assim: "Só pedindo ao Ailton". Aí eu olhei para a cara dele e falei assim: "Aqui não tem nada pra dar, não, rapaz, está pensando que estou plantando maconha na beira do rio? Isso custou dinheiro. Não tenho porra nenhuma pra dar, não". Ele foi embora.

Passaram uns dois dias. Nessa época, eu saía da Cidade de Deus para dormir fora. Eu tinha arrumado um dinheiro bom e comprei um apartamento lá em Realengo. Na época, eu estava trabalhando na PUC. Eu saía para Realengo e vinha para a boca na Cidade de Deus. Às vezes, saía cedo da PUC, no horário de 11 horas, em horário de almoço, e ia para a Cidade de Deus; 14 horas voltava para a PUC. Eu não queria sair de lá, né, carteira assinada, e de carteira assinada na época eu passava pela blitz da polícia sem problemas. Aí, numa dessas que eu saio da Cidade de Deus e vou embora, esse moleque me viu saindo e o Luiz fechando o movimento da boca e indo para casa sozinho pela beira do rio. O cara foi lá, cercou o Luiz e o assaltou, levando o dinheiro da boca. Quando eu cheguei de manhã, o Luiz falou comigo: "Pô, ontem, depois que você entrou no carro e foi embora, eu chegando aqui no portão e, quando vi, já estava com um revólver na cabeça, o cara levou o dinheiro". Eu falei para ele assim: "E aquele monte de revólver que tem aí? Por que vocês não foram atrás dele e meteram bala nele?". O Luiz falou assim: "Pô, você e o Zé Pequeno são amigos, se eu meto bala nesse cara ia gerar uma guerra". Eu: "Já gerou, rapaz, como o cara vai meter o revólver na sua cara e levar o dinheiro?".

Foi o único dia que eu dei um mole para o Zé Pequeno, dei um mole! Entrei no carro e fui sozinho atrás do Zé Pequeno lá nos apartamentos. Eu estava com muita raiva. Falei para o Luiz: "Vou lá nos apartamentos". Ele: "Aguenta aí que eu vou reunir um pessoal". Eu: "Não, não, eu vou sozinho". Entrei dentro do carro e fui. Foi o único dia que eu não conversei com ele com o revólver na mão. Dei toda a possibilidade para ele me matar ali no território dele. Aí, saltei do carro nos apartamentos. Perdi a noção, fiquei tão puto da vida que perdi a noção de tomar aquele cuidado todo que eu tinha para chegar perto dele. Parei o carro perto das lojas, e está o grupo dele todo em volta dele na beira da rua. Em vez de desligar, eu só abri a porta, não saí totalmente do carro, entendeu? Aí, falei: "Qual é, Zé Pequeno, que porra é essa? Aquela parada que houve lá dentro?". Ele: "Que parada? Não estou sabendo de parada nenhuma". Nisso, os soldados dele tudo em volta dele. Eu: "Zé Pequeno, sabe o que acontece? Algum jagunço seu assaltou o gerente lá; como é que você não sabe, rapaz, algum jagunço seu meteu maior bronca lá, rapaz". Quando eu falei "jagunço", os soldados dele já me olharam com olho feio e olharam para o Zé Pequeno para ver se ele ia ter alguma reação. O Zé Pequeno já começou a trincar os dentes: "Pô, eu não estou sabendo de nada, não, não estou sabendo de nada". Eu: "Então, vê qual é essa parada aí, rapaz". E ele trincando os dentes, os caras olhando para o olho dele. Aí, me toquei, pensei: "Dei mole para morrer". Então, falei: "Pô, vamos fazer o seguinte" — sendo que já agi na maldade –, "já que você não sabe de nada, eu vou lá dentro buscar ele para ele falar na sua cara e você chama o fulano". Ele: "Vai voltar aí?". Eu: "Em 20 minutos estou de volta". Aí, o carro ligado, entrei e já saí. Respirei fundo — "Ele não me matou ali, não me mata mais".

Eu dei mole mesmo. Aí, fui lá dentro e o que eu fiz? Vou voltar com ninguém? Peguei o negão, quebrei o negão quando ele passou. Primeiro, eu me escondi no quintal. Tinha uma mulher na época, uma mulata que apareceu não sei de onde. Ela dizia que era parente do Martinho da Vila, e realmente ele tinha uns parentes que moravam lá. Eu ganhei essa mulata. Só queria saber de motel e praia com essa mulata na época. Ela estava sentada ali e calhou de eu encontrar com ela naquele dia. Eu estava com um garoto que gostava muito de mim. Falei assim para ela: "Se fulano passar por aqui, vocês assobiam, é o sinal que o cara está vindo". Eu quis pegar o cara na tocaia. Fiquei escondido dentro do rio. Faziam-se muito essas cercas com os galhos de jurubeba, agora é tudo muro. Fiquei ali dentro um tempão, os mosquitos me mordendo, e eu ali na maior paciência. Aí, daqui a pouco, essa mulher e o garoto começaram a assobiar e eu pensei: "Vou pegar o negão dentro desses galhos". Quando coloquei o rosto no meio dos galhos para ver quem vinha vindo pela calçada, quando ele está chegando pertinho de mim, quando eu ia pegar ele, saiu da beira do rio uns cinco PMs. Os PMs passaram atrás dele. Então, se eu tivesse saído atirando nele, ia me dar mal. Continuei entocado, e ele passou pertinho de mim e foi embora.

Aí, uma dona que me viu crescer ali, que morava lá na vila da minha mãe, levou um susto quando saí daqueles galhos. Como os moradores ali viam tudo e sabiam de tudo que acontecia, ela já sabia o que tinha acontecido. Aí, ela levou aquele susto e falou: "Está procurando alguém?" Eu: "Estou". Ela: "É quem estou pensando? Foi lá para o baile". Na época, tinha um clube no lazer onde se fazia baile. Eu: "É ele mesmo", nem citei o nome. Eu tinha mania de tomar uma atitude ou ir atrás de alguém e não levava um grupo, sabe? Os caras ficavam putos: "Pô, você não leva a gente para pegar ninguém". Aí, eu parei na esquina e deixei a Dulcineia lá. Nesse dia, veio uma vizinha da gente que a vizinha não sabia nada do meu envolvimento com o tráfico. Ela era lá do Realengo. A falecida Dulcineia ficou lá no quintal da minha sogra conversando com essa dona e um primo dela chamado Gilson, que era da Rocinha. Eu a chamei: "Vamos aqui que eu vou resolver um problema"; e a deixei com dois revólveres dentro da bolsa. Era uma bolsa grande. Falei para o Gilson: "Eu vou lá dentro do clube ver se o fulano está lá. Se ele estiver, de lá vou fazer um sinal porque têm uns PMs que estão por aí, e de repente os PMs estão dentro do baile. Fica por aqui perto dela porque, se eu fizer um sinal, você leva esses dois revólveres para mim lá dentro". O cara era o maior bundão e não levou. Aí, entrei no clube. Os PMs não estavam lá, e estou escutando todos falando baixinho: "Ailton Batata está aí, Ailton Batata está aí". Eu estou fingindo que não estou escutando.

Aí, eu vi o cara que fez isso, né? Falei para ele: "Pô, cara, me admiro você. Eu gosto de você pra caramba, te considero desde pequeno". Eu estava conversando com ele, mas levando ele dali de dentro; querendo chegar com ele lá fora do clube, do baile. Fui levando ele e conversando. Ele: "Que nada, isso é invenção. Aquele cara está mentindo". Consegui chegar lá fora com ele. Quando eu consegui chegar lá fora com ele, estou olhando para o cara trazer as armas, né, o cara não levou arma nenhuma. A Dulcineia é que teve de vir! Ela veio, parou do meu lado enquanto eu conversava com ele. Eu fui levando ele mais para trás: "Pô, cara, eu sempre gostei de você". Olhei para ela e falei assim: "Me dá um cigarro aí?". Quando eu falei, ela já sabia que eu não queria cigarro nenhum. No meu olhar, ela já me conhecia; ela abriu a bolsa para eu pegar a arma correndo. Aí, o agarrei: "Vamos pra ali comigo". Ele estava com essa jaqueta jeans, que na época o pessoal chamava de jaqueta Lee, que tem um botão enorme aqui no meio; aquilo machucou a minha mão e ele escapuliu. Mas eu estava com a arma carregada só com bala dundum, aquela que explode. Machuquei-o todinho, e ele ficou caído lá.

Foi o que começou a guerra. Ali que começou a guerra com o Zé Pequeno. Por causa daqueles tiros que eu dei sozinho. Os caras da minha boca sempre querendo me acompanhar e eu não deixando, só queria que fizessem a segurança da boca. Era na boca que eu queria que eles ficassem. Fui sozinho, fiz isso, e não avisei a ninguém. Um estava escondido com uma mulher; dois ou três tinham ido para um hotel com mulher; outros foram para o baile lá fora. Tinha poucas cabeças na boca. A favela estava em paz, eu não alertei eles de nada, mas tomei essa atitude. Aí, coloquei o carro para o outro lado do rio e avisei a Dulcineia: "Vai para o outro lado, para a casa da minha tia, porque acho que o bagulho vai ficar doido". Ela saiu às pressas e a mulher, que morava em Realengo e não sabia da minha vida, ficou apavorada, né?

Não deu outra. O Zé Pequeno chegou com uma base de uns 30 homens ou mais, bala para todo lado. Eu cheguei a trocar alguns tiros com ele. Mas vi a desvantagem e fui procurando me afastar. Eles tentavam me cercar, eu pulava o muro, sozinho, porque não encontrei o meu pessoal. Aí, pula o muro daqui, pula o muro dali. A minha sorte é que, quando trocava tiro com aquele grupo do Zé Pequeno, eu ganhava muito deles quando encostava atrás de um poste. Eu gastava três balas em cada revólver. Enquanto estava atrás do poste, eles dando tiro na minha direção, eu tirava aquelas cápsulas que gastei e ia colocando tudo de uma vez. Estou atrás do poste e eles não estão me vendo.

Eu tinha essa mania de, quando estava trocando tiro com a quadrilha do Zé Pequeno, ficar com as mãos e os bolsos cheio de balas. Eu levava sempre dois ou três saquinhos pendurados e, dentro da sunga de praia, colocava um pouco também. A gente sempre usou sunga de praia. Às vezes guardava um revólver na cintura e pulava com outro. O perigo é pular o muro e não saber quem vai encontrar do outro lado. Esse que é o problema. Então, quando eles estão disparando em mim, eu estou atrás do poste só trocando a munição. Então, eu nunca ficava com o revólver vazio, e dificultava eles se aproximarem de mim.

Nessa, eu consegui chegar à beira do rio. Aí, caí dentro do rio, porque fiquei cercado e fui embora. Ele se apoderou da boca. Meu grupo tentou, mas já não dava mais, porque os caras estavam em grande quantidade. Fui embora para Realengo. Quando telefonei, me avisaram: "Zé Pequeno se apropriou de tudo. Quem estava de fora não voltou". Ficou com tudo que tinha lá. Nessa brincadeira, só sei que ele ficou com a boca uma semana, mas, mesmo assim, no dia seguinte, eu fui lá sozinho porque queria localizar os caras que trabalhavam pra mim. Eu perguntava para as famílias deles: "Fulano está aonde, porque eu quero reunir todo mundo". E a família dos caras não queria me dar a informação: "Ninguém sabe aonde fulano está". A minha intenção era reunir todo mundo em Realengo para retornar. Mas não achava ninguém: "Então, vou sozinho nessa porra, seja o que Deus quiser".

Dois dias depois, fui de madrugada. Tinha até uma visita lá em casa. Quando deu umas 3h30 da manhã, eu coloquei uma bolsa nas costas com duas caixas de balas e uma pistola, duas pistolas na cintura, e fui para a Cidade de Deus sozinho. Cheguei lá quase quatro horas da manhã. Parei o carro na beira do rio, fui à casa do Bento, que já estava vendendo maconha para o Zé Pequeno. Tinha várias coisas lá que o Zé Pequeno botou: muita cocaína, muita maconha, dois revólveres. Ali era minha área, mas ele já tinha posto um vapor ali. Um negão gago; era um sacrifício entender alguma coisa que ele falava. O Zé Pequeno colocou ele, a Celeste e outro lá em cima, mas eles não eram aliados. Aí, cheguei lá na casa do Bento. Eu não sei quem está dentro da casa, e eu sozinho. Estou em campo minado e a quadrilha dele era grande pra caramba. Então, joguei um tijolo no telhado e me escondi atrás do tanque. Ele saiu lá de dentro, nem veio de revólver na mão. Saiu resmungando para ver o que era: "Ai, meu Deus do céu". Aí, coloquei o revólver no ouvido dele: "Vamos entrar e fecha a porta". Eu peguei os dois revólveres que ele tinha, e dei a bolsa pra ele pôr as mercadorias dentro: "Vai colocando isso tudo dentro da bolsa". Eu não ia fazer nada, não, nem bater nele, mas quando ele despejou o saco de pó em cima da mesa, como eram muitos papelotes todos prontos, espalhou aquilo tudo em cima da mesa. Ele ia colocando dentro da bolsa e jogava um bocado para trás da mesa para pegar depois, e eu fingindo que não estava vendo. Um monte de papelote jogado para trás da mesa. Ele fica com esses papelotes e fala para o Zé Pequeno que eu levei tudo, né? Malandragem. Quando acabou de colocar dentro da bolsa, tinha uma panela de pressão ainda suja de feijão. Peguei pelo cabo e arrebentei na cabeça dele com feijão e tudo: "Por aquele tanto que você jogou no chão". Ele era gago, dava até graça quando falava. Juntei tudo e falei: "Diz para o Zé Pequeno que vou voltar".

Aí, fui subindo sozinho com aquela bolsa pelo escuro, pulando muro, caindo dentro do quintal dos outros na madrugada, igual um vaga-lume. Fui lá para cima. Fui na casa de um outro cara, e lá a porta era fraquinha. Eu meti o pé na porta, que arrebentou, mas também peguei tudo. Eu sei que eu enchi a minha bolsa e, por último, fui à casa da Celeste. Era em frente à casa da minha mãe, então, não queria ir ali para a minha mãe não ver e nem saber que eu estive por ali. Quebrei a porta da Celeste também, peguei tudo que ela tinha lá: pó, maconha, dinheiro. Ela não tinha arma, não. Falei para ela que, se ela estivesse escondendo alguma coisa, eu ia quebrar a cara dela. Ela estava só de camisola, saiu correndo gritando a minha mãe: "Dona Benedita, socorro, seu filho quer me matar". Aí, fui embora para a minha mãe não me ver, né?

Eu sei que, quando eu estava chegando em Realengo por volta das seis horas, tinha uma visitante que, quando eu estou entrando dentro de casa, me perguntou assim: "Você já vai sair?". Quando eu fui para a Cidade de Deus, saí sem ninguém ver. Nem liguei o carro perto do prédio; saí empurrando o carro na rua para não fazer barulho. Estava voltando, e elas perguntando se eu ia sair. "Não, fui fazer feira". Quando abri a bolsa, elas não entenderam nada. Muito troço! Aí, telefonei para a Cidade de Deus e me alertaram: "O Zé Pequeno está com um grupo, tudo cercado, te procurando".

Dormi o dia todo. Quando foi umas 17 horas, eu entrei dentro do carro, peguei uma mochila e coloquei uma caixa com 50 balas, duas de 20 e cinco de 7,5. Entrei dentro do carro, saltei na Freguesia e peguei um motorista que eu tinha lá, falecido Piscina. Era o cara que fazia transporte para qualquer lugar. Esse cara fazia muito avião para mim; comprava muito tóxico para mim e, às vezes, tinha que pegar arma. Eu falei para ele: "Pô, eu vou lá na Cidade de Deus dar uns tiros, mas não posso ir no meu carro". Combinei com ele de ir pela boca que era do Ronaldo: "Piscina, eu vou descer aqui na esquina do senhor Heleno, vou vir por dentro metendo bala nesses caras todos, e você vai me esperar lá na rua da feira, no final". A hora que eu ficasse cercado era só pular o muro e cair dentro do carro. Exatamente o que eu fiz, pulando o muro, até chegar ao lado da casa da Marinalva. Aí, fiquei no muro, sozinho no miolo da favela, e o carro mais à frente me esperando. Daqui a pouco, vem o Zé Pequeno e umas cinco pessoas. Eu pulei na frente e lá vai bala neles. Eles não esperavam, ganharam um susto, eu atirando com duas armas. Ninguém estava vindo com revólver na mão, na hora que eles deram tiros em mim, eu já estava pulando o muro e indo embora. Eles eram muitos, né, mas depois eu fiquei sabendo que eu baleei uns dois ou três deles. Aí, pulei o muro de volta e caí no carro. Fui embora. Fiquei sabendo que eles estavam lá todos tontos, cercando tudo.

Nisso, em Realengo, encontrei o Ronaldo, aquele coroa que botei vendendo maconha e levou tiros do Zé Pequeno. Estava igual uma múmia.

Aí, ele falou: "Pô, cara, estou sabendo que você tem ido lá sozinho. Isso é doideira, você vai morrer. Espera eu ficar bom que eu vou com você. Tem um federal aí que me arrumou umas caixas só de bala dumdum". Eu disse: "Tudo bem, vou esperar, mas antes eu tenho que ir lá. Deixa umas balas comigo. Depois eu falo com você".

Depois, encontrei um cara chamado Ercílio. No filme *Cidade de Deus*, citam o nome de uma coroa que era até a mãe dele. Ele falou para mim assim: "Pô, cara, eu estou com um prejuízo com o Zé Pequeno. Na hora que você for lá dar tiro, eu vou contigo". Eu: "Quer ir mesmo? Vamos agora". Já estava caindo a tarde. Estava pensando que o cara é valentão mesmo. Então, fiz a mesma coisa. O carro deixou a gente, pulou eu e o Ercílio dentro do quintal. Combinei o seguinte com ele: "Quando eles vierem, eu vou pular na frente, vou descarregar as duas, porque vou pegar o Zé Pequeno e, quando eu sair da frente, você entra na minha frente dando tiro, mas você não vai descarregar. Você só vai dar um tiro para mantê-los à distância pra eu municiar. Quando eu municiar, eu entro na sua frente de novo". Veio o Zé Pequeno e a quadrilha. Aí, eles estavam vindo na minha direção. Eu tinha a chance de matar o Zé Pequeno ali. Eles estavam vindo na minha direção lá na rua da casa do Manoel Galinha,[51] vindo lá de baixo. Então, eles viriam onde eu estou, mas só que eles viraram. Então, eu, para não perder, tive que pular na frente deles, mas não tão perto como eu queria. Quando eles caíram no chão para se livrar dos tiros, para eles não levantarem e meterem bala em mim, o Ercílio tinha de entrar, né? Mas os caras estão mandando muita bala que pegava nas quinas das paredes. Quando eu saio da frente, cadê o Ercílio? Ele foi embora correndo e me largou sozinho. O cara não teve disposição para encarar o Zé Pequeno. Ele viu tanta bala vinda em nossa direção que se foi, e eu fiquei com dois revólveres vazios na mão. Eu não tive alternativa a não ser sair correndo. Corri muito, e o Zé Pequeno com o seu grupo metendo bala nas minhas costas. Tive que pular dentro

---

51. A casa da família do Manoel Galinha também ficava na praça Matusalém, assim como o bloco Luar de Prata, fundado pelos amigos para afastar a tristeza quando o Manoel morreu.

do rio e sair do outro lado. Ercílio não deu um tiro e me deixou na mão. Até hoje eu não vi mais a cara dele.

Nesse dia, eu baleei o Zé Pequeno no peito. Mas não estava com a dumdum. A dumdum só usamos quando o Ronaldo foi comigo, porque ele não queria liberar. Consegui balear o Zé Pequeno porque fiquei sabendo mais tarde e, depois, encontrei com o irmão dele, que me confirmou.

Encontrei o Ronaldo, que me disse: "Pô, cara, já estou bem melhor, já podemos ir lá. Hoje mesmo". Aí, distribuímos a bala toda. Fui eu e ele. Entramos ali pela Quadra 15. Antes de chegar na metade do caminho, avistei um cara que botaram o apelido de Miguel Soldado. Ele formava na quadrilha do Zé Pequeno e saía para o quartel. Ele está vindo e, na quina do muro, eu falei para o Ronaldo: "Eu vou cair pra dentro do cara aqui, e você dá a volta porque, se ele escapar de mim, ele vai dar de cara com você". E ele: "Combinado". Aí, fui pra cima do cara, o cara virou, quando ele virou, eu escutei aquela explosão de tiro. Pensei: "Foi dar de cara com o outro, não estava esperando encontrar com o outro". Estou achando que o Ronaldo matou o cara, vim cercando e, quando chego lá, nem sombra do outro, e o Ronaldo no chão cheio de sangue, ainda baleado com os tiros que o Zé Pequeno deu antes nele, né? Ele era grande para eu carregá-lo. Aí, tive que sair arrastando ele, mas até aí eu não estava sabendo que o cara tinha olho de vidro e só enxergava com o outro olho. Arrastei até o carro. Não podia ir no Gabinal[52] porque ali era área do Zé Pequeno. Entrei na Gardênia,[53] que ele pediu para chamar a irmã dele, que era enfermeira. Colocamos ela no carro e fomos embora para Realengo. Aí, ele ficou de molho de novo.

Uns quatros dias depois, ele viu que estava pisando legal. Eu falei: "Pô, cara, eu vou voltar naquela joça lá, vou reunir uma rapaziada aí, fazer uns

---

52. Estrada do Gabinal, na Freguesia, bairro da XVI Região Administrativa (RA), Jacarepaguá, do município do Rio de Janeiro.
53. Gardênia Azul é um bairro de classe média e média baixa da Zona Oeste do Rio de Janeiro, também localizado na XVI RA, Jacarepaguá. Nele está o trecho inicial da Linha Amarela. Faz limite com Jacarepaguá, Anil, Freguesia e Cidade de Deus.

contatos". Comecei a fazer uns contatos com pessoas do Curral das Éguas[54] e outras favelas. "Vou reunir um grupo, não vou deixar o Zé Pequeno lá, não. Vou levar um grupo forte e tomar aquela porra de volta". Aí, eu estou fazendo os contatos com o pessoal do Curral das Éguas, com o pessoal do Escadinha, que tinha guerra com os caras que eram amigos do Zé Pequeno.

Nisso, fui procurado pelo meu sogro: "Pô, cara, você se lembra do Manelzinho, sobrinho do Zélio? Aquele que estava no quartel, que trabalha na Viação. Pois é, ele está com uma garotada aí, e querem conversar com você. Eles estão com um problema com o Zé Pequeno também". Era o Manoel Galinha. Aí, eu marquei uma hora lá na casa do meu sogro. Fui eu e o Ronaldo. Estavam o Manoel Galinha, o César Banana, o Neno, o Gim, Paulo Frenético, o Índio e outros. Não eram traficantes. Manoel Galinha, Neno, César eram pessoas que, no final de semana, gostavam de assaltar e gostavam muito de assaltar hotel, restaurante, mas nem a família deles, nem ninguém, sabia lá dentro. Ninguém tinha noção que eles faziam isso.

O Ronaldo estava lá com essas balas e eu fui a Caxias na casa de armas fazer uma boa compra. Encomendei mais algumas armas com um cara, militar do Exército em Magalhães Bastos, conhecido de um amigo meu. Comprei armas em Magalhães Bastos, fui a Caxias na casa de armas, que lá eu comprava munição à vontade. Comprei munição para tudo — 38, 765, 32, cartucho de 12 —, saí comprando tudo. Primeiro tinha que comprar material de pesca. A senha para comprar munição lá era comprar material de pesca. A loja estava sempre cheia de polícia, né? Eles estavam comprando munição, e eu, material de pesca. Depois, eu chegava para o senhor Paulinho: "Seu Paulinho, agora eu quero outra compra". Ele já sabia.

Aí, partimos para lá preparados, com muita arma e muita munição. Saltamos do carro rapidinho, entramos na vila[55] para não sermos vistos, chegamos à casa do meu sogro. Estava lotado de gente. Conversei com o Manoel. Ele explicou qual era a situação, que estava disposto a formar

---

54. Favela situada no bairro de Bangu, Zona Oeste do Rio de Janeiro.
55. Ailton chama de vila uma das vielas que saem da praça onde morava a família de Manoel Galinha, na direção das triagens, as provisórias que ficaram para sempre na Cidade de Deus, onde ficava a boca inicial dele.

comigo, que tinha ganho um prejuízo do Zé Pequeno. Tinha muitos ali que eu nem conhecia, pessoas de fora que tinham transação de assaltar com o Manoel. Distribuí bala para todo mundo, arma para quem não tinha, quem estava com uma ficou com duas. Aí, combinamos, mandamos chamar uma mulher na rua, pedir à mulher para dar uma volta na favela e ver onde a quadrilha do Zé Pequeno estava. Ele estava justamente onde era o meu território, lá na área onde ficava a boca desse coroa, o Ronaldo. "Eles estão todos reunidos lá em cima, no meio das triagens". Então, eu disse para o Manoel Galinha: "Vamos subir em um grupo dividido. Você leva um grupo e entra no quintal depois da calçada". Chegando lá no final, combinei que uns ficavam dentro do muro no quintal dos moradores, outros iam comigo do outro lado. Mas a gente não podia atirar de frente, tinha de deixá-los passar. Aí, cercamos tudo, e dois caras mais novinhos foram até a rua que cruza e meteram bala neles. No Zé Pequeno, no Jorge Devagar, no tal de Raimundinho, na patota deles toda; meteram bala neles e saíram correndo pela vila. O que a tropa do Zé Pequeno fez? Veio atrás, igual uma cavalaria, metendo bala com 38, 765, 9 milímetros. Era o que a gente queria. Entraram dentro da vila onde nós estávamos. Aí, quando eles passaram, não estavam nos esperando. Eu, de vez em quando, vinha dar um monte de tiro neles e sumia. Era muito tiro. Era tanto tiro que até lá perto da loja tinha três no chão mortos. No caminho, tinha muitas marcas de sangue. Eles foram embora. Então pulamos, recolhemos as armas que estavam no chão e fomos atrás deles. Eles vieram de lá pra cá, passaram pela praça, e muitos se espalharam pelas ruas, e a gente atrás metendo bala neles. Fomos cruzando onde tem a quadra de esporte, fazendo isso com eles até a Quadra 13. Expulsamos eles da Cidade de Deus.

Aí, foi a hora de fazer o quê? Fomos em tudo que era ponto recolhendo armas onde estavam guardadas. Foi a recuperação, a minha volta, tomando a boca de volta. Eu sei que, naquela época, nos supermercados, a bolsa era de papel, nós enchemos quatro bolsas daquelas.

Era umas duas horas da manhã. Tarde da noite não tem inocente na rua. Os moradores todos ali sabiam o que estava acontecendo, né, eles todos gostavam muito da gente. O Zé Pequeno era detestado por todos. Então, os moradores passavam informação pra gente: "Eles estão em tal lugar; está vindo um grupo do Zé Pequeno assim, assim". Os moradores e até pessoas que a gente não tinha nem muita intimidade informavam a gente: "Menino, cuidado que está vindo um grupo de fulano lá embaixo". Aí, nesse dia, ficamos na esquina. Depois da retomada da boca, as pessoas começaram a sair de suas casas, parecia que a Cidade de Deus estava em festa. Começamos a distribuir maconha e pó: "Que bom que vocês estão de volta!".

Até que chegou uma certa hora, eram quase três horas da manhã, eu tive uma ideia: "Agora sou eu que quero a boca do Zé Pequeno, agora é a gente que vai pegar a boca dele". O Manoel Galinha não entendeu nada: "Como, cara?". Eu: "Nós vamos lá pegar a boca dele"; ele: "Pô, daqui lá é longe"; eu: "Tem como a gente chegar lá". Perguntei à rapaziada: "O que vocês acham?; vão dizer que não? Vamos embora". Aí, deixei um grupo lá tomando conta.

Tinha mais que 50 pessoas conosco, porque algumas pessoas foram ali só para ajudar, por farra ou porque não gostavam do cara. Quando a bala começou a comer e a gente começou a expulsar o bando do Zé Pequeno, apareceu tanta gente que eu nem esperava que aqueles caras colocassem a mão em uma arma. Aí, foi juntando gente pra caramba: "Já é, a gente forma aí também". Nem todos ficaram até a guerra acabar, mas naquele dia parecia festa, todos ajudaram. Aí, fomos nós para os apartamentos. Só que era muito longe, mas como tinha muita gente e estávamos bem armados, passamos por trás do DPO da PM, todos andando. Atravessamos a estrada, passamos ali onde tem a escola de samba da Cidade de Deus, passamos ali debaixo da Linha Amarela, onde há hoje uma passarela, mas na época era uma ponte de madeira em cima do rio, uma ponte pequena. O que a gente fez? Ficamos do lado de cá, nas casas, todos espalhados, encostados nos muros, procurando o melhor momento para invadir os prédios do Zé Pequeno. Estávamos vendo o Zé Pequeno, a quadrilha toda, eles falando pra caramba, nego baleado, e eles todos na entrada dos prédios. A gente estava pertinho deles, mas eles não estavam vendo a gente. Jamais ia passar pela cabeça deles que eu fosse querer tomar a boca deles. Ficamos espalhados nas paredes, mas eu e o Manoel Galinha estávamos na frente, tínhamos que ir de frente, né? A gente não podia se expor e, se chegasse em cima da ponte, ia ficar de frente para eles. Assim, a desvantagem ia ser nossa, porque a gente ia tomar muito tiro das janelas dos apartamentos, eles protegidos pelas paredes e a gente sem nada na frente. Foi o que aconteceu.

Um cara que era soldado da quadrilha do Zé Pequeno — o apelido dele era Fefedo — estava do lado de cá, onde nós estávamos. Depois de muitos anos, eu encontrei esse cara e não pude matá-lo porque ele estava com um camarada que eu gostava muito dele. Ele estava vindo na rua que vem beirando o rio em nossa direção. Eu disse: "Olha o Fefedo ali, eu vou prendê-lo para nós entrarmos com ele de escudo". Então, quando ele chegasse perto de mim, eu ia prendê-lo e ele seria o nosso escudo para atravessarmos. Mas quando eu falei: "Olha o Fefedo ali', o Manoel Galinha meteu a mão por cima da minha cabeça e deu um tiro no cara. Pra quê? Não fomos a lugar nenhum depois disso. O Manoel Galinha era mais alto que eu, por cima da minha cabeça: "Cadê, cadê?". Já foi dando tiro, e não acertou o cara. Então, o tiro dele alertou o pessoal do Zé Pequeno.

Veio bala de tudo que era lado. Só escutava as balas nas paredes, e nem dava para meter a cara. Era muita bala. Os caras se espalharam nos portões dos prédios, subiram para o segundo e o terceiro andar e deram muito tiro em cima da gente. Uma hora ou outra que a gente tinha condições de dar um tiro, e o Zé Pequeno gritando. Ele tinha mania de atirar gritando: "Como que é, Batata, atravessa essa porra aí para você ver, seu filha da puta"; "Vem, Batatinha"; "Atravessa, Batata, cai pra dentro, seu filha da puta", e seguido daquele monte de tiro. O que nós fizemos? Saímos nos arrastando até o barranco da beira do rio. O barranco era alto. Aí, ficaram os caras que estavam com a gente trocando tiro atrás dos muros. Eu, Manoel Galinha, César Banana, o irmão dele e o Gim nos arrastando até o barranco da beira do rio e dando tiro neles na entrada dos prédios. O Zé Pequeno já subiu e ficou no segundo andar gritando. A chance da gente ali era pouca, porque eles estavam em vantagem sobre a gente. Aí, os tiros comendo e o Zé Pequeno gritando: "Vou comer batata com galinha".

Ali foi o primeiro dia da guerra. Foi muito tiro até que eu tive uma ideia. Eu estava com uma banana de dinamite recheada (não era do Exército, acho que era de pedreira): "Continuem atirando, que eu vou jogar essa merda dentro do prédio". Era o bloco 7, o bloco que o Zé Pequeno ficava. Lá vai bala no Zé Pequeno, e eu acendendo aquele troço com medo de estourar na minha mão. Deixei queimar um pouco e falei: "É agora". Foi quando eu joguei aquela porra da dinamite e errei a janela. A dinamite não entrou na janela onde o Zé Pequeno estava. Ela bateu na parede e caiu na entrada do portão. Tinha uns caras atirando dali do portão, mas eles correram. Quando aquele troço explodiu, deu um clarão que os moradores queriam todos se jogar do prédio achando que o prédio fosse cair. Foi uma gritaria do cacete, e a bicicleta que estava na frente do prédio deu um salto para o alto. A intenção não era ali, era dentro da janela onde o Zé Pequeno estava, mas eu errei, pô. O segundo e o terceiro andar, eles tomaram tudo. Ali eles estavam protegidos pelas paredes. Demos sorte porque nesse dia não ficou ninguém baleado, não morreu ninguém.

Não tinha morador dentro do prédio, só tinha bandido dando tiro na gente. O pessoal devia estar tudo lá pra cima, pras casas de parentes. Só tinha bandido na janela dando tiro na gente. O morador vai ficar? Fica nada. Quando nego invadia um apartamento lá, o morador já saía. Aconteceu muito da polícia fazer matança, então o morador é o primeiro a sair, deixa o vagabundo entrar quando alguém invade e sai fora. O morador sai da reta. A mesma coisa quando a polícia invade o prédio. A polícia invade, sobe as escadas correndo e, a primeira porta aberta que o vagabundo vê, invade ou então bate nela: "Seu fulano ou dona fulana, por favor, abre aí que está tudo cercado pela polícia"; aí o morador sai. Alguns bancam e ficam, mas outros: "Não, vou para casa da minha filha", e larga para lá com medo, porque vai haver um tiroteio ali. Eu sou homem e estou dentro do apartamento, a polícia não vai perguntar primeiro se eu sou bandido ou não, a bala vai em cima de quem estiver ali dentro. Por isso que os moradores saem, e assim que aconteceu naquele dia.

Nós voltamos por causa daquele clarão: "Vai ficar feio essa porra, a polícia vai tampar essa porra". Eu falei pros caras: "Vamos recuar, vamos voltar". Mas quando pensei em recuar porque a polícia ia chegar, a polícia já estava nas nossas costas. A bala estava comendo e o camburão da PM já estava numa vila nas nossas costas. Foi justamente no momento que a bomba estourou que a PM foi embora largando a viatura. Aí que nós descobrimos que a polícia estava nas nossas costas. Se não era aquela bomba, não sei se eles iam tentar render a gente, porque ali era muita gente, e na viatura naquela época cabia uns cinco. Quando falei: "Vamos recuar que a polícia vai fechar essa porra", demos de cara com a viatura, pertinho da gente. Levamos um susto. Mas nós éramos a maioria, fomos ver, as portas estavam abertas, e ninguém na viatura. Quando saímos perto da Escola de Samba Mocidade Unida, o DPO tinha sido fechado com tapume, não tinha polícia. Acho que foi aquela bomba que fez com que a polícia saísse correndo. O camburão ficou abandonado lá atrás, o posto da PM, fechado. Nem passava pela cabeça da gente queimar o camburão. A gente queria dar uma geral dentro do camburão para ver se eles esqueceram alguma arma. Não tinha nada lá. Aí, fomos embora: "A Cidade de Deus é nossa agora". Voltamos, e foi festa até de manhã. Demos um bom prejuízo neles. Muita gente indo cumprimentar a gente. Colocamos a casa em ordem, mas foi justamente nesse dia que começou a guerra mesmo. A partir desse dia, morreu muita gente.

A guerra não tinha dia certo e nem hora para recomeçar. Era o Zé Pequeno que vinha cá. Nos apartamentos, a gente ia pouco, porque era mais difícil a caminhada da Cidade de Deus até os prédios. Nós tínhamos que atravessar a rua principal, a rua onde passa viatura toda hora. Ia ter emboscada da polícia na volta. Às vezes, a gente ia lá nos apartamentos, conseguia invadir, mas, na beirada daquele rio onde houve a troca de tiro, tinha que voltar. Eles vinham escorregando pela descida da Linha Amarela, onde tem a ponte, atravessavam a Quadra 13 e aí já surgiam lá em cima onde nós ficávamos.

Então, a partir desse dia, quando amanheceu, nós dividimos a quadrilha. Um grupo foi dormir, outros ficaram acordados e, quando caía a noite, aqueles que estavam dormindo acordavam. Passamos sem ataque essa noite da retomada. Muita gente se juntou a nós. Vinha muita gente de fora, e a quadrilha foi ficando cada vez maior. Já tinha que fazer mais compra de munição e fazer uma propaganda na boca, porque o gasto aumentou.

Aquele choque que teve, a freguesia se afastou um pouco, ficou com medo. Quando vinha um, já dava um pó para ele cheirar: "Fala pra rapaziada que eu estou de volta. Mercadoria boa, sem miséria". Aí, o cara já saía fazendo propaganda. Devido a essa propaganda, a boca começou a voltar ao normal. Tinha um pessoal, mesmo antes de começar a guerra, que já gostava de comprar a minha mercadoria, porque o dia que eu estava de veneta eu dava pó ou maconha para eles assim: "Aperta um baseado para vocês aí". Eles gostavam: "Pô, esse cara aí é bom pra caramba. Para ele, não tem miséria". Começou a inflamar tudo de novo.

A boca do Zé Pequeno tinha localização bem melhor para vender, principalmente o pó. Mas ele gostava muito de esculachar. Aí, teve alguns fregueses que passaram a ir lá para dentro na nossa boca. O Zé Pequeno gostava muito de tomar as coisas dos outros e, se a pessoa fosse tomar uma atitude, ele matava, entendeu? Por exemplo: o Zé Pequeno não era dono de nada. Ele tomou a boca do compadre do irmão dele em 1977. O irmão dele teve que sair de lá por causa disso. Muita gente ia lá trocar ouro por cocaína. Às vezes, o cara queria um preço, mas ele ia dar o preço que quisesse e, se ficasse reclamando muito, às vezes ele tomava, não dava nada. Tinha um cara na boca dele que era melhor de negociar, o tal de Joel Cabeção. Mas as pessoas tinham medo de ir lá para não dar de cara com o Zé Pequeno. Ele tinha o olho muito grande, gostava de tomar o que era dos outros.

Na guerra, morreu quase todo mundo depois dessa tomada que nós fomos lá. Foram uns dois dias sem tiro, sem guerra. Aí, no terceiro dia, o Índio, que morava ali perto da gente, não era da boca, não era criminoso; só gostava de beber e se infiltrar no meio de vagabundo, mas não era de nada. Ele cismou de se misturar com a gente. Ainda falei com ele: "Pô, cara, você não é dessa vida não, sai dessa". Ele: "Nada, estou boladão com esses caras aí também, quero uma arma. Os caras lá já estão sabendo que eu estou andando com vocês, então agora não tem mais jeito. Eu preciso de uma arma". De tanto ele insistir, eu dei uma arma pro cara. Pelo menos ele vai se defender, né? Tinha um pessoal que era da família do Zé Pequeno e de outros mais lá dentro que passava informação para ele: "A quadrilha deles está fazendo isso". Índio era um cara que falava assim: "Vou ali à esquina para ver como estão as coisas". Então, se ele é pego, ia morrer desarmado. Às vezes, a gente estava todo dividido em cima dos muros, ou então em cima das lojas, e ele, meio louco, dizia: "Vou ali ver como está a pista". Aí, ele passava no bar, tomava uma cachaça e voltava balançando o corpo, todo estranho, ali no meio da gente. Já no terceiro dia, uma hora da manhã, ele disse: "Vou dar mais uma volta para ver como está". Não precisava porque, em cima da loja, a gente tinha uma visão até mesmo no escuro, e a gente se espalhou no terceiro dia de guerra. Então, o que a gente pensava? Vai ter volta, tinha de estar preparado. Aí, o Índio foi parar lá fora, onde vinham dois caras do bando do Zé Pequeno. Nós vimos o tal do Timbó, que foi quem segurou o crime do Manoel Galinha, quem pagou o crime e foi para a cadeia. Mas quem matou foi o Careca. Timbó não tinha pátria. A família dele morava lá em cima, mas eu mandei ele ralar de lá, e ele ficou na Quadra 13. Quando fomos atrás dele, ele se juntou ao Zé Pequeno. Ele não tinha pátria. Aí, de cima da laje na escuridão, nós vimos uma cabeça, né, ele era tão sinistro que não colocava a cabeça na quina da parede em pé; ele deitava no chão. Esse dia teve até um que falou que era um gato; eu respondi: "Gato porra nenhuma, rapaz, aquilo ali é uma cabeça". Aparecia e sumia. "Aquilo ali é o Timbó, rapaz. O negócio é a gente fingir que não estamos nem aí, e deixar ele vir". Ele estava muito longe, só vimos porque estávamos em cima da loja. Certa hora ele sumiu, não penetrou porque nós estávamos esperando ele entrar. A gente não vai sair dando tiro, porque íamos gastar munição à distância, e o Timbó ia escapulir porque estava na entrada. Então, a gente queria que ele entrasse, e um grupo ia por trás, e nós íamos ficar igual gato e rato ali, ele ia tentar sair e não ia ter como. Mas não aconteceu isso. Ele sumiu, não entrou. Aí, antes de o dia amanhecer, bem lá para fora, perto da Quadra 13, acharam o corpo desse Índio. Uns três tiros na cabeça e as balas enfiadas todas na boca dele. O Timbó matou ele. Ele e mais dois que vieram pela praça, não chegaram a entrar na nossa área. O Índio ficou na vida do crime uns dois dias; foi o tempo que ele durou.

Aí, nós deixamos a noite cair, se eu não me engano era o quarto dia, e fomos lá. Eles mataram o Índio, então nós tínhamos que ir lá. Aí, fomos cercando tudo. Eles continuaram com a boca da Quadra 13, porque quem colocou a boca na Quadra 13 foi o Jorge Devagar, e quem fez a cabeça do Zé Pequeno para essa guerra foi ele. Ficou com a boca, só que não deu certo, porque a gente ia lá toda hora. Tinha um fulano (eu não lembro o nome) que vinha dos prédios até a boca para recolher o dinheiro. Aí, numa dessas, nós viemos cercando tudo. Era muita gente. Cercamos beirando a rua por trás do DPO e pela 13. Encontramos esse fulano, mas, quando dei de cara com ele, mirei uns três tiros e não acertei. Aí, ele tentou ir para outra vila e deu de cara com o outro grupo, que também meteu bala nele, e ele ficou sem ter pra onde correr. Tentou uma terceira vila, onde ele se encostou ao muro e deu de cara com o Manoel Galinha. Aí, o Manoel Galinha descarregou em cima dele e o deixou caído lá. Acho que foi até com uma carabina. Aí, ficou um a um. Eles mataram o Índio e a gente matou o fulano.

De noite, não teve ataque, e a gente prevendo que fosse ter um ataque forte. Teve outra invasão deles; houve troca de tiro, mas nesse dia não morreu ninguém. O Ronaldo saiu correndo, dizendo que o cão da arma dele tinha travado. A gente chamando ele para ficar perto da gente, mas ele não parou, foi embora. Foi aí que descobrimos que ele tinha um olho de vidro. Ele não bancou o tiroteio. Depois de muito tempo, ele comentou com alguém que o problema da vista atrapalhava, esse olho que tinha sido todo furado no início. E a gente nunca mais viu ele. Ficou só nós mesmo. Dali, era todo dia um que morria.

Era assim: nós íamos lá, era um ataque; aí, batia de frente. Muitas casas naquela época não tinham muro, então, era tiro pra lá, tiro pra cá. Uma hora alguém dava de cara com alguém. Então, acontecia aquela explosão. Uma vez, o Manoel Galinha foi baleado, logo no início da guerra. Eu falei: "Vamos lá embaixo, que só esse negócio deles vir aqui não está certo". Aí, fomos cercando pela Quadra 13, onde o Devagar morava, e eu falando assim: "Manoel, tem que ir pelos cantos". Ele era um cara de muita disposição. Ele era parceiro que não me deixava em falta, porque deu prova disso quando fiquei encurralado lá dentro da Cruzada São Sebastião e ele caiu pra dentro dos caras. Ele tinha muita disposição, mas era displicente. Era parceiro, mas a maldade dele era pouca. Então, quando a gente ia atrás dos caras, eu mandava todo mundo se proteger nos cantos, nas paredes, atrás de um poste, e o Manoel Galinha vinha andando pelo meio da rua. Ele apontava pra frente, pra cima, e não se preocupava em se proteger não. Numa dessas, em que estávamos indo para a Quadra 13, deu aquela explosão de tiro, e a gente dando tiro para cima de árvores, para cima de telhado, e o Manoel Galinha caído no chão, a gente vendo que os tiros que os caras estavam dando iam bater perto da cabeça do Manoel e falando: "Não para, não para". A gente atirando para ver se dava para alguém arrastar ele. Não dava para ele pegar o rifle, porque caiu a certa distância. O César Banana o agarrou, jogou-o no ombro, e nós tivemos que ficar dando tiro até onde não estávamos vendo ninguém. Era para dar tempo de tirar ele dali. Voltamos dali.

O Manoel Galinha foi para o hospital Miguel Couto; ficou lá uns dias. Acho que o filme até mostra ele no hospital sendo resgatado. Eu fui lá buscar ele no Corcel amarelo que eu tinha. Nós perdemos um dinheiro para uma mulher. No filme, mostra o policial transando com a enfermeira quando o Manoel Galinha foi resgatado, né? Mas eu dei um dinheiro para a enfermeira. Só levou o dinheiro, mas no filme mostra a enfermeira grudada no policial enquanto o Manoel estava sendo resgatado, né? Só que na vida real teve o lance do dinheiro para a polícia. Aí, trouxemos o Manoel de volta. Ele não podia ficar no hospital porque ia ser preso.

Nesse lance que fomos buscar o Manoel no hospital, conheci um cara. Ele tinha assaltado uma casa de armas e chegou lá. Até aí, eu não sabia que ele tinha assaltado uma casa de armas. O cara não tinha nada a ver com aquela guerra ali, ele veio de fora, de Minas Gerais, e estava instruído, mandado. Sendo que um camarada que era funcionário do cais do porto vendia armas e munição aqui no Rio, e sempre me vendia. Ele fazia as duas coisas. Era funcionário do cais do porto e fazia negócio também com arma e munição. Aí me apresentou esse cara, chegou e falou assim: "Pô, cara, estou chegando de viagem, dá para você me dá um apoio aí? Socorre um amigo". O Manoel Galinha baleado lá no hospital, né? Foi no início da guerra. Eu não gostei muito daquele cara, não; olhei pra cara dele e não me agradou, mas é um pedido de quem me abastece de arma e munição. Eu falei: "Pô, cara, sabe o que acontece, eu estou com um parceiro, eu procuro saber a opinião dele, ele está internado no hospital. A boca aqui é minha, quem sabe sou eu, mas é um cara que é irmão e ele fecha muito comigo. Eu vou até dá uma sociedade pra ele aí, mas está tranquilo. O cara pode ficar". Daqui a pouco, o Manoel chega do hospital e eu apresentei o cara: "Esse aqui é o fulano. O Garrinchinha que trouxe ele. Vai ficar aí com a gente".

Ele parecia mineiro, e era cachanguista profissional. É o cara que tem facilidade de entrar pelo basculante dos outros, entrar por um telhado. Só fazia isso. Ele quis matar os garotos no caminho para não dividir. Ele pegava o que ele encontrasse: arma, dinheiro, ouro. Andava cheio de ouro. Não era muito de mexer com tóxico, nem de assaltar. O negócio dele era estourar loja, fazer cachanga. O cara andava bem, com muito dinheiro, muito ouro. Mas só que ele era meio maluco. Era meio avoadinho igual ao Zé Pequeno. Não tinha como a gente manter aquele cara ali, não. A gente tinha um problema sério que era o Zé Pequeno, e aí aparece um cara mandado igual, da mesma altura, com a voz irritante igual a do Zé Pequeno, e era elétrico. Cheirava pra caramba e, no meio da gente, não tinha necessidade para aquilo. Ninguém conhecia ele. Acabei de acolher na boca, ele chegava e falava: "Estou com uma cocaína boa mesmo, dessa você nunca viu. Vamos lá no mato no meio dos eucaliptos". Minha mente voou: "Tanta casa aí, precisa ir pra dentro do mato cheirar?". Ele estava com muitas armas fora da Cidade de Deus, não me apresentou as armas, sendo que, pelo certo, ele deveria chegar pra mim e falar: "Pô, cara, eu estou com essas armas aí e você está em guerra, deixa elas aí na boca". É dele, mas está ali. Ele gostava de sair para fazer cachanga para roubar de madrugada. Aí, ele saiu com um pessoal da boca, uns três caras, contando com o Neno. Eles estavam vindo na Freguesia de madrugada, roubaram numa cachanga lá. O Neno me contou: "Pô, sabe o que esse cara falou pra mim na hora que estávamos vindo com os objetos?" Ele disse: "Pô, vamos matar esses dois caras e dividir só nós dois essa situação". Eu falei pro Neno: "Esse cara não presta, não". Neno ainda disse: "Eu não saio mais com ele pra nenhum lugar, não".

Aí, no outro dia, umas três horas da manhã, eu na casa da minha sogra dormindo, o mineiro me acordou. Eu perguntei: "O que houve pra você me acordar a uma hora dessa?". Ele falou assim: "É pra gente ir lá na Quadra 13 dar um ataque naqueles caras lá". Eu: "Tem quantas cabeças aí com você?". Ele: "Ninguém, não, vai só eu e você". Eu: "Você está maluco, seu filho da puta, vai dormir, rapaz". Mas pensei: "Qual é a intenção desse cara? Me acordar de madrugada para dar ataque na boca do Zé Pequeno, só eu e ele? Esse cara está mandado".

Um dia esse cara me pergunta: "Ailton, pô, não dá para eu pôr uma boca de fumo lá do outro lado do rio?". Era onde ficava a boca do Sam, na época de um cara chamado Torneira, meu amigo desde infância e também no Padre Severino. Era meu amigo pra caramba. Inclusive eu e o Manel tínhamos feito um rolo com ele em uma metralhadora e pegamos uma 45 também. Aí, eu falei para ele: "Lá, não, rapaz, lá não pode botar nada, não". Dois dias depois, esse cara vai e chama um grupo de soldados meus, sem avisar nada, deu umas armas novas para os caras, eles se iludiram com essas armas e foram lá. A bala comeu. O cara que era meu amigo já estava em um conflito por causa dele que acabou de chegar. Um ficou baleado e caiu no rio, o Gim e outros vieram dando tiro de Winchester pra cá. Eu, em cima da laje com a rapaziada, não estou sabendo que o conflito era com os caras do Torneira, que são meus amigos. Lá vai bala. Um tiroteio do cacete! Eu achando que estava dando tiro na quadrilha do Zé Pequeno, que tinha invadido nossa área. De cima daquela laje, tiro pra lá e tiro pra cá, eu numa posição boa, baleei o cara e nunca mais o vi. O cara que era meu amigo, o Torneira. Meti tiro nele porque ele e a quadrilha invadiram o pedaço dando tiro, mas não sabiam que lá em cima da laje tinha alguém. A laje era alta. Depois que acabaram os tiros, eu vim a saber que o problema era com o Torneira. Só fui tomar conhecimento que eu tinha baleado ele pelo jornal. Aí, chamei esse cara, falei, falei, falei. Dei esporro em todo mundo. O Manoel já começou a se levantar também. Eu falei pra ele: "Pô, Manel, esse cara não está certo, não, esse cara está tramando". Mas o Manoel tinha aquele porém, pouca maldade.

Aí, de vez em quando, vinha a quadrilha do Zé Pequeno, tinha uns tiroteios, mas ninguém ficava perto do tal mineiro com medo de estar trocando tiro com a quadrilha do Zé Pequeno e tomar um tiro, eu principalmente. Eu estava relevando esse mineiro em consideração ao Garrinchinha, que me abastecia de munição, que é para depois ele não dizer: "Pô, levei um amigo pra boca do Batata e o Batata quebrou o meu amigo lá, não vou mais lá, não, que ele pode me quebrar também". Então, para evitar isso, eu queria que o cara viesse para eu falar: "Pô, cara, não dá pra ficar com esse cara aqui, não. O Zé Pequeno já é um problema, e ele é outro". Eu ia dar um papo: "Esse cara é muito rebelde. Leva ele, que é pra evitar o pior". Mas nada do Garrinchinha aparecer.

Aí, o Manel já está na ativa também, e esse mineiro só arrumando problema. Teve um dia que ele chegou lá na boca com um caminhão com umas cabeças de fora. Já deixei todos prevenidos: "Fiquem ligados nesse cara". Mas, depois, eu descobri que tinha trama: ele, o cara que matou o Manoel Galinha e mais uns outros tinham uma trama de se infiltrar, matar eu e o Manoel Galinha para tomar a boca dali. Um dia veio um macumbeiro, um tal de senhor Mário, e disse que queria falar comigo e com o Manoel Galinha: "Tem um amigo meu aí" — o cara era até sobrinho dele —, "veio lá de São Paulo, é fugitivo da penitenciária de São Paulo, não tem aonde ir". Acolhemos esse Careca, que é o cara que matou o Manoel Galinha, e ainda tínhamos mais o avoadinho elétrico. Eles fingiam que não se conheciam, mas era tudo parte de uma trama.

Uma bela noite, estou vindo da casa da minha sogra; quando estava chegando lá na praça Matusalém, encostado no poste, está o mineiro com duas pistolas, e eu vindo na direção dele. Aí, quando escutei o barulho da pistola — cleck —, eu olhei dentro do olho dele: "Está vacilando, cara, você está de bobeira, está a fim de entrar em cana? Não viu o carro que encostou ali, não, Federal?". Ele foi pra lá e eu pra cá. Escutei a arma, e ele poderia vir em mim. Aí, chamei o Manoel: "Pô, Manel, vamos ter que quebrar esse cara, não vou esperar o Garrinchinha vir, não". Ele: "Pô, cara, não dá pra aguentar?". Eu: "Não, Manel, senti maldade ali". Quando eu volto, estou conversando já acompanhado com mais dois caras, ele me chamou e falou: "Pô, cara, vamos matar o Manel Galinha?". Eu perguntei: "Por quê?". Ele: "Eu não gosto desse negócio de chefe, não, ele gosta muito de mandar, cara, que tal a gente matar ele?". Eu: "Não repete isso, não, cara, Manel é meu irmão, não fala isso, não. Eu vou fazer de conta que nem ouvi nada, que é para não chegar no ouvido dele". Aí, saí, fui lá pra casa da minha sogra. Quando ele encontra o Manoel Galinha, ele fala assim: "Manel, vamos matar o Ailton Batata? Ele gosta muito de dá ordem". Aí, o Manel deu uma trava dele. Ele me chamou pra matar o Manoel Galinha, e em seguida chama o Manoel pra me matar. Eu falei pro Manoel: "Pô, quem tem que morrer é ele".

Ele sumiu naquela noite. A gente ia matar ele naquela noite. Reunimos o pessoal e falamos: "Fica todo mundo na atividade, que é para ele não escapar". Aí, ficamos à distância e vimos quando ele entrou na casa de uma mulher que tinha duas casas: um dia ela dormia em uma, e no outro dia, em outra. Então, vagabundo dormia na que estivesse vazia. Aí, à distância, nós vimos ele entrar nessa casa, e parecia que ele estava com três armas. Então, falamos: "Vamos pegá-lo tarde da noite". Ele entrou na casa e nós deixamos. Quando foi duas horas da manhã, invadimos. Metemos o pé na porta, a molecada cercou os fundos. Sabe o que encontramos na cama? Um cobertor igual uma rodilha, forrado com lençol e travesseiro. Ele mal entrou, saiu pelos fundos. Ninguém viu. Deixou aquele volume lá na cama e foi embora.

De tarde, ele apareceu em outra casa já com outras armas, umas peças todas novinhas. Eu queria trocar o cano de um revólver que estava modificando. Aí, ele falou assim: "Pô, estou com esse revólver bonito aqui", apontando pra mim. Me deu para ver, mas apontou pra mim. Eu segurei: "Qual é, rapaz?". Ele soltou o revólver. Se eu quisesse, com aquele revólver ali mesmo matava ele, mas a gente queria uma coisa escondida, para ninguém ver. Ele era um cara que, no tempo que ele ficou lá, escondia muito corpo em bueiro, entendeu? Os corpos, na guerra contra o Zé Pequeno, muitos sumiam. Ele escondia no bueiro, depois destampava pra ver se o rato já tinha comido. Às vezes tinha que dar uma trava nele: "Para com isso, rapaz, que um dia você vai ganhar um flagrante abrindo bueiro". Então, o fim dele ia ser o mesmo, pros ratos, né? Por isso que tinha que ser uma coisa escondida.

Eu falei pra ele: "Esse cão aqui pra mim dá"; era o cão que ele queria trocar numa arma dele, mas não servia. Aí, fomos lá em uma serraria, eu, ele e o Manoel Galinha. Eu e o Manoel Galinha já estávamos esperando uma oportunidade, se desse, para prendê-lo, ensacar ele e deixar guardado até de madrugada, né? Aí, fomos lá e ele falou assim: "Vai me dar R$ 800,00 mesmo, né?". "Claro, rapaz". Aí, ele saiu e não deu 20 minutos escutamos tiro lá de cima. Aí, os caras vieram e contaram: "Foi o mineiro que deu tiro lá no Josias", um garoto que fazia mandado pra gente, ia ao supermercado comprar quentinha para o pessoal comer. Eu falei: "Pô, Manel, a gente não dá tiro nos moleques, esse cara não está respeitando ninguém. Não vou pegar ele de madrugada porra nenhuma, ele vai morrer agora mesmo". Acabamos de trocar aquele cano e vem ele com duas pistolas. Eu: "O que está acontecendo, cara?". Ele: "Aquele moleque lá, porra, mandei comprar uma comida pra mim e ele não quis ir, disse que a mãe estava chamando". Eu falei: "Mas ele tem que dar atenção à mãe dele mesmo; você está de vacilação, rapaz. A gente aqui não dá tiro na molecada, não, cara. A gente trata eles bem pra caralho". Ele: "Os caras tudo cheio de marra". Aí ele foi pra praça, fodeu, ele virou uma peneira. Acabou o problema. O pior que quando ele caiu lá na praça, todos acharam que tinha sido o Zé Pequeno, né, os lá de baixo vieram ali: "Olha só o que eles fizeram".

Aí, apareceu muita arma. Era arma escondida em tudo que era lugar. Só arma nova. Aí, eu queria conversar com o Torneira, né, pra pedir até desculpa a ele, que ele era meu amigo pra caramba. Também não tive nem oportunidade, porque em seguida ele foi preso. Diz o jornal que ele falou que tinha sido eu. O cara não era de caguetar, pô, como é que vai dizer no jornal que fui eu? Aí, ele foi pra cadeia e morreu também.

No dia seguinte, estou no quintal do meu sogro na Área de Lazer, o pessoal espalhado lá para cima na boca, eu e o Manoel sentados no portão. O Zé Pequeno passou, penetrou na favela. Eu tinha um cachorro que o nome dele era Esperto. O cachorro só vivia grudado em mim e eu estava abraçado com o cachorro. Do nada, o Zé Pequeno apareceu com um grupo. Ninguém viu ele penetrar, porque ele veio da parte de baixo. Eles meteram bala na gente. Aí, demos uma cambalhota para dentro, subimos na laje do meu sogro e ficamos trocando tiro com eles. Manoel Galinha dando tiro pra trás, que o fundo da casa do meu sogro é colado com a casa desse moleque que jogou no Botafogo, o Josimar. Então, o Manoel Galinha ficou ali, e ainda pulou dentro do quintal do Josimar para tentar cercar a quadrilha, e eu pela frente. Eles foram embora. Mas o cachorro ficou baleado. Ficou lá chorando. Aí, a polícia já veio também, né, que a polícia estava sempre cercando.

A gente fazia assim: rodava toda a favela desde a retomada. Quando caiu a noite, fomos para a Quadra 13, onde eles também ficavam com o Jorge Devagar, o pivô da guerra, porque queria uma boca pra ele. Aí, de noite eu falei para os caras: "Vamos atacar aquela porra lá". Era um grupo muito grande, então, vinha um pouco pela direita, pelo canto, onde tem um rio que divide. Manoel Galinha ia com um grupo; eu, com outro grupo pelo meio e, mais por fora, passando por trás do DPO, lá também tinha um camarada chamado Gim, que foi gerente do Ronaldo, o Gim Pretinho. Aí, cercamos toda a área deles. Teve um tiroteio de quase 30 minutos mais ou menos. Não conseguimos pegar ninguém, e eles também não acertaram ninguém.

Eu andava com uma mochila de munição e tinha uns caras que eram mandados para carregar bolsa de bala, armados também para se defender. Eu lembro que um dia, perto de uma creche, tarde da noite, o cara tentando me encurralar, ele atirando em mim e eu nele, o revólver que eu estava usando emperrou. Não sei o que houve que prendeu para trás. A sorte era que eu tinha uma pistola também. Nesse dia, eu quase acertei o cara. Mas o que aconteceu? A polícia chegou, foi tiro para tudo que era lado, e ainda ficamos encurralados, porque foi aquilo de espalhar brasa, salve-se quem puder, e nós voltamos para a nossa área pela beira do rio. Nós ficamos tão encurralados que não tinha rua nenhuma para tentar voltar, qualquer rua ou beco que a gente tentasse, tinha de correr. A maior parte da quadrilha já tinha se livrado. Só restaram eu, Manoel Galinha e mais uns encurralados. Se fosse por uma rua, ganhava tiro da polícia, se fosse por outra, do Zé Pequeno. Aí, só restou o quê? Correr pelos telhados dos outros. Fomos pulando. Era muito tiro e telha quebrando. É uma distância muito grande, uma vila bem comprida que começa lá na beira do outro rio e vem até perto de onde era o clube.

Uma hora que eu pulei de uma casa para outra, afundei no telhado e caí dentro da casa de um PM; ainda dei sorte que caí no sofá. Só vim a saber que o cara era PM depois. O cara estava em casa, mas não me conhecia pessoalmente. Aí, eu escondi as armas e falei: "Poxa, tem uns bandidos ali atirando na gente. Eu estava vindo do baile, então, tivemos que correr. Era o pessoal lá da Quadra 13, do Zé Pequeno". Pedi água, porque eu estava nervoso e cansado. A filha e a mulher de camisola me deram água. Quando eu caí, não sei onde foi, se na cozinha, no banheiro. Ele queria me pôr para fora, e a filha dele pedia: "Não, pai, não, pai'. Ele: "Eu acho que é a polícia agora, você pode sair e contar tudo para a polícia". Eu: "Não, eu estou sem documentos, que ficaram em casa. Vai dar problema". Ele: "Não, você vai sair". A filha: "Não, pai, não faz isso, não". Mas no quintal estava um cachorro enorme, foi bom eu ter caído dentro da casa, porque se eu caio no quintal... Estou escutando os tiros. Os tiros paravam um pouquinho: "Graças a Deus a polícia foi embora". De repente, recomeçava. O cachorro latindo pra caramba. Parece que os policiais que estavam ali dando tiro conheciam o cara. Aí gritaram: "Fulano, não pulou ninguém aí dentro?". Quando ele abriu a porta, falou: "Aqui, não". Eu vi que ele fez um sinal afirmativo com o dedo. Disse para mim: "Rapaz, os caras já descobriram que você está aqui dentro, não tem jeito, não". Aí, entrou aquela porrada de PM... me quebraram na porrada. "Porra, você gosta de atirar na polícia, é?". Eu falando que não tinha sido eu e que não estava nem armado. "Atirou, sim, vocês atiraram na gente".

Quando os policiais estão atirando na gente, a gente tem que se defender. Quando eles iam na boca, ninguém atirava, não. Mas ali estávamos encurralados. Qualquer coisa, dizia que tinha sido a quadrilha do Zé Pequeno. Aí, falei que estava desarmado. Quebraram a minha cara toda com cassetete. Eram uns policias que não me conheciam. No meio-fio tinha uma água escorrendo, uma água suja que ia de um bueiro ao outro. Aí, eu, algemado pra trás, eles deitaram a minha cara naquela água ali até chegar a viatura. Me colocaram na viatura e alegaram que eu tinha assaltado um restaurante não sei aonde e outro não sei aonde. Eu falando: "Meu negócio não é assalto, meu negócio é tóxico"; eles: "Foi você mesmo e o seu pessoal". Me levaram lá na Taquara, chamaram um cara, o cara olhou dentro da viatura e falou que não tinha sido eu: "Não, não é esse cara aí, não". Fomos em um outro restaurante, a mesma coisa. Eu com a cara toda arrebentada. Aí, fomos para a delegacia. Quando me entregaram lá, o delegado perguntou: "Vocês querem que eu autue ele em quê? Cadê a arma? Ele matou quem, assaltou quem? Não tem arma". Aliás, eles acharam um pente da carabina do Manoel que caiu. Aí, apresentaram o pente ao delegado: "Autuo ele em quê, em porte de arma com isso aqui? Os PMs foram embora e o delegado ia me autuar na vadiagem, mas não deu certo, porque eu mostrei os documentos como motorista autônomo. Ainda fiquei lá uns seis dias, na época que nós tínhamos um advogado da quadrilha. (Acho que ele ainda é vivo, chegou a ser vereador.) Um dia, um policial veio na grade e me perguntou: "Sergio Bitencourt é o que seu?". Eu: "Meu irmão, por quê?". Ele: "Acabaram de matar ele, os caras da 13". Aí, entrei em pânico, bati com a cabeça na parede, mas ele me soltou porque tinha também um esquema na delegacia, rolava sempre um dinheiro, e o meu irmão, uma criança, estava no hospital com um tiro na barriga só porque era meu irmão. Mas não morreu, não.

Cheguei na favela com a cara toda ferrada e fui lá na casa do PM, mas ele não estava, só estava a mulher. Ela olhou debaixo da pia e não achou arma nenhuma. Depois de uns três dias, fui lá para conversar com o PM, mas eles tinham se mudado. Os anos se passaram, eu fui acusado numa ocorrência de homicídio, e ele foi dar um depoimento na 13ª vara criminal, se não me engano. Aí, ele falou que, mesmo tendo que se mudar de lá por causa de mim, não tinha nada contra a minha pessoa, porque ele fez a guarda do corpo até a polícia chegar e ninguém me acusou daquele crime. Fui impronunciado muitos anos depois de preso. Não sei se o PM ficou com a arma ou foi outro policial que achou. Em um ponto foi bom, porque eu cheguei na delegacia sem nada.

Quando voltei da delegacia para a boca, tinha um monte de gente com a cara toda ralada também. Eu me ralei, estava todo quebrado da porrada dos caras, mas eles estavam todos ralados dos tombos de cima do telhado. Só eu que fui preso. Ninguém foi baleado naquele dia.

No dia seguinte, não teve tiroteio. O Manoel estava lá nas triagens lá em cima, e eu estava junto com ele, perto do Prezunic. Eu estava com uma cisma que falei pro Manoel Galinha: "Pô, Manel, eu acho que esses caras vão dar um ataque na gente hoje, estou pressentindo que eles vêm hoje". Ele só falava assim: "Não vai nada, é impressão sua, rapaz. Depois daquele sacode que demos lá?". Eu: "Vai, sim. Vamos fazer o seguinte: daqui pra baixo, até chegar à sua casa, você alerta todo mundo, e mais pra baixo, eu alerto os outros". Mas, para mim, era uma distância grande, porque eu descia sozinho até a casa do meu sogro. A casa do meu sogro era no Lazer, e o pessoal morava aqui para cima. Então, falei para eles: "Eu vou tomar um banho, jantar, e subir pra gente ficar reunido aí".

Estava um dia calmo, aquele silêncio total, poucas pessoas nas ruas. Quando o tempo estava meio nublado, eu costumava falar para eles que o dia estava fúnebre, estranho. Quando eu via o tempo assim meio nublado, sempre ficava desconfiado de alguma coisa, silêncio demais. Cheguei na casa da minha sogra, tomei um banho. Só estava a minha sogra e o meu sogro e a irmã da falecida Dulcineia. Meu sogro era, sempre foi e é até hoje, igual um pai para mim, ele e a minha sogra. Eu tinha um quarto lá. Quando descia para a casa da minha sogra, e quando estava sozinho, eu ficava meio desconfiado para evitar de ser cercado naquela casa. Ali eu era muito exposto, e foi justamente o que aconteceu. O meu sogro estava deitado lá no quarto dele, onde tinha um janelão enorme e a varanda com muitos passarinhos que eu ganhei de um matuto. Eu fui no quintal perto do portão colocar comida para o cachorro. Quando virei as costas, que coloquei o pé dentro de casa, já escutei um barulho. Ali escapei de morrer porque já estava tudo cercado. Justamente no momento em que os caras chegaram ao portão, eu fui para dentro. Dei uma olhada e vi dois vultos, estava escuro, mas vi dois vultos pretos, todos de preto, atrás do poste. Aí, eu peguei as armas, passei pela minha cunhada, e falei: "Rose, eu acho que a PM está aí, dá uma olhada pra mim". Já fui para os fundos subindo para a laje, da laje eu ia pular para a casa do Josimar, nos fundos da casa do meu sogro. Quando a minha cunhada colocou a cabeça assim no muro, deram um tiro de escopeta. Ela se abaixou e eu já subi. Pô, era o Zé Pequeno! Ele estava com uns 60 ou mais homens. Aqueles caras que chegaram ali de preto eram o Jorge Devagar e o irmão do Zé Pequeno, o Guto. O outro irmão dele, o

Paulinho, não se metia nisso, não. Eu e ele sempre trocava ideia. Mas esse Guto formava. Da laje, eu não dei um só tiro porque era muito homem. Se eu desse tiro neles, ia ficar sem munição. Era muito homem. Tiro pra lá e tiro pra cá, a casa do meu sogro foi destruída. Daqueles passarinhos, não ficou um vivo, morreram todos. O janelão do quarto do meu sogro estava aberto. Meu sogro ficou deitado no chão porque, com o janelão aberto, bala ia lá para dentro à vontade. Os fundos da casa do Josimar também estavam cercados. Tudo cercado, e não parava de chegar gente. A bala comendo, muito tiro, e o Zé Pequeno gritando: "Como é, Batata, pula pra fora, está com medo, porra? Vai ficar se escondendo debaixo da saia da Dulcineia? Sai pra fora, Batata, você virou uma batatinha". Ele ficou muito tempo me chamando de homossexual, filha da puta. Ele só trocava tiro assim, gritando, né? De repente, era para eu ficar nervoso, gritar, e ele saber aonde eu estava. Aí, eu deitado, quieto, com as duas armas, em cima da laje. Então, a minha intenção era o quê? Se abrisse o portão, eu ia gastar munição, porque eles iam entrar e me pegar em cima da laje, né? Ficar trocando tiro com eles, não vou. Ia ficar sem munição, e ia ser fácil para eles me pegarem. Só escutava barulho de carro, moto. Cada vez chegava mais gente. Eles só não tiveram a coragem de entrar dentro do quintal ou a ideia de subir em outros telhados para atirarem em mim. Só cercaram tudo. Quando dava uma parada, eu levantava a cabeça devagar e olhava para a vila e para o Lazer. Parecia uma procissão de tanta gente. Eu falava: "Meu Deus, eu nunca vi esse cara com tanta gente assim".

Ali no escuro ele não via aonde eu estava. A luz do poste foi quebrada a tiro; ficou mais escuro ainda. Aí, subiram lá para cima. Subiu aquele bando de gente, eu levantei na laje e vi que em tudo que era rua, na direção da casa do Manoel Galinha, ia um grupo enorme. Muito carro e Kombi. Aconteceu a mesma coisa com o Manoel Galinha. Cercaram ele sozinho dentro de casa. Conforme eu fui em casa jantar e tomar banho, ele foi também, para depois a gente se reunir. Só que não deu tempo. Eu estava com aquele pressentimento que os caras iam invadir lá, só não esperava que fosse tão rápido. Ninguém informou nada para a gente. Não teve ninguém que tinha escutado algum comentário lá embaixo que o Zé Pequeno ia invadir.

Chegaram na casa do Manoel, tinha um grupo lá orando. A família dele sempre foi da igreja. O Manoel estava em casa também, e os caras fizeram a mesma coisa. Cercaram tudo e meteram bala. Os crentes ficaram em pânico. O Manoel também subiu para a laje, mas fez o contrário de mim. Os caras se aproximaram mais do portão dele, porque ele foi trocar tiro com os caras. Ficou sem munição. Só que os caras não subiram para pegar ele, senão matavam ele em cima da laje. Era muita gente, e ele não estava com munição suficiente para trocar tiro com aquele bando de gente. Quando os caras estavam passando para lá, veio um grupo me socorrer, e nós saímos atrás deles. O meu povo já vinha descendo, porque nós estávamos espalhados e nos juntamos de novo. Mas, antes disso, eles fizeram um estrago danado lá. Mataram o avô do Manoel Galinha. O filme *Cidade de Deus* mostra o irmão do Manoel Galinha dando uma facada no Zé Pequeno, aí eles matam o irmão do Manoel Galinha. Na verdade, foi o avô dele que morreu, e o avô passou a faca na cara do Zé Pequeno. Ele ficou com uma cicatriz feia no rosto. O velho estava bêbado. Era avô dele, mas na realidade era padrasto da mãe do Manoel. Ele gostava de tomar umas.

Aí, trocamos tiro até eles saírem de lá. Muitos ficaram perdidos. A maioria dos camaradas do bando do Zé Pequeno não era da Cidade de Deus. Então, se espalharam, ficaram perdidos sem saber para onde ir. Ele veio com muito mais gente, mas muitos deles estavam perdidos ali dentro, não sabiam para que lado iam. Eles queriam cercar, mas depois que deu de cara com o meu povo já descendo, ficou difícil para eles. Aos poucos foram saindo. Uns de Kombi, outros de carro e outros a pé, que foi o primeiro grupo que chegou. Fomos atrás deles até um certo trecho, mas para o asfalto não. A vizinhança de onde a minha sogra mora já tinha ligado para a polícia quando viu a casa toda destruída. Apareceu muita polícia naquele dia. Tentamos cercar, mas não conseguimos pegar ninguém. Nesse dia, ele matou uns três caras na saída que não tinham nada a ver com a boca de fumo. Aí, veio perícia na casa do meu sogro e tivemos que nos esconder mais lá para cima.

O coroa ficou puto! Meu sogro queria uma arma. Ele tinha um ódio danado, porque tinha um cara que saiu da Ilha Grande, onde ele estava preso, que era apelidado de Peninha. Ele não era da área, não, sabe? Ele era ex-PM, e estava abastecendo o Zé Pequeno de munição e arma. Aí, de vez em quando, ele passava correndo de carro dentro da Cidade de Deus e o meu sogro dizia: "Eu vou me vingar desses filhos da puta. Eu vou matar esse tal de Peninha quando ele passar de carro". A minha sogra falava assim pra mim: "Olha, Ailton, você, pelo amor de Deus, não coloca nenhuma arma na mão do meu velho, não, hein?". Eu falava: "Não, fica tranquila". Mas aí, o que acontece? O meu sogro, ele era meio sacana, de vez em quando ele fazia uns rolos, não vou dizer pilantragem, ele não dava volta em ninguém. Ele era aposentado e, de vez em quando, arrumava um bico em obras no Recreio ou Barra da Tijuca, sempre ganhava alguma coisa. Então, ele tinha muito conhecimento em obra. De vez em quando, pegava umas vagabundas da Cidade de Deus, umas quatro ou cinco, e levava nas obras para elas ganharem um dinheiro. Mas, primeiro, ele cobrava um dinheiro adiantado. Eu falava: "Meu sogro é um velho muito safado". Tinha uns caras lá na boca que faziam o jogo dele. Ele via um paraíba da obra querendo comprar um revólver. Aí, ele trazia um cara, o cara ia e vendia o revólver para o paraíba, revólver descarregado. Antes de chegar ao ponto de ônibus, o cara que vendeu o revólver cercava o paraíba e roubava o revólver. Quando eu descobri, ele já tinha feito isso umas duas vezes. Aí, nessa dele estar com raiva do Peninha, não sei quem deu um revólver na mão dele, ele saiu já tendo tomado uns goles de noite. Veio o carro correndo muito, o que ele fez? Meteu bala, achando que era o Peninha. Agora você vê, o velho com quase 70 anos! Sabe em quem ele atirou? Na patrulhinha da PM. Não sei onde ele enxergou o carro do Peninha. Então, quando ele atirou na patrulhinha, os PMs meteram bala nele também. Pô, a velha quase morreu do coração! Foi atrás de mim e me deu esporro pra cacete. Eu não tinha dado arma nenhuma ao velho. Ele contou uma história para alguém que deu a arma na mão dele. Dali para frente, nunca mais. Eu dei um esporro nos caras para nunca mais ninguém dar arma na mão dele.

No dia seguinte teve uma *blitz*, viatura de tudo que era delegacia. Uma *blitz* de várias delegacias, e dois helicópteros dando uns rasantes. De onde eu estava escondido, dava para ver: 52ª DP, 36ª DP. A imprensa toda em cima. Então, era uma *blitz* de tudo que era lugar, e eu vi que ia ficar difícil até sair da favela. Conseguimos sair. Eu mesmo saí com uma criança no colo dentro do carro.

O Manoel foi o mais baleado naquela guerra. Um dia, uns caras ficaram baleados também. A mãe do Aramis, a Doris, que morava lá na área deles e ia lá pra cima onde nós ficávamos, um dia falou assim comigo: "Olha, eu passei lá na vila e escutei uma conversa estranha. Eu acho que estão tramando alguma coisa contra você para o Ano Novo". Aí, fiquei com aquilo na cabeça. Faltando uns três dias para o Ano Novo, chegou um cara que era conhecido por dar facada, mas ele não fazia parte de quadrilha, não. Ele era assaltante e o negócio dele era matar os outros a facada. Ele era lá da área deles. Estava o maior lazer na área. Há uns dois dias não tinha tiroteio, todo mundo soltando pipa, jogando bola, até eu soltei pipa naquele dia. Mas com dois revólveres aqui, assim, na bolsa, soltando pipa. Apareceu esse cara e falou assim: "Olha, o Timbó está dando mole lá embaixo, sozinho".

Eu estava com dois revólveres e, de repente, já coloquei quatro. Coloquei mais dois porque tinha dois caras que eram da minha boca que estavam soltando pipa e discutindo. Aí, eu falei pros caras: "Podem me dar as armas. Se quiserem sair na porrada, vocês saem, mas ninguém vai dar tiro em ninguém". Guardei as armas, estou soltando pipa, e esse cara falando atrás de mim: "Vamos lá, vamos lá, ou você me dá uma arma que eu mato ele pra você". Eu falei: "Não, rapaz, deixa disso". Ele foi embora. Aí, eu lembrei do que a garota tinha me falado. Os caras iam tramar alguma coisa para mim no Ano Novo. Logo após, rompeu o ano. Deu meia-noite, eu fui a tudo que era casa, inclusive do seu Geraldo.[56] Eu fazia questão de ir à casa dele. Quando eu saía de uma casa, dei de cara com esse sujeito. Ele veio com o mesmo papo: "Pô, fulano tá bêbado, vai lá agora que você o mata". Ele tinha sido mandado pelo bando do Zé Pequeno, entendeu? Aí, eu falei: "Porra, cara, eu não vou, não". Ele: "Então, me dá uma arma que eu mato ele para você". Eu: "Um 32 serve?". Ele: "Serve". Eu: "Nós vamos ter que ir

---

56. Seu Geraldo era outro líder comunitário muito respeitado, que fazia parte da diretoria do bloco Luar de Prata, na praça Matusalém.

lá embaixo buscar". Aí, o pessoal que estava em volta de mim me chamou aqui, assim, em particular, tinha uns quatro ou cinco: "A gente pode ir lá". Eu falei: "Isso é uma arapuca, rapá, vai chegar lá e vai estar tudo cercado. Vamos acabar de curtir a noite". Eles: "Libera pra gente ir lá". Eu: "Vocês querem ir, então vão, mas é uma roubada". Aí, os caras foram para lá, e eu subi com o sujeito para pegar a 32. Os caras vieram lá de baixo todos baleados. Não teve um que não ganhou tiro. Quando eles entraram na vila, os caras disseram que choveu tiro de tudo que era lado. A sorte é que não morreu ninguém. Um estava pior, com dois tiros na barriga, e teve de vir carregado. Ficaram escondidos dentro da vila.

Mandaram um outro vir me buscar. Chegou lá dizendo que o Timbó estava bêbado: "Está na casa da dona fulana, bêbado". Na realidade, aquilo era uma arapuca para eu ir e acontecer o que aconteceu com os caras. Mas também foi só dessa vez que os caras foram baleados. Quando o bando do Zé Pequeno vinha aqui, a gente, no nosso território, cercava tudo, se localizava. Quando a gente ia dar ataque no Zé Pequeno, ficava mais exposto, porque ia caminhando pelas ruas e becos da Cidade de Deus.

Depois, eles passaram pela ponte do rio, tentaram vir. Quando chegaram bem perto, eu descarreguei neles. Eles não entenderam nada, porque eu fiquei um bom tempo atrás do poste só trocando munição, e contaram que eu tinha dado uns seis tiros. Quando batia uma situação dessa, o Manoel descarregava logo, e gostava muito de peito aberto pelo meio da rua. Eu, quando via o Manoel indo dar ataque no Zé Pequeno, lembrava do filme do Rambo. Teve situação de eu trocar tiro com seis caras. Mas eu ficava atrás do poste, só com um revólver, três tiros nele, ele sabe que eu estou armado porque dei três tiros nele. Estou atrás do poste, eles atirando e eu trocando as cápsulas. Aí, dava mais tiros.

Dali para frente, continuou essa guerra, que durou uns dois anos. Era quase todo dia trocando tiros até 1981. Dificilmente tinha um dia que não rolava tiroteio. As duas quadrilhas foram acabando aos poucos. Tanto é que depois outra geração formou lá comigo. Quando iniciou a guerra, o grupo que formou comigo era na maioria de pessoas que trabalhavam. Com algumas delas, eu nem tinha intimidade. Até os moradores das casas da Quadra 15 estavam satisfeitos porque eu tinha retornado e o grupo que estava ali comigo era de pessoas que nem passava pela cabeça dos moradores que eram bandidos. Nem pela minha cabeça. Era só alegria. A guerra acabou com isso.

Em seguida, o Gelson, irmão do Manoel Galinha, morreu. O Gelson não estava na guerra, mas de tanto o Gelson ver aquelas reuniões na casa dele, escutando as conversas, de repente apareceu com um revólver. Acho que foi até o Manoel que deu a ele. Mas ele não era assaltante, tinha arma só para se proteger. Quando dava tiro, nunca estava com a nossa quadrilha indo guerrear contra o Zé Pequeno. Era para ir passear com um colega, andar pela Cidade de Deus. Aí, vinha com um amigo dele, o cara dava tiro em cima deles, e eles davam tiro em cima do cara. Então, muitos pediam um revólver e a gente dava. Se a gente tivesse cada vez mais um que usasse arma para dar tiro neles, era bem melhor. Se eu estava numa esquina, sentado tomando cerveja, eu sabia que aqueles caras que pediram um revólver estavam todos espalhados ali. Se encontrarem um dos caras, vão dar um tiro. Era um alerta para a gente. Aí, o Gelson, nessas caminhadas que ele dava, ele foi lá para fora e encontrou com o Timbó. Parece que o Timbó estava desarmado, e já se encontraram muito perto um do outro. Timbó brigou com ele, rolou com ele e tomou a arma dele. Ele conseguiu correr e chegou lá em cima todo ralado. Ele contando, a gente riu pra caramba. O Manoel ainda falou: "Fica dando mole, fica dando mole indo lá pra frente, quer que os caras te matem". Gelson ficou triste e eu fiquei com pena. Coloquei outro revólver na mão dele.

Ele, mais à frente, chamou um cara e foram procurar emprego. Brincando, eu disse: "Pô, Gelson, logo agora que a minha firma ia assinar a carteira, você ia receber o seu 13º salário, ia ter todos os direitos, como se estivesse numa firma trabalhando, pô, você vai abandonar, rapaz?". Aí a dona Zilda falou assim: "Ailton, deixa meu filho em paz". Ele disse: "Não, eu vou voltar a trabalhar mesmo, não quero mais saber disso, não. Pra mim essa vida não dá". Ali, na Miguel Salazar, tem aquele posto de gasolina que até hoje existe. Ele foi lá ver se tinha vaga de frentista. Em volta dali era aberto e tinha uma passagem para um loteamento; hoje em dia é um condomínio fechado com uns portões enormes. Aí, dois caras, o Bingo e o Leis, vieram desse descampado e mataram o Gelson na bomba do posto de gasolina. Não eram nem da quadrilha do Zé Pequeno.

Nós expulsamos eles da Cidade de Deus. Na época, o Manoel até mandou a molecada tacar fogo na casa da família desses caras. Eles vinham e se escondiam na casa da mãe ou da avó, de repente baleavam um de nós. A gente, puto da vida: "A família deles está acobertando". A gente deu um aviso na família para passar para eles, né? Outros já chegavam dizendo para dar tiro em todo mundo que tivesse acobertando eles. A gente foi levando, levando... Aí não teve mais jeito, e tocaram fogo na casa toda. Até hoje a casa não foi refeita. O fogo lambeu a casa e, quando os bombeiros estavam chegando, o fogo já estava na casa da avó também. Foi a família toda embora. Quando aconteceu isso, eles nunca mais apareceram na Cidade de Deus para dar tiro em ninguém. Enquanto a gente estava respeitando a família deles, eles estavam se escondendo dentro de casa esperando alguém passar.

Aí, o Manoel Galinha enlouqueceu, né, ficou louco. Ele saía fazendo merda dia e noite, dando tiro, procurando se ainda tinha parente na favela. Eu falava: "Não, rapaz, desespero agora não, vamos deixar a noite cair". Aí, conseguimos uma informação que esses caras estavam morando ali no Meiér. Na mesma noite que eles mataram o Gelson, conseguimos duas Kombis, enchemos de bandidos e partimos para lá. Invadimos várias casas, mas não os localizamos. Passaram uns 10 a 15 dias, eles morreram também. Nós vimos no jornal que eles foram assaltar um pagamento de obra e os peões os mataram a pauladas com pá e enxada.

Nessa época, eu tinha um Corcel 72, amarelo. Aí, nós tínhamos que pegar um camarada em Marechal Hermes que tinha saído recentemente da Aeronáutica. Ele estava com umas duas bombas e disse: "Se tiver uma oportunidade da gente jogar essa porra lá no Zé Pequeno, vamos levar essa bomba". Pegamos ele e fomos. Só que, quando chegamos à Cidade de Deus, eu falei para ele: "Pô, não vamos entrar pra Cidade de Deus, vamos direto no Zé Pequeno porque, chegando lá de carro, passa despercebido". Vindo de quadrilha, de longe todo mundo percebe, principalmente os moradores, que saem todos da frente. Aí, entramos na estrada do Gabinal, eu embiquei o carro para entrar. Mais na frente, tinha muitas crianças brincando de queimado, aí eu falei pro Manoel: "Pô, cara, tem muita criança na rua. Uma bala perdida pegar uma criança dessas aí vai ser foda, o delegado vai ficar furioso. Vamos deixar para voltar mais tarde". Estava quase escurecendo. Eu dei uma ré no carro, em vez de entrar para a Cidade de Deus, fui direto para a Barra. Falei: "Porra, vamos aproveitar e vamos dar um passeio lá no Leblon, que tem um cara que está me devendo uns quilos de fumo. É melhor a gente chegar lá no escuro mesmo".

Aí, fomos pela praia e chegamos lá na Cruzada São Sebastião. Entrei com o carro pelo lado da Lagoa, parei o carro e, quando entramos no prédio, já tinha arapuca armada para mim. Os caras já estavam na escada tramando enquanto a gente descia do carro. Só que a gente demorou a perceber, porque entramos pelo canal. Aí, parei o carro e fomos andando. Eu não conhecia ninguém ali, só o cara que foi na Cidade de Deus comprar esse fumo comigo. Liberei fiado para ele, mas conhecia ele muito mal. Só fui lá porque o cara nunca mais voltou para pagar. Uma porrada de caras na subida da escada cheirando pó; um dos que estavam com a gente ficou parado no portão do prédio, outro, perto do muro que divide um prédio do outro, nós, dentro dos prédios, e o carro parado lá fora. Aí, na outra escada, eu perguntei: "Viu o Silvinho aí, não?". Ele respondeu: "Pô, aguenta aí que ele está tomando banho e já vai descer". Eu e o Manoel fomos lá no fundo, voltamos, não ficávamos parados. De repente, vem outro cara: "Aí, é vocês que querem falar com o Silvinho? Ele foi na Sendas com a mulher dele e já volta". Eu cutuquei o Manoel: "Porra, tem escama aí. Se o cara está tomando banho, ele não pode ter ido na Sendas". A gente estava com o revólver de cano longo, conforme a gente andava, ia cutucando para ele ir subindo, se precisasse puxava ele rápido, né? Quando a gente vem no portão para dentro, vimos um desses caras que estava cheirando com um revólver na mão. Eu pensei: "Caralho, esse bagulho não está legal, não". Um grandão tinha matado o dono da boca e assumido recentemente, então o cara estava cheio de gás. Aí, veio esse cara e chamou: "Aí, Ailton, chega aqui". Eu falei: "Chega você, amigo". Ele veio, mas em vez de conversar comigo, ele entrou entre mim e o Manoel Galinha e deu uma palavra só: "Pô, amigo, sabe o que está acontecendo?". Ele me pegou pelo pescoço, mas só que ele não segurou legal e eu escapuli, mas segurou o Manoel. Aí, eu comecei a atirar, né, e o Manoel também. Os caras metendo bala da escada. Manoel conseguiu se livrar dele. Ele ficou até com o salto do sapato do Manoel, nós arrastando ele até o portão para nos livrarmos dele. O Manoel ficou cheio de sangue. Atrás do muro, já tinha uns caras escondidos, que meteram bala na gente. O nosso amigo que ficou perto do muro levou logo dois tiros nas costas, cambaleou até o portão e caiu. A gente não conseguiu sair com o carro por causa do tiroteio com os caras da Cruzada, com os PMs da DPO e com os policiais da delegacia, eu e o Manoel do meu lado, fugindo dos tiros, dando tiro e saindo de costas até o canal. Fomos beirando a Lagoa até o Corte Cantagalo, onde um cara nos chamou de dentro de um carro, nos disse que estava cheio de bandido e policial no trânsito atrás da gente e ofereceu nos levar até Cidade de Deus. Meio desconfiados, aceitamos. Ele realmente tirou a gente do abismo. O apelido dele, depois fiquei sabendo, era Flamenguinho.

A guerra com o Zé Pequeno continuou. Não demorou muito, veio a morte do Manoel Galinha. Nós estávamos escutando música na casa de uma coroa feia igual ao Capeta. Aí, chegaram dois parceiros lá, o Neném, um dos primeiros que começou a trocar tiro com o Zé Pequeno, sem se misturar com a gente, e o Careca. Lá no Lazer, um macumbeiro, um coroa branco, forte, grande, chegou e pediu ao Manoel para acolher esse cara que era fugitivo da cadeia de Bangu. Era justamente o cara que o Manoel levava na casa dele. Eu não gostava dele; eu olhava dentro do olho dele e ele nunca me encarava. Conversava comigo, mas nunca me encarava. Eu sempre falava pro Manoel: "Não leva esse cara para a sua casa". Ele: "Não, o cara é legal, o cara é bacana pra caramba". Aí, eu enchi de escutar Roberto Carlos e disse que ia descer: "Vamos ficar parados, plantados aqui, e daqui a pouco a PM cerca essa porra aí e a gente entra em cana". Ele disse que não ia agora. Eu chamei o Neném para ir comigo. Aí, o Careca falou: "Não, eu vou ficar". Ele só queria ficar grudado com o Manoel. Quando chegamos em frente à casa da mãe do Manoel Galinha, chegou um caminhão com uma porrada de bandido, mas caras de fora. Tinha um tal de Drácula, uns três ou quatro que eu não conhecia, mas depois a gente veio a descobrir que eram parceiros desse Careca, que ficou com o Manoel lá em cima. O Careca, que veio de São Paulo, era amigo dos bandidos, mas a gente não sabia, porque eles não demonstravam ser amigos. Estava tudo na trama, que era para dar um golpe na gente ali. Tarde da noite, vem descendo só eu e o Neném, os caras saem do caminhão. Estava um frio desgraçado, e os caras todos de preto. A gente era jovem naquela época, né, e esses caras eram bem mais cascudos do que a gente. Aí, eu senti aquele clima não muito legal. A quadrilha estava mais lá pra cima; embaixo, só eu e o Neném. Aí, os caras apertaram a nossa mão de luva: "Cadê a rapaziada?". Eu falei que estavam lá em cima, mas estou olhando para a cara do Neném pedindo a ele para não ficar colado junto comigo, porque a gente estava em uma roda, e eu estou sentindo escama naqueles caras ali. Se ele ficasse perto de mim, era um prato cheio para eles matarem nós dois juntos. Eu dava uma cutucada nele para ele se afastar, mas ele era tão bundão que eu acho que na hora em que ele maldou, saiu, foi embora e eu fiquei sozinho. Daqui a pouco, conversa vai, conversa vem, eu estou vendo os caras tirarem as luvas e pensei: "Esses caras estão tirando a luva para pegar melhor no revólver". Então, eu falei: "Se liguem, se liguem, aquele carro escondido ali no canto é um federal; ele só para ali. Eu vou por aqui para pedir para um moleque ir lá ver". Eles entraram no caminhão e eu fui embora. Federal é o cacete, esses caras vieram é me matar naquela porra ali. Mandei chamar o Neném, chamei ele de bundão, vacilão: "Não é à toa que o Zé Pequeno te colocava pra correr pra baixo e pra cima. Você não viu que os caras estavam mandados?". Chamei mais uns caras lá. Daqui a pouco, a bala começou a comer. Aí, veio uma garota correndo: "Está vindo um monte de PMs ali". Os caras pularam uns três muros; eu entrei sozinho pra casa do Zé Pretinho. A mulher dele, a Sandra, é que estava em casa. Eu entrei e fiquei lá. A bala comendo lá na praça. Daqui a pouco, ela olhou pelo vidro da janela: "Ailton, passou muito PM aqui na calçada, tudo de preto". Eu cá comigo: "O Manoel deve ter descido achando que é a quadrilha do Zé Pequeno, e vai dar de cara com os PMs". Aí, quando eu saí, encontro com a Ângela, que me disse: "O Manoel Galinha foi baleado para o hospital e acho que ele já foi morto; o Manoel e o Careca naquela esquina trocaram tiro com o Timbó e mais uns caras aí". Eu falei: "Pô, mas não era a polícia? A Sandra viu a polícia passar na calçada lá".

Aí, o que aconteceu? Os caras pagaram um dinheiro para a PM. A PM veio na frente abrindo o caminho, e eles mais atrás, entendeu? Deram um dinheiro para a polícia vir mais à frente. Os PMs, que passaram lá onde eu estava na casa da Sandra, já sabiam dos tiros vindos lá na frente e estavam indo embora. O papo que correu foi que o Timbó acertara no Manoel. Mas o Manoel trocou tiro com eles lá e ganhou um tiro aqui. Aí, foi para o hospital. De noite, veio a notícia que o Manoel tinha morrido. O Careca vira pra mim e fala assim: "Olha, eu vou lá do outro lado do morro do Juramento buscar umas armas que um amigo me deu". E foi embora. Aí, de manhã, o cara da laje, um desses fofoqueiros que ficam lá em cima da laje vendo tudo enquanto a bala está comendo, falou que viu esse Careca atirar no Manoel. Eu falei: "Porra, cara, por que você não me falou isso ontem mesmo?". E ele: "Pô, eu não te vi".

O Careca foi no morro buscar umas armas e vai voltar, né? Nunca mais voltou. Escadinha do Juramento tinha uma guerra com os caras do outro lado do morro, e os caras do outro lado eram amigos do Zé Pequeno. Quando houve um tiroteio com os caras lá na Cidade de Deus que arrebentaram a casa do meu sogro toda e a casa do Manoel Galinha, o reforço que veio foi justamente desse morro. Eu fiquei pensando: "Como o cara foi buscar umas armas com um amigo dele do outro lado do morro do Juramento?". Aí, eu fui colocando as coisas no lugar: "Do outro lado do Juramento, os caras são amigos do Zé Pequeno, bem que eu sabia que tinha alguma coisa errada com esse cara. O negócio agora é esperar ele voltar". Aí, passou uns dois e três dias, ele não voltou. Aí, chegou uma dona e falou no terceiro dia: "Ailton, o Careca está na favela lá da Taquara, na Cabeça de Porco, e ele mandou um recado, se tem como você mandar um revólver e o rifle do Manoel para ele fazer uma situação e depois ele devolve". Ele saiu para buscar umas armas e está pedindo as armas do Manoel! Eu disse: "Dona Teca, o problema é o seguinte: você me conhece desde pequeno, eu não teria coragem de dar a arma na mão da senhora... Já pensou a senhora ser presa com essa porrada de filho aí? Fala para ele pegar um táxi e vir aqui pegar". Ela falou para o cara. Ele veio? Lógico que não. Mas ela já tinha falado onde ele estava, né? De noite, saímos em uma caravana de carros, cercamos a favela de tudo que era lado e o cara conseguiu escapar por dentro do mato, e nunca mais eu tive notícias dele. O Timbó pagou o crime da morte do Manoel Galinha. Então, era tudo tramado: o Careca, o que assaltou a casa de arma, os caras do caminhão. Estavam todos juntos. Primeiro vem um, pede um favor, depois vem outro, e vão se infiltrando.

Com a morte do Manoel Galinha, a favela estava de luto.

Veio a outra geração, porque do pessoal da guerra mesmo não sobrou ninguém. Eu já estava parando, porque todo mundo morreu, Zé Pequeno tinha ido para a cadeia, Manoel morreu, então, o único procurado ali no momento era eu. Chegava na Cidade de Deus, não sei como a polícia sabia. Mal chegava, já tinha *blitz*. Então, comecei a andar pouco lá dentro.

Eu cheguei a pensar em parar, mas ao mesmo tempo pensava de que eu ia viver estando cheio de dívida e, sem pagar as dívidas, não dá para parar. Vai ser preso depois que já estiver aposentado, não entra mais dinheiro. Fui deixando as responsabilidades para outros, para o Claudinho, mas ele e muitos que formaram com a gente pegaram a coisa já mastigada porque não sofreram nada, não participaram de guerra, não deram tiro em ninguém e ninguém deu tiro neles. A boca estava igual uma área de lazer, só entrando dinheiro. Aí, uma molecada foi e assaltou um banco. Já se empolgaram falando que eu tinha que passar a vez, que já estava velho e que iam comprar uma tonelada de maconha. Falando da boca para fora, sem a minha presença, entendeu? Os outros que me falavam. Quando bateu no meu ouvido, pensei: "Porra, esses moleques não estão acreditando em mim, não. Sofri pra cacete e eles já pegaram o negócio mastigado. O que eles estão pensando?".

Eu sei que foi morrendo um a um, e só ficou quem tinha que ficar mesmo. Eles mesmos se matavam. Em boca de fumo tem muito isso, às vezes o cara não quer estar matando ninguém, ele quer se livrar desse, daquele. Então, sempre arruma um jeito para que um mate o outro, entendeu? Às vezes tem alguma coisa errada, né, alguma mancada. Então, vai-se limpando o terreno assim, um matando o outro. Aí, chega onde o cara quer. No final, aqueles que ele queria se livrar, ele se livrou. Chega uma hora que até o próprio amigo mesmo. A primeira coisa que vem na cabeça do cara que está envolvido é o seguinte: se não matar aquele cara, o cara é que vai te matar. Aí, nego fala: "Se é para chorar a minha mãe, que chore a mãe dele".

O cara quando faz isso está com raiva. Ele está matando alguém para não morrer, entendeu? Às vezes o cara fica com pena: "O fulano é legal, vou dar uma oportunidade pra ele". Aí, vira as costas, está arriscado dele ganhar um tiro na cabeça. Então, o cara vai cobrar já com esse pensamento: "Se eu não fizer isso nesse filha da puta, ele vai fazer em mim". Em boca de fumo tem muito cara, ninguém fala na frente, mas tem cara que é robotizado. Na cadeia usava muito essa palavra robô, o cara que recebe a ordem de matar, vai lá e mata.

Tem o fiel, mas só que naquela época não se usava essa palavra. Mas sempre que estoura uma coisa, foi o fiel que traiu. Quer o lugar do chefe. É fiel de confiança, mas nem tanto. Eu tinha essas pessoas que me rodeavam, mas quando eles iam fazer a minha escolta, que eu ia dormir ou me esconder em algum lugar, eu deixava eles irem até certo ponto. Quando sabia que podia ir sozinho, eu falava para eles: "Podem voltar daqui". Aí, entrava em um portão, pulava várias cercas até sair onde eu queria dormir. Na hora que eu ia dormir, não deixava ninguém saber onde ficava.

Sobre os protagonistas

Hoje em dia deve ter alguma tática que eles usam, mas no meu tempo a gente usava aquela roupa de educação física, o conjunto Adidas. Tinha a cor azul, vinho, bege. Então, a gente só usava azul, entendeu? A quadrilha do Zé Pequeno só usava a cor vinho, só a cor vinho. Tinha muita gente que combinava a cor da roupa só na hora de sair de uma favela pra outra, se vestia todo de preto ou botava uma touca. Todo mundo está identificando o outro pela touca.

Mas todo mundo se conhecia, a gente não corria esse risco de matar o amigo do nosso lado. Até porque, no nosso pedaço, a gente prestava muita atenção antes de atirar, porque esse negócio de ver um vulto e aí lá vai munição, desperdiça bala. Então, a gente via muito por cima de laje, atrás de um poste, dentro de um quintal. A gente sempre comentava: "Oh, aquele lá é o fulano". O cara passava lá embaixo, era o jeito do cara andar. No andar da pessoa, a gente já identificava. De longe, a gente já via o andar, já identificava quando passava perto de uma luz. Não era aquele negócio de estar correndo igual um tonto para dar de cara um com o outro, atirando um no outro.

Na minha opinião, arma na cintura incomoda. Eu não gosto de carregar nada no bolso; carrego uma bolsa pra colocar tudo ali. E uma arma na cintura incomoda pra caramba. Na Cidade de Deus, então, tinha que estar com ela ao alcance da mão. Dormir com uma arma debaixo do travesseiro? Era ruim de eu dormir! Eu ia dormir fora de lá, no apartamento que comprei em Realengo.

Realmente, muitos achavam aquilo divertido. Mas é uma diversão perigosa, né? Porque muitas das vezes a gente ia atrás do Zé Pequeno e ficava um ou dois dos nossos para trás, caído no chão. Quando dava certo para a gente, voltando de lá deixando baixas entre eles, a gente vinha satisfeito mesmo, mas não pensando que fosse brincadeira, não. Não tem esse negócio de comemorar, não. Ficava satisfeito porque fomos lá e não ganhamos prejuízo. Eu não achava que fosse diversão, porque a minha intenção era que a guerra acabasse e, para mim, a guerra acabava se a gente conseguisse matar o Zé Pequeno. Se ele morresse, o resto da quadrilha não ia querer guerra, não. Ele era o cara que dava coragem aos demais, entendeu? Porque ele estava determinado em ficar com a favela só para ele.

Ninguém, pelo menos na nossa parte, ninguém se vangloriava de ser o chefão. A nossa finalidade era uma só: era acabar com aquele cara, acabar a guerra. Então, não tinha esse negócio de querer ser melhor que ninguém, de ser o tal. Eu dividi a situação com o Manoel Galinha quando ele formou comigo. Ele colocou um dinheiro, e aí passamos a comprar mercadoria juntos, porque seria justo, já que a gente estava gastando munição. Tinha os soldados, que tinham que ser alimentados também. Se não pagar os soldados, eles vão viver de quê? Se não pagar, eles abandonam a guerra. Todo soldado de boca tem um salário. Era muita despesa.

Zé Pequeno cheirava pra caramba! Acho que foi final de 1981 que o Zé Pequeno foi preso e perdeu a boca. Além dele ir preso, a quadrilha dele morreu toda. Ele foi preso e em seguida fugiu; cumpriu pena pouco tempo, porque os caras queriam matar ele na cadeia. Quando fugiu da cadeia, voltou para a Cidade de Deus e morreu. Quando chegou nos apartamentos, os caras de outra geração, que já vinham crescendo, tinham assumido a boca. Ele voltou com uns caras lá de Padre Miguel, de um lugar chamado Sete-sete, ponto final do ônibus 77. Deixou os caras escondidos com umas armas, que era para ninguém desconfiar que fossem dar um ataque na boca, e foi lá sozinho na surpresa. Aí, conversou com os caras sobre a situação da boca que era dele, e ele estava voltando. Acho que, quando ele ameaçou sacar, os caras sacaram também. Morreu sentado no sofá de um apartamento.

Manoel, eu só via de vez em quando dar uma tapa de leve na maconha. Ele gostava de refrigerante, doce, bolo e mulher. Por que o apelido dele era Galinha? As mulheres queriam ir todas atrás do Manoel Galinha. Era tipo índio e jovem, e tinha uma voz inocente. Era meio moreno, de olhos e cabelos castanhos, mas era um cara de boa aparência. A família dele toda tem a cor tipo de índio, sabe, cabelo bom. A mãe dele era índia, o pai era tipo índio também.

Eu confiava no Manoel, sabe por quê? Porque o Manoel, ele se envolveu em uma coisa que ele não era bandido, entendeu? Ele não era aquele bandido que já vem da bandidagem há tempos. E eu não via maldade nele, até na hora mesmo de trocar tiro com os outros, eu não via maldade nele. Tem que ter maldade para ser bandido. Não é que eu tinha maldade desde pequeno, eu era meio desconfiado com todo mundo, poderia até ter uma desconfiança lidando com as pessoas. Mas, depois de eu estar convivendo no mundo do crime, senti uma desconfiança diferente, que ali a gente pode perder a vida assim, de uma hora para outra. Manoel era uma pessoa que não tinha aquela maldade. Ele nem conversava alerto com as pessoas. Às vezes, o perigo estava rondando ele, eu avisava, mas ele: "Não, não, você vê maldade em tudo". Até para ir em outra boca trocar tiro, tinha que estar sempre alertando ele. Eu falava: "Manoel, vai pelo cantinho do muro, vai pelo cantinho do muro". Quando ia ver, ele estava em cima da árvore. Aí, baleavam ele.

Um dia antes dele morrer, eu falei: "Vou dar um passeio'. Ele: "Vou ter que ir no médico lá embaixo, na Cidade". Parece que ele tinha pego uma doença venérea de uma mulher. Eu: "Vou contigo, vamos dar um rolé, curtir um cinema e esfriar um pouco a cabeça dessa guerra. Vamos conhecer aquele buraco do metrô". Foi na época que inaugurou o metrô. Aí, fomos ao consultório médico, ele foi medicado. Na Cinelândia, fomos andar de metrô, mas já estava fechado. Fizemos um lanche, e acabou que nem fomos ao cinema, viemos embora. Aí, no dia seguinte, Manoel Galinha morreu; não conheceu nem o metrô.

7
A polícia na rua e na delegacia

A polícia mudou desde que Ailton iniciou suas visitas a delegacias e cadeias; quando apreendido por PMs, ainda menor de idade. Durante o regime militar, apanhava, era torturado e ficava preso com os maiores de idade, o que não contribuiu para que se afastasse do mundo do crime. No entanto, as histórias contadas por ele faziam e fazem parte de uma crônica que mostra um tipo de policial, tanto civil quanto militar, que por vezes está muito mais a serviço de uma perversa causa própria do que para o que é pago, ou seja, manter a ordem social. Percebe-se, por meio das histórias contadas por Ailton, que poucas são as falas em que o policial se recusou a aceitar um suborno, o arrego, desde os anos de chumbo de 1970 até meados da década de 1980. E do arrego passava-se à extorsão, que ocorria não só na rua, como no interior das próprias delegacias. Um etos de corrupção "sem constrangimentos", pois não só o preso oferece dinheiro, como o policial também pede — "tem conversa". No depoimento de Ailton, aparecem policiais que não participaram dos conchavos; todavia, são em menor número, o que leva a se inferir que havia uma degradação que se estendia por todo o aparelho policial, seja civil ou militar. Evidenciava-se uma prática de suborno e prevaricação que, possivelmente, contaminava a lógica da ação do policial, assim que deixava a sua escola de formação e ia trabalhar na rua e nas delegacias. Daí o discurso da maioria de ex-traficantes egressos do sistema penitenciário de que "nunca conheceram um policial honesto".

Foram muitas as vezes em que Ailton foi achacado por policiais ou teve de pagar para não ser preso e processado. Até sequestro sofreu. Mas também viveu lances de sorte, bom senso, jogo limpo e simpatia na sua relação com policiais e carcereiros. A confiança, ou seja, a previsão de como agiria o parceiro na transação, dependia do cumprimento do que foi acordado, fosse isso o silêncio, o dinheiro a pagar, a volta à prisão.

A tortura de menores durante o regime militar

Ailton, surpreendentemente, não guarda rancores dos policiais que o prenderam com abusos e violações a seus direitos, a não ser dos dois que inicialmente conheceu — o detetive Touro e o Cabeção —, que o torturaram e "quebraram" com muita pancadaria. Nos idos dos anos 1970, prefeririam evitar a polícia e a prisão de qualquer jeito. Sem dar tiros nos policiais.

> Eu acho que merece respeito o polícia que me investigou durante meses, chegou até a minha pessoa, me deu voz de prisão, me algemou, me tratou com respeito — ele tá fazendo o trabalho dele, tá na profissão dele. Foi lá, me prendeu, não me deu tapa na cara, não me humilhou, ele fez a parte dele. Eu errei, fui punido e conduzido preso. Então, é claro que ele merece respeito. Ele não chegou lá na casa do cara dando tiro em qualquer pessoa, até porque, às vezes, está um parente dentro de casa. Apesar que quando eu já estava maior, nunca fui preso no esculacho, não. Muita das vezes, fui parar em uma delegacia especializada, mas conversava normalmente, até quando eu pedia para comprar um leite pra mim, um refrigerante... Era uma prisão com respeito. Agora, esse negócio de entrar na casa dos outros metendo bala para tudo que é lado, não dá para respeitar. Eu não tenho raiva porque isso nunca aconteceu comigo já adulto, mas eu tinha muita raiva do Touro por causa do negócio de dar choque, de torturar menor com choque, e ainda tinha esse negócio que menor não podia ser preso junto com maior na delegacia. Mas o que acontecia dentro da delegacia dele, a imprensa e ninguém tomava conhecimento. O cara pegava jovem com 15

ou 16 anos e tratava debaixo de choque mesmo, e pendurado de cabeça pra baixo no pau de arara. Uma coisa terrível mesmo! Então, quem não vai ter raiva de um cara desse? Do Touro eu tinha por causa do negócio da tortura contra menor. Hoje, não sei como está, mas o meu filho acho que não foi torturado nem apanhou, ele foi conduzido preso normalmente, ele nunca me disse que tinha ido pro pau de arara. Conversei com ele quando fiz uma visita na cadeia e ele falou: "É meu mesmo!"

Então, vai bater em uma pessoa que fala isso pra quê? Se é meu mesmo, acabou, assumiu e assinou. Não quer dizer que outras pessoas envolvidas com o tráfico, ou em ação, vão pensar dessa forma. É opinião minha.

Negociando mandados e os perigos de não ser sujeito homem

A tortura e a repressão não negam a corrupção. Ao contrário, parecem se alimentar mutuamente. Alguns depoimentos são exemplos de como, nos anos 1970 e 1980, quando Ailton estava traficando, agiam os homens da lei e funcionava a vida nas delegacias. Evidenciam a corrupção como moeda corrente, bem como o descalabro do trânsito de facilidades, de todas as ordens, dentro do sistema de segurança do Estado. Aliam-se a isso evidências da desorganização do sistema judiciário, como também um facilitador dos acordos espúrios entre os agentes da segurança e o traficante, com a ativa participação de advogados no "leva e traz", não só de propostas como de dinheiro. Mas a relação do procurado ou acusado por crime com as forças policiais mudava conforme a sua notoriedade. Se fosse um bem-sucedido traficante, pagaria mais propina e teria mais gastos com advogados pela sua liberdade, o bem supremo para quem arrisca ficar preso. Como imperava a corrupção em delegacias naquela época, Ailton descreve como era recebido com festa quando levado até alguma delegacia por PMs. Uma das muitas histórias que contou a respeito das propinas pagas, com muitos lances e muito dinheiro rolando das mãos dele para as dos policiais envolvidos, foi a seguinte:

Na minha época, na Cidade de Deus, pra começar, a nossa tática era nunca dar tiro na polícia. Só em último caso, ainda mais que a gente sabia todo o plantão de quem era. Tinha um tal de Carlinhos Caralhada, um PM que era uma sarna terrível. Ele não dava sossego à gente. Era no café da manhã, hora do almoço, janta, toda hora essa patrulhinha do nada surgia. Aí levava o que tinha, dávamos um dinheiro pra eles. Chamávamos eles para fazer acordo e eles não queriam. Eles queriam assim: prendeu, arrumou um ou dois revólveres, dinheiro, dependendo da pessoa que tiver sendo procurada. No caso, assim, eu e o Manoel Galinha, quando íamos presos e tinha condição de fazer o arrego ali, já perdíamos o que levávamos, e ainda tinha que mandar mais, depois. Agora, dos moleques, não, pegava o que eles tinham e soltavam. Eles alegavam que "a delegacia de homicídio quer vocês!".

Daí, tinha que ter sempre mais dinheiro. Teve um dia lá, que foi até o dia que eles mataram esse tal de Índio, que era formado em uma boca lá com a gente. O Zé Pequeno invadiu com um grupo cercando tudo. Então, pra não deixar ele penetrar, ali mais acima de onde a mãe do Manoel Galinha morava, fizemos um coisa tipo um leque. Nós viemos trocando tiro com ele pela área do 15, onde minha mãe mora, pela rua principal, porque muitas das vezes a polícia só vinha depois que acabava, né? Agora, dependendo de quantas viaturas tinha perto da área, já invadiam e se metiam no meio. Então, eles vieram cercando, e um grupo foi preso. Eu fui preso nesse dia. Cercaram bem cercado. O Manoel conseguiu escapulir. Quando eu cheguei na 32ª DP, tinha um cara lá que era soldado braço forte do Zé Pequeno, o Raimundinho, e também o Guta. Na época, o delegado lá era conhecido pra caramba. No filme até fala o nome dele. Aí, não teve arrego de jeito nenhum. Eu ofereci muito dinheiro, na época, mas os caras não aceitaram. O advogado ofereceu um dinheiro, e ele não aceitou. Nesse dia, o detetive pegou o irmão do Zé Pequeno e chamou o delegado, que ficou olhando para a cara do irmão do Zé Pequeno e pra minha, e falou assim: "Você conhece ele?". "Eu não, não conheço esse cara, não!". Aí, o irmão do Zé Pequeno também falou que não me conhecia. Então, o delegado: "Nessa hora dentro da delegacia ninguém conhece ninguém. Vou dar um recadinho para vocês: podem se matar, porque pra mim é um favor que as duas quadrilhas morram todas. Eu não quero é saber de bala perdida matando ninguém, não quero bala perdida acertando morador. Mas agora, vocês..., é um favor que vocês se destruam".

Aí, nós fomos embora. Eu não sei o que o advogado arrumou, falta de prova, ou sumiram com as provas. Eu sei que esse advogado, na época, chegava no Fórum e falava assim: "Olha, assina aquilo, e o outro você não assina, faz parte do esquema". Esse advogado tinha um conhecimento bom, César Pena.

Esse advogado tinha um conhecimento muito bom. Aí, passou uma semana, no outro tiroteio que teve, quem foi preso foi o Manoel. A gente ia preso, mas estava sempre saindo. Teve um tiroteio lá, e eu também fui preso, mas perdi um dinheiro e não cheguei a ir. Fui preso também na Gardênia Azul. Um dia, saiu todo mundo da boca, só deixamos a molecada lá, porque o Manoel falou assim: "Vamos dar um rolé aí, vamos prender uns carros pra a gente ir lá na boca do Zé Pequeno, dar um ataque lá no prédio". Aí, saiu eu, Manoel Galinha, Gim e um outro cara lá. Mas sendo que eu peguei um carro emprestado do cara da serraria lá. Fomos lá pro pátio da igreja da Penna. Todo mundo de sacanagem escolhendo carro: "Esse aí, não, só serve carro bom, carro novinho pra gente desfilar, aquele ali, não, aqueles dois lá servem! Vocês não querem porra nenhuma, então, vamos para a Barra!".

Então, a gente falou que ia pra a Barra até o Recreio, e eu dirigindo. Quando desci aquela ladeira da igreja da Penna, tinha aqueles pontos básicos que ficava sempre uma viatura, né, daí, porra, nós passamos e a viatura veio atrás. Esse é que era o problema, era de noite, e não tem outro caminho. Aí, quando nós passamos ali pra pegar a estrada velha que vai para a Barra, eu percebi que eles vieram atrás. Aumentei a velocidade, mas estou vendo que a viatura também está aumentando: "É atrás mesmo de nós que eles estão vindo!".

Só sei que eu entrei em uma rua e nem reduzi o carro. Quase parei dentro de um depósito, não sei se era da Antártica. Estiquei, capotei e caímos dentro de um rio, quase chegando lá na Gardênia. Todo mundo conseguiu ir embora e só eu que fui preso. Os PMs meteram bala nos caras, mas os caras conseguiram entrar em um sítio e saíram em frente à área do Zé Pequeno. Não sei nem como eles conseguiram chegar dentro da Cidade de Deus. Fiquei preso, e apareceu muita viatura. Aí, desviraram o carro, eles mesmos tiraram o carro de dentro do rio. Desamassaram o para-choque, pegaram o estepe e colocaram no carro, porque tinha estourado o pneu, e falaram: "Tá funcionando, tudo novo, vamos negociar".

Mas primeiro mandaram as viaturas embora, e ficou só uma para negociar. Os caras todos me chamando de Zé Pequeno: "É o Zé Pequeno!". Eu, danado da vida: "Zé Pequeno, porra nenhuma, não conheço Zé Pequeno nenhum, não, rapaz!". Eles: "Esse é o Ailton Batata, tá bom, também serve!". Aí, conversa vai, conversa vem: "Vocês iam para onde?". "Nós íamos passear."

Aí, eu fui de carro com eles, e me levaram dentro da Cidade de Deus. Deixei eles esperando e fui lá pegar um dinheiro bom, mas não dei tudo, não, fiquei de dar o resto no outro plantão. Aí, no outro plantão, eles foram lá e eu falei: "Olha o dinheirinho de vocês aí". Um desses PMs, que era até esse tal de Carlinhos Caralhada, falou: "Muito bom, gostei! Você é sujeito homem, falou que ia trazer o dinheiro e trouxe mesmo". "E eu sou moleque?".

Um sujeito homem cumpre com a palavra. Teve um caso parecido, quando eu rodei no Natal. Eu combinei com um pessoal que eu ia pra um hotel. Eu estava querendo sair da Cidade de Deus e não conseguia, porque toda vez que eu tentava sair, deixei até um carro pronto com um cara para me levar, a polícia chegava. Parecia que eles estavam até sabendo que eu ia sair. Quando eu tentava sair, os moleques da esquina gritavam: "Vêm eles de novo".

Eu sei que eles fizeram isso umas três ou quatro vezes. Até que na última vez que eu tentei, eles cercaram todo aquele pedaço onde eu estava. Começaram a entrar de casa em casa, e de noite. O que eu fiz? Eu pulei dentro de um quintal e entrei debaixo de um carro e fiquei deitado. Só depois que fui perceber que aquele carro estava pingando óleo. A minha roupa novinha ficou toda suja. Aí, a polícia me achou, né? Os caras, de lanterna, entraram dentro da casa. Eu, debaixo do carro, estava vendo as botas deles e aquele clarão da lanterna, até que um filha da puta lá cismou de colocar o bagulho para debaixo do carro e gritou: "Está aqui, está aqui, sai, sai!".

Tinham cinco PMs na viatura que me levaram, e eu falando para eles: "O negócio é um papo, um dinheiro. Hoje é Natal!". Aí, um dos PMs falou assim: "O capitão Paulo te quer, rapaz, não tem ideia, não? Você sabe que ali não tem conversa".

Três caras daquela viatura eram féis ao capitão, e os outros dois queriam o arrego. Aí, começaram a discutir dentro da viatura: "Não, não vou entrar nessa, não!". Aí, teve um que falou assim: "Pô, é Natal, cara, você não tem família, não? O cara aqui é sujeito homem. Ele não vai jogar conversa fora e depois falar que não. Ele tem um dinheiro pra perder!". O outro: "Por mim não, por mim não".

Discutiram feio, daí os dois que queriam o arrego começaram a "pagar" pra eles, a xingar, dar esporro, bronca. Eu estou vendo que o cara já está com a mão aqui em cima da arma, aí, eu pensei: "Daqui a pouco esses caras vão é se matar por causa de um arrego".

Eu sei que os dois venceram a parada. Eles ficaram com um dinheiro que eu tinha, mas tinha que vir mais. Os três falaram assim: "Rapaz, esse cara não vai voltar, não, a gente vai ficar entrando nessa furada aí?". Eu respondi na lata: "Não vou o quê, rapaz, não sou moleque, não, sou cara homem, rapaz".

Aí, pararam a viatura na esquina lá, esperaram um pouquinho, porque eu tive que acordar o cara que guardava o dinheiro e também contar. Aí, voltei, nem mandei ninguém levar, eu mesmo fui até a viatura e entreguei um bolo na mão deles. Um deles falou assim: "Não falei que o cara ia voltar?".

Não pagar o acerto, às vezes, pode criar uma situação complicada, porque eles podem pegar o cara e oferecer pra outra "boca", dizendo que ele caguetou uma situação. Tipo assim: "Vou te vender um X-9, que é um fulano assim, assim, que deu aquela situação toda. Paga quanto?".

E às vezes o cara não deu nada, não, a polícia tá é com raiva daquele cara. De repente, a polícia prendeu aquele cara em uma situação e o cara falou que ia dar um dinheiro pra eles: "Não tem só isso aí, fica tranquilo que eu vou te dar depois o resto". Aí, em outro plantão, o polícia que está de serviço pede: "Rapaz, cadê o dinheiro?". Como ele não tem o dinheiro, vai contar uma história. Daí, a polícia vai sacanear esse filha da puta dizendo que é X-9. O policial que está com raiva dele porque ele não pagou vende ele para uma boca.

Nessa situação do Natal que eu falei, perdi dinheiro, não fui para hotel nenhum e acabei passando a noite ali.

[...]

A minha saída da delegacia da Baixada foi uma coisa que não deu para entender, até porque eu tinha dois mandados de prisão preventiva. Tinha um marinheiro preso que fazia o serviço do carcereiro, e aí um dia ele chegou lá e falou assim: "Você quer ir embora? Qual é o preso que não quer ir embora?".

Eu, sabendo da minha situação, estava, com mais uns caras lá da favela do Gogó da Ema, fazendo um buraco na delegacia para ter uma fuga em massa. Mas era difícil, porque tinha muito concreto para cavar. Nesse meio-tempo, esse marinheiro que fez a pergunta me explicou: "Chegou um alvará de soltura pra você que é uma vadiagem que foi desclassificada, porque você tem documento como motorista de táxi; então, não foi aceito o pedido de vadiagem. Têm dois mandados de prisão pra você, mas é o seguinte, esses dois mandados de prisão vão ficar engavetados, e você vai ter que trazer um dinheiro aí pelo advogado".

Eles confiavam em mim, mas, se eu quisesse dar uma volta neles, eu até tinha dado, né? Tinha alguém por trás desse cara. Apesar de meus documentos ficarem todos lá, pra um cara que está fugindo da Justiça isso não tem nenhuma importância. Então, eu fui embora. Quando cheguei na Rocinha, nesse mesmo dia, estava todo o pessoal em cima da laje fumando maconha e cheirando pó: o falecido Denis, o pessoal que era os "segundo" dele na época: o falecido Bolado e o Beto Fal. Logo depois, veio aquele moleque que era muito conhecido, o Brasileirinho da Rocinha, que morreu em Niterói. Saiu na televisão que ele foi dar um tiro de uma laje e caiu. Ele tava muito conhecido. Nessa época, ele era bem criança. Eu passei a noite com esses caras festejando a minha chegada. No dia seguinte, procurei o advogado, expliquei que ele tinha que ir lá levar um tanto pela minha liberdade e que tinha uma porcentagem que era pra ele. Na época, eu tinha dinheiro para pagar. O advogado fez um embrulho com o dinheiro e eu aproveitei pra fazer duas bolsas de compras pra mandar pros presos de lá. Eles ficaram com os meus documentos, não deixaram eu levar. Até o meu sapato ficou, tudo na garantia pra que eu voltasse ou mandasse o advogado lá. Sapato eu comprava outro, documento eu mandava tirar outro, mas não é bom ficar mal com a polícia em uma situação dessas, né? Amanhã, entra em cana de novo e não vai ter a confiança de ganhar a liberdade para pagar depois. O advogado foi levando o dinheiro e as duas bolsas de compras que eu tinha prometido. Então, eu tirei um cochilo enquanto o advogado foi lá.

OS RISCOS NA RUA E AS ACUSAÇÕES NA CADEIA

Os imprevistos estavam sempre na rua, onde a qualquer momento uma operação policial poderia resultar em prisão, ou até mesmo na cadeia, onde os resultados das negociações também não eram previsíveis: um jogo que dependia de muitos parceiros e adversários. A narrativa desses jogos parece ser interminável, uma encadeada na outra, como se Ailton tivesse passado o seu tempo de traficante negociando a sua liberdade, pagando caro por ela.

Depois, de tarde, eu conversei com a falecida Dulcineia: "Vou precisar de um dinheiro aí e vou lá na Caixa Econômica". Ela tinha aberto uma conta conjunta com o dinheiro da casa que ela vendeu. Ela falou: "Leva alguém com você, uma criança, pra você não ir sozinho". Eu quis ir sozinho. Entrei em cana dois dias depois de sair! Foi assim: quando eu saí da Caixa Econômica, tomei uns três chopes ali no Baixo Gávea e subi o morro, mas tinha uma *blitz* na subida. Depois que eu fui preso naquela *blitz*, vim a saber o porquê. Foi até uma policial que me explicou o que tinha acontecido. Ali, na praça do Jóquei, um cara tentou roubar a arma de uma policial, não conseguiu e fugiu. Aí, eles deram *blitz* na subida da favela da

Rocinha. Pararam carros e ônibus para tentar reconhecer o cara. Eu entrei na traseira do ônibus pra subir a ladeira. Todo mundo desceu. A mulher policial falou assim: "Não foi nenhum desses caras aí, não". Iam dispensar todo mundo, só que um PM novinho pegou meu braço e disse: "Menos você". Todo mundo foi embora, e eu fiquei ali naquela roda de PM. "O que está acontecendo, por que menos eu?" Aí, esse PM falou baixinho pra mim assim: "Eu te conheço, você é o Ailton Batata, e está procurado há muitos anos". E eu: "Está havendo um engano; pra começar, eu não tenho apelido e, outra, eu sou trabalhador, sou motorista de táxi, moro até de aluguel. Eu vim aqui na Caixa pegar um dinheiro pra pagar o meu aluguel". O PM: "Vai contar história pra outro, eu já sei que você está formando aí no morro com o Denis. Você está procurado, cara, eu já servi no 18º de Jacarepaguá, por isso que estou te falando que eu te conheço". Essa policial escutou aquilo e falou assim: "Se quiser fazer qualquer jogo com ele, por mim está tudo bem, eu não vi nada". Então, pela policial eu perdia um dinheiro ali e ia embora, mas esse PM novinho falou assim: "Não tem parada, não, rapaz, ela fala isso aqui, mas depois no batalhão ela pode me caguetar". Eu: "Ela nem sabia de quem se tratava, você que alertou".

Fui levado preso lá para a DP. Quando eu cheguei lá, os polícias, a Civil, né, fizeram uma festa: "Pô, é o Ailton Batata! Não vai pra carceragem, não, fica aqui. Está precisando de alguma coisa, quer comer o quê?". Eu: "Não, não quero comer nada, não". Eu estava puto, na minha garganta não descia nada. Os polícias: "Não, a gente paga aí, não esquenta com isso, não". Eu sei que eles foram na rua, compraram guaraná, sanduíches e falaram: "Senta aí, fica à vontade, come aí, porque aqui, com a gente, não tem massacre, não!". Então, já estou vendo que vou me dar bem, que vai ter um arrego e vai ficar tudo tranquilo. Mas aí chegaram vários oficiais do batalhão de Botafogo pra me reconhecer, e chegou também a imprensa. Os PMs disseram: "A Civil não vai te levar para Jacarepaguá, não, somos nós que vamos te levar". Então, eu percebi que eles desconfiaram que a Civil estava me tratando muito bem e que aquilo não ia dar certo. Daí, mandaram uma viatura me levar pra Jacarepaguá. Então, no meio do caminho, eu, puto da vida, sacaneei o PM, porque quando eles subiram ali a rua Marquês de São Vicente eu estava algemado para trás e falei: "Por favor, me algema pra frente, que eu quero fumar um cigarro". O PM: "Eu não posso te algemar pra frente porque recentemente um colega prendeu um cara no Aterro e ele conseguiu tirar a arma do policial e matou o cara. Então, a ordem agora é algemar pra trás, nem que eu coloque o cigarro na sua boca pra você fumar". E foi o que ele fez. Aí, me entregaram na outra DP. Eu pensava: "Agora eu vou pra cadeia".

Chegando na delegacia, vi que lá tinha uma geração nova de presos da Cidade de Deus, os caras todos dançando, rádio que não tinha mais tamanho, uma zona dentro da delegacia. Quando eu cheguei foi uma festa, porque, desde a guerra com o Zé Pequeno, o Manoel Galinha ainda estava vivo, eu não colocava o pé dentro daquela delegacia até então. Os polícias cismaram que eu tinha vários homicídios e um bando de inquéritos lá. Eles falando que era meu, e eu falando que não era, que eram os meus inimigos que telefonavam para a delegacia e me acusavam. Eles: "Vai assinar, vai assinar". Eu: "Não vou assinar nada!".

A SEDUÇÃO NA CADEIA

A transação com policiais costumeiramente era baseada na mentira, até mesmo para evitar a identificação da própria pessoa. Negar até o fim, de modo a não cumprir mandados de prisão já expedidos, ou ser preso por algum ilícito penal. Ser trabalhador era sempre a resposta dada para a atividade atual. Mas era também para se resguardar de propinas muito altas quando o preso era muito conhecido e supostamente cheio de dinheiro. Um dos maiores sorvedouros do dinheiro ganho pelos traficantes era, e talvez ainda seja, a propina paga a policiais, civis e militares, para continuar ganhando dinheiro no negócio e, claro, continuar pagando a propina, ou o que chamam arrego. Depois de preso na delegacia, tudo continuava sendo negociado: as visitas, os privilégios com comidas especiais, até mesmo a própria permanência em cadeias que eram consideradas melhores. Quando se descumpria o trato, o castigo era mandar o preso para a pior cadeia da cidade. Todos os meios possíveis eram empregados para sair dessa cadeia, mesmo com os carcereiros, dando a volta na lei.

Nessa delegacia, quando a Dulcineia ia lá me visitar, levava a Tainá, uma morena muito bonita e que era namorada do Manoel Galinha. Os polícias ficavam de boca aberta, cheios de graça quando viam aquela garota: "Nossa, Ailton, sua sobrinha?". Eu: "Minha afilhada, caramba!". Aí, me deixavam à vontade. Ia também bastante fruta, e eles comiam: "Posso pegar uma fruta?". E ficavam todos embasbacados por causa da Tainá. Eu falava com a Dulcineia: "Toda vez que você vier me visitar, traz a Tainá".

Daí, não tinha hora pra visita, e ainda tinha um quartinho lá, que eles me deixavam com a minha mulher, a Dulcineia, e tudo por causa da Tainá. Nessa brincadeira, enchi a delegacia de serra: "Eu vou fugir dessa porra!". Enquanto eles ficavam embasbacados pela garota, eu colocava muita serra para dentro, pra cortar as grades. Ela me dava as serras, eu já jogava em um canto lá; o faxineiro, que estava preso também, já jogava pra outro guardar, e assim a gente foi juntando serra. O grupo que estava comigo lá queria rua, fugir. Estão todos os conhecidos em uma cela só, entendeu, mas as pessoas que estão nas outras celas vão fugir juntas também. Então, não adianta aqui estar tudo serrado, se lá não está. Leva de três a quatro noites serrando, e tem que ter o momento certo para fazer aquilo. Às vezes, por um simples ruído, os polícias vêm, entram, olham, vão querer conferir, e vai estragar o trabalho todo. Então levamos quase uma semana, mas não deu certo. Quando era a noite de arrancar o último ferro para pular fora, um preso da Taquara viu aquilo. De manhã, ele foi chamado para conversar com o advogado e denunciou que eu e o pessoal serramos aquilo tudo. As grades estavam todas coladas com sabão e cinza de cigarro, né, que não aparece, não da pra ver nada. Aí, os caras do Corpo de Bombeiros, que era ao lado, foram lá e, quando deram umas porradas nas grades, caiu aquele monte de ferro. A delegacia estava toda serrada, porque depois que eu serrava a cela, passava as serras pros outros. Então, no dia que era pra gente fugir, a delegacia ia ficar vazia, porque estava tudo serrado!

O chefe da carceragem, quando viu, colocou a mão na cabeça. Ele estava me dando a maior boa vida ali e falou: "Seu filha da puta, você ia me pôr na rua, você ganhou a minha confiança e me enganou, você é mau pra caralho, você não passa mais nem uma noite aqui, você vai ser transferido!". Daí, me mandou juntar todas as minhas coisas pra ser transferido.

Alguns presos não gostaram, porque tinha uma cela lá que eu não mandei as serras, pois era a dos caras que só queriam saber de dançar funk com som alto e que reclamavam de mim: "Depois que esse cara chegou aí, está a maior dura nessa cadeia, os homens, toda hora, entram e saem na carceragem". E ainda teve um "pau" que sobrou pros caras lá, porque eu falei que não coloquei serra nenhuma pra dentro, e um outro falou que fui eu que coloquei. Quando me tiraram de lá, um cara no pau de arara estava falando assim: "Poxa, Ailton, entrega o resto das serras, porque eles estão me esculachando, estão queimando vela e pingando no meu cu! Entrega as serras!". Eu falei pra ele e depois pro polícia: "Se você tem serra, você entrega, porque eu não sei de serra nenhuma. Meu chefe, se você queimar mais um pouco o cu dele, ele vai dizer onde estão as serras".

Eu já fiquei puto que ele me caguetou, falou que as serras estavam na linha de meia de náilon no boi, que é aquele buraco de banheiro, né? Essa linha de meia de mulher transparente fica pendurada pra dentro do boi e não cai. Daí, eles recolheram todas essas serras, me jogaram dentro da viatura e me levaram para Ricardo de Albuquerque, que, na época, era um depósito subterrâneo de presos.

Aí, eu fui parar numa cela onde eu não conhecia ninguém. Os caras estavam todos fodidos, e deviam estar ali há muito tempo. Os caras estavam ainda na "era do xerife", ainda tinha xerife na cela. Isso já não existia mais, esse negócio de xerife da cela, o cara responsável pela cela. Os caras não tinham nenhum cigarro para fumar, todos fodidos, nem um sabonete para tomar um banho, e um cheiro muito ruim. Você jogava fora um cigarro e eles já brigavam por causa daquilo. Daí, eu pensei: "Pô, que tipo de bandido são esses caras?"

O xerife era um negão que não tinha mais tamanho e era o que mais vacilava ali. A gente tinha que comprar tudo lá, porque a visita era uma vez na semana, e sem contato com a visita. Se o cara precisava de sabão, pasta de dente ou alguma coisa para comer, ele tinha que escrever sete linhas. Aí, o carcereiro entregava pra visita que, na outra semana, ia trazer aquilo que estava escrito. Então, quem não tinha dinheiro se ferrava. Um dia de noite, eu vi esse negão subir em cima da grade pegando um copo em um lugarzinho cheio de teia de aranha, e ficou comendo. Daí, eu falei: "Ei, negão, o que você está comendo?" Ele: "É papinha de leite estragado e pão socado". Eu: "Porra, negão, você é muito vacilão, você com um corpo desse comendo papinha estragada, não aguento vocês, não, eu vou sair!".

Aí, chamei o chefe de carceragem e falei: "Vou perder um dinheirinho pro senhor, mas quero ir pra aquele cubículo lá da frente". Ele me respondeu: "Aqueles lá estão condenados, eles vão ser transferidos pra Água Santa! Mas quanto tem para perder?". Respondi que dava um dinheiro e depois voltava para dar mais.

Isso já tinha uns seis dias que eu estava ali. Mas eu estava ali ciente que ia ser transferido pra Polinter ou Água Santa pra pagar meus pecados, né? Aí, quando foi umas 22 horas, o chefe da carceragem foi lá e falou assim: "Sai aí com as suas coisas". Eu saí com as minhas coisas e fui lá pra porta da cela dos caras que iam ser transferidos pro presídio. Arriei as coisas, e o carcereiro: "Não, não, vem aqui pra fora pra eu te fazer uma surpresa. Você está com o dinheiro aí?". Respondi que estava. "Pô, então dá pra você pagar a nossa janta, né?". A dele e de mais três polícias! Eu disse: "Pra você me tirar de uma cela para a outra eu vou ter que pagar a janta pra todo mundo?". Ele: "Cara, você está indo embora!". E eu achando que dali eu ia pro presídio! Perguntei: "O que você falou, como assim, cara?". Ele: "Você está indo embora, chegou um alvará de soltura pra você, a sua prisão preventiva foi revogada!". Não acreditei, mas ele explicou: "O delegado foi em Nilópolis jantar, mas daqui a pouco está aí. Ele me mostrou o alvará!". Eu não acreditei na sorte. Aí, eu fui lá dentro e dei tudo o que eu tinha: cigarro, roupa, coberta, pros caras que não tinham nada. Foi uma festa.

Aí, quando o delegado chegou, confirmou que eu ia embora: "Porra, cara, você passou mais de dois anos com dois mandados de prisão preventiva! A Captura não saiu atrás de você nesses dois anos e pouco? Você estava fora do Estado?". Eu: "Não, senhor, eu sempre estive aqui no Rio". Ele ficou impressionado: "Não é possível, então você estava bem entocado". Eu menti: "Não, senhor, eu sou motorista de táxi e trabalho lá naquele ponto de táxi da praça XV". Ele também não levou fé: "Você está a fim de fazer hora com a minha cara, você é um cara procurado e vem com uma história dessa?". Mas eu continuei: "Se o senhor passar na praça XV, o senhor vai me ver no ponto de táxi". Mas era mentira, eu não parava porra nenhuma. Ele não gostou nada: "Pela lei, você está solto e cheio de crime de homicídio!".

Assinei o alvará, saí correndo e voltei para a Rocinha. Fiquei um bom tempo lá. Até que um dia, o Denis ia viajar para o México, pois ele queria atravessar pros Estados Unidos e fazer uns negócios lá; então, pediu até pra eu segurar a "onda" lá na Rocinha. Aí, eu falei: "Não vou me envolver com o tráfico daqui, não, minha parada é Cidade de Deus".

Ele primeiro foi para o México e depois para os Estados Unidos. Foi para vários lugares com os documentos falsos, entendeu? Tanto é que depois ele chamou mais um cara pra junto dele. Mas depois ele mandou matar esse cara, porque ele achou que o cara caguetou ele. Com essa viagem do Denis, os caras começaram a trair ele com um grupo que estava fugindo da Ilha Grande e que estava lá, se misturou tudo. O Denis viajou e deixou a boca com uns caras lá, dois irmãos, mas aí os dois irmãos passaram a ser dominados pelos caras que chegaram da Ilha Grande. Então, quando chegava uma pessoa na Rocinha que era amigo de consideração do Denis, o que os caras faziam de noite? Os caras matavam. Aí, chegava outro na favela: "Cadê o patrão, o Denis não está aí, não?". Os caras que estavam ali eram todos amigos do Denis, mas estavam todos traindo ele. Os caras queriam dar um golpe na boca, e quando os amigos do Denis chegavam, eles estavam matando. Aí, eu, já desconfiado com aquilo, fui embora para a Cidade de Deus.

O MELHOR É COMBINAR ANTES O QUE VÃO DIZER

Ailton conta como funcionavam os acordos que não seguem a teoria do dilema do prisioneiro, visto que sempre arrumavam um jeito de combinar o que iam dizer ao delegado quando eram presos. Nesta teoria, cada prisioneiro é interrogado separadamente e não sabe se o outro vai confessar ou acusar o comparsa. Um calcula que se disser que os dois são inocentes e o outro disser que foi ele, o segundo vai se dar bem e o primeiro vai se dar mal. Se um acusar o comparsa e este o acusar, os dois serão processados. Prisioneiro que não sabe o que o outro vai dizer acaba por denunciar para não ficar preso sozinho, inocentando quem pode acusá-lo. Daí dizerem os teóricos que é um problema insolúvel. No cotidiano da vida do crime que se organiza, tais dúvidas não são tão comuns, porque a experiência já ensinou que o melhor é combinar antes o que vão dizer, com a ajuda de advogados, se possível.

> Uma pessoa já experiente e que vem convivendo no crime há muito tempo, quando é presa com um comparsa, antes de chegar na delegacia, já combina o que vai ser falado. Quando nós chegávamos na delegacia e colocavam todos juntos em uma sala antes de levar pro depoimento, ali mesmo já combinávamos o que íamos falar. Agora, se um foi preso em casa e o outro foi preso não sei onde, enquanto não se encontrarem, todo mundo nega tudo: "Não é assim, não foi assim, não sei, não é verdade". Porque a polícia usa até de maldade: "Oh, teu parceiro já te caguetou, já deu o depoimento dele aí, já falou isso e aquilo". O cara não falou nada, e a gente tá sabendo, né. Às vezes, se o cara não tiver uma maldade, ele vai cair no papo da polícia: "Ah é, ele falou isso? Mas ele também fez assim, assim e assado!". Daí, já complica tudo, e os dois se ferram. Dependendo da mente da pessoa, às vezes o cara se enrola e fala, mas o certo é se negar tudo: "Não, isso não é verdade não, é ruim ele falar isso..., eu não participei de nada do que ele falou aí!". Tem que levar os polícias a pensar que eles falaram a mesma coisa, a coisa que um falou, o outro também falou! Tem que negar se não deu para combinar antes. Um calcula que se disser que os dois são inocentes e o outro disser que foi ele, o outro vai se dar bem e ele vai se dar mal. Se um acusar o comparsa e este o acusar, os dois vão ser processados. Preso que não sabe o que o outro vai dizer acaba denunciando pra não ficar preso sozinho. Quando dois comparsas

são presos, o melhor é combinar antes o que vão dizer, se der, com a ajuda do advogado.

FULANO MORREU E NÃO SE SABE QUEM MATOU

Ailton conta também como funcionava a rede de acusações para justificar assassinatos dentro da favela ou dentro da prisão. Há também combinação quase que automática e naturalizada na justificativa tão repetida a cada assassinato, que está longe de ser verdadeira — não se sabe quem matou! Para entender o que se passa na delegacia ou na favela, é preciso conhecer a estrutura de poder e as relações entre os prisioneiros, as facções, os carcereiros, os advogados e os diretores de prisão.

> "Entregar" aos polícias informações que vão comprometer outras pessoas envolvidas com o crime, que na nossa linguagem se fala "caguetar", pra levar alguma vantagem, é complicado. Essa tal de "delação premiada", que é "caguetar para puxar menos cadeia", na bandidagem é diferente. Tem uma diferença muito grande em um bandido "graúdo" e um bandido do tráfico, as situações são muito diferentes. Caguete, X-9, acaba morrendo porque, no meio da bandidagem, do tráfico, o cara vai pra onde? Vai pra Bangu 2, Bangu 3, conviver onde está todo mundo que ele caguetou? Como é que vai ficar a situação dele? Pra onde ele for, vai encontrar alguém que vai lembrar dele. O Rio de Janeiro é pequeno, né?
> Um exemplo: aqueles dois banqueiros de bicho que foram presos, quando a polícia prendeu, colocou o primeiro em Bangu, e o outro, levou pro Paraná, separou os dois, deu uma proteção. No meio da bandidagem comum, não tem esse negócio de proteção, não, de que a polícia vai separar fulano, que o agente penitenciário vai proteger ele. Acabam indo parar no mesmo lugar. Daqui a pouco eles estão se encontrando em uma cadeia ou outra, e aí vai correr um risco muito grande de perder a vida.
> Não dá certo essa delação premiada com a bandidagem. Só mesmo para facilitar a vida dos graúdos. Porque o cara que é funcionário público, que deu

um rombo no cofre e foi delatado, ele não vai querer acabar se arruinando, matando ou mandando matar quem delatou ele. Ele vai é gastar dinheiro com recurso para colocar o pé aqui do lado de fora o mais rápido possível. Ele vai gastar é muito dinheiro para tentar sair e não acabar de se afundar. Ele foi delatado, aí vai encontrar quem delatou, não vai querer tirar a vida daquela pessoa, nem vai querer pagar ninguém para tirar. Se ele paga uma pessoa para tirar a vida de quem delatou, e se o cara vai preso, cagueta que foi ele que mandou. A vida dele vai se arruinar cada vez mais.

No meio de bandido comum do tráfico, isso não acontece. O cara não quer matar, mas tem quem mate pra ele! Nas cadeias, tem muita gente que não tem esperança de ganhar liberdade, que está com muita condenação, não tem família, não tem ninguém; então, depende do chefão para ganhar alguma coisa. É o robô que mata o fulano! O cara manda matar o fulano, e quem vai para a delegacia assinar? Beltrano, robô, e não quem mandou matar! Quando tem um monte de matança nas cadeias, quem mandou matar? Ninguém sabe. Aí, aparece o cara no jornal, foi na delegacia e está todo sujo de sangue. Foi ele quem matou? Não, não foi! O cara que vai à delegacia para assinar um crime é robô de cadeia, ele pode também matar e assinar, fazer as duas coisas. Quem morreu não tem como se defender. Aí, o argumento é sempre assim: "Porra, o fulano estava dando uma de X-9, estava caguetando pra polícia, telefonando pros homens, por isso que a polícia estava aí invadindo toda hora e dando esses prejuízos todos".

O cara já morreu, quem vai dizer se foi ou não isso mesmo? Não tem como o cara se defender. E muitas das vezes também eles falam: "Ah, o cara cantou a mulher do homem!". Cantou nada. Às vezes, o cara alucinado lá, por causa de pouca coisa, tira a vida do outro. Hoje em dia está acontecendo muito isso nas favelas, a pessoa pergunta: "E fulano?". "Fulano morreu e não se sabe quem matou".

Às vezes, a pessoa sabe que aquele cara é um cara bom, que todo mundo gostava, que muitos conheceram ele na cadeia ou nas favelas por aí. Tem gente que nem acredita que o cara morreu. Então, o cara que não é do ramo, que não está acostumado com aquilo, se mete com certas pessoas porque está desesperado, precisando de dinheiro. Eu conheci muitos na cadeia. O cara trabalhava em uma firma durante tantos anos, e sempre viveu do trabalho; aí, de repente, se envolveu com um ou dois, fez um assalto, um sequestro, e vai preso. Então, é o tipo de pessoa que nunca foi preso, nunca assaltou, nunca sequestrou... Ele não está acostumado com aquilo ali. Então, quando bate em uma delegacia e começa a ganhar umas pauladas, uns pescoções, ele cagueta até a mãe dele se for preciso! Ele vai entregar mesmo, vai buscar os parceiros todos. Isso acontece, acontece muito. Aí, fica meio complicado, muito complicado... Ele vai ter que ficar isolado, não vai para o mesmo lugar onde estão aquelas pessoas que ele entregou. Às vezes, o camarada que faz um negócio desses acaba até, às vezes, levando um outro para a cadeia por causa de uma situação que nem foi identificada, mas que vai ser identificada por causa dele".

Julgando e quebrando os intermediários

A figura mais odiada no mundo do crime é o traidor ("traíra") ou alcaguete ("caguete"), o que fala na delegacia, o que sabe sobre os comparsas, o que denuncia o que acontece na boca para a polícia ou para os inimigos da outra quadrilha. Ailton explica a submissão à pressão de policiais como falta de experiência ou pouca convivência no mundo do crime. Novatos, indecisos, homens sem "disposição", também denominados "vacilões", são os que têm o menor conceito ou respeito entre os bandidos. Os que não cumprem o trato, os que não pagam o que ficou com eles para vender ou usar, são igualmente desprezados. São valores morais derivados da lealdade, mas são os valores de qualquer forma de organização criminosa, como a Máfia, que apontam para a socialização ocorrida dentro dela durante certo tempo. Suas vidas deixam de valer, e esses homens são os que mais morrem nesse mundo.

Eu tinha uma amizade com um PM que tinha um parentesco com um deputado federal que tinha morrido e deixado uma cocaína enterrada. Acho que ele era genro dele, se eu não me engano. Aí, ele me pediu ajuda pra se desfazer de uma mercadoria, cocaína. Ele me pediu socorro, porque o conhecimento dele era nenhum. A polícia não tinha conseguido apreender, eles prenderam o cara, e parece que a Polícia Federal matou ele. Mataram, mas não conseguiram apreender a mercadoria, daí eu fiquei distribuindo. Aí, eu cheguei a uns motoristas de táxi. Alguns apanharam alguma coisa e um, o nome dele era Salviano, me apresentou a um cara que queria a cocaína, mas sem dinheiro pra pagar. Ficou com a mercadoria, mas não pagava, e eu tive que voltar várias vezes aqui no Centro pra cobrar, e o cara só contava história, contava história... Aí, eu decidi que não ia nem receber mais, o negócio ia ser pegar logo esse cara. Mas esse motorista de táxi, o Salviano, era ligado a um grupo de extermínio e também gostava de matar. Ele botou a maior força pra pegar o cara: "Quebra logo, leva ele pro viaduto!".

Então, eu concordei em levar, mas só que eles, esses motoristas, também faziam um paradeiro num clube em Maria da Graça, onde tinha um futebol de salão que ele jogava, tinha também um pagode, e o pessoal de lá cheirava muito. Tinha nego que vendia lá, outros levavam. Numa dessas que eu estava sentado lá, chegou um grupo de extermínio, que era comandado por um ex--PM. Esse camarada, o Salviano, pegou com um dos caras desse grupo um revólver e me deu, para pegar o devedor da cocaína. Depois, eu vim saber que aquele revólver ali estava fazendo parte de uma tramoia pra me matar, pois ele estava escangalhado, não estava nem atirando. Tudo uma armação desse cara com os caras do grupo de extermínio pra me pegar, até porque eu estava procurado. O Salviano pegou o revólver e falou: "Oh, se precisar de mais revólver, um amigo já deixou um aí".

Os caras do extermínio saíram, mas em seguida vieram os policiais, cercaram o clube, me pegaram, e fui levado pra delegacia. Vários carros do grupo de extermínio foram seguindo a viatura, mas na delegacia eles não podiam chegar, porque eles não eram polícia, eles eram grupo de extermínio. Eles estavam seguindo só pra saber quanto eles iam levar depois na extorsão que eu ia sofrer, mas aí o que acontece? O delegado, que era um delegado muito famoso da época, perguntou a um policial se eu era o Ailton Batata. O polícia falou: "Não, mas vamos conversar com esse cara aí, que ele vai dedurar onde o Ailton Batata está".

O delegado foi embora sem saber que era eu que estava ali. Daí, eles me esconderam, compraram lanche, me deram toalha, sabonete, tomei banho e, por fim, eles perguntaram se eu queria mais alguma coisa. Eu falei que queria um chope, então, eles me levaram pra um bar ali perto e, cercado de polícia, tomei chope mesmo, tomei numa base de uma meia dúzia de chopes, e voltamos pra delegacia. Foi onde surgiu uma advogada, que eu acho que nem advogada era. Era uma mulher que fazia parte da quadrilha, que ia se passar por advogada, porque se desse alguma coisa errada, quem segurava era ela. Então, ela que passou a negociar. A mulher chegou até gritando meu nome: "Oi, Ailton Batata, como é que vai? Tudo bem? Como é que tá a família? Sou a doutora fulana."

Eu não conhecia ela, e fiquei meio abismado, mas matei logo a charada. Ela estava ali a mando deles mesmos, fazia parte da quadrilha. A quantidade de dinheiro que eles me pediram eu não tinha e nem sabia como conseguir. Não tinha e não podia dizer que não tinha, pois, de repente, eu poderia sumir, e eles iam falar pro delegado que não era eu que estava ali. Eu calculo que, no dinheiro de hoje, seria uma base de uns 100 mil. Se eu falo que não tenho, ia ficar ruim. A advogada se prontificou, dizendo que entregou um cheque dela pra eles, e eu teria que pagar a ela no dia seguinte, lá no calçadão de Nova Iguaçu. A minha intenção não era de deixar de levar o dinheiro, eu ia levar o dinheiro, só não ia levar a quantia que eles me pediram, não tinha como. Inclusive eles pediram pra eu fazer contato com vários traficantes pra inteirar, mas não tinha como, aquilo ia ser uma dívida muito grande... Aí, eu pensei: "Não vou fazer dívida com ninguém, não, não vou levar o que eles querem, mas vou chegar lá com dinheiro".

Então, eu, em Nova Iguaçu, no meio do vaivém de pessoas, vi os caras que estiveram no clube e que tinham seguido a viatura, que era o pessoal do grupo de extermínio. À distância, eu vi e não cheguei lá, porque, se eu chego lá, eu ia perder o dinheiro e a minha vida, porque eles iam me apanhar e sumir comigo, porque o pessoal da delegacia não combinou nada que eles também iam receber dinheiro. O trato era com a mulher, nem o pessoal da delegacia tratou comigo que ia pegar o dinheiro; eles botaram a advogada pra ir lá pegar o dinheiro comigo. Então, à distância, eu não estou vendo ela. Quando tem esses encontros assim, que eles marcam comigo, eu procuro sempre chegar antes da hora, que é pra ver quem está chegando. Então, cheguei muito antes do horário que a advogada marcou comigo, porque a minha intenção era o quê? À distância, eu poder ver ela chegar, pra ver se ela ia vir sozinha, se ia vir acompanhada, e quem chegou foi esse pessoal aí do extermínio. Eu fui embora e não dei nada, mas dois ou três dias depois, eles, os da polícia, foram na Cidade de Deus e quebraram um bocado de moleque na pancada, que era pra eles darem conta de mim e avisar que iam esperar receber o dinheiro... Daí, eu liguei pra um conhecido meu, que me avisou que eles estavam prendendo o pessoal na rua, pisando na cabeça, no peito, metendo o pau pra darem conta de mim. Ele ainda me perguntou: "O que que tu arrumou, que a polícia tá toda aí desesperada atrás de tu?". Eu expliquei: "São esses caras da delegacia! Mas deve tá misturado com o pessoal do extermínio, porque todos eles fazem parte da mesma pilantragem".

Então, dei um sumiço. Mas aí foi onde cismei. Chamei um amigo meu e falei: "Pô, esse cara aí é o que está me dedurando!". Era o cara que estava fazendo negócio comigo que estava me dando pra eles, esse tal de Salviano. Aí foi onde, passando de carro com esse meu amigo e o Salviano, na avenida Brasil, ele, Salviano, queria ir, me levar pra Maria da Graça, pro clube, que eu falei: "Não, Maria da Graça, não, se tu quer cheirar pó, vamos entrar na favela aqui no Caju, que tu cheira um pó ali". Ele: "Não, não, então deixa".

Depois, quando volto aqui na rua Equador, meu amigo parou o carro mais na frente. Eu saí e fiquei, mais atrás, conversando com esse cara, esse que apareceu na mala do carro lá, o Salviano; aí ele falou pra mim: "Olha, o cara está ali", que era o cara que me devia o dinheiro da cocaína, "a hora é essa de levar ele pro viaduto". Eu respondi: "Tudo bem."

Fui atrás de uma árvore mijar, numa daquelas árvores grossonas que tem ali na rua Equador. Numa que eu estou atrás da árvore mijando, eu estou encoberto, as pessoas e os carros que passam na rua não dão pra me ver. Aí, eu estiquei o pescoço assim e vi o carro do pessoal do grupo de extermínio com esse cara, o Salviano. Ele que estava me aguardando pra levar o outro, o que eu ia pegar, que era o que estava devendo a cocaína, pro viaduto, conversando na janela do carro e fazendo sinais pra eles irem pro viaduto. Tava mandando o grupo de extermínio ir pro viaduto. O Salviano estava tramando tudo, ele que era "assim" com o grupo de extermínio, ajudava os caras a matar também, e matou o próprio cunhado. Ele era o cara que eu levava pras bocas, ele e outro taxista. Quando eles chegavam na Cidade de Deus, eu não deixava eles pagarem nada, eu deixava eles no reservado, e já dava um saco de pó pra eles ficarem jogando sinuca, bebendo cerveja sem precisar ir na boca. Não pagavam nada, e eu ainda chamava umas duas mulheres e deixava à vontade lá com eles. Chamava um garoto e falava: "Se esses caras aí quiserem comprar mais pó, compra pra eles pra eles não terem que ir na boca pra não tá correndo da polícia".

Eu dava a maior boa vida pra eles. Na outra boca, em Costa Barros, também quando eu dava festa lá, só dava ele, e, no entanto, ele estava me vendendo pro grupo de extermínio. Por isso, nessa situação aí, ele queria que eu fosse com o cara da cocaína pro viaduto. O grupo de extermínio já esperando, eu quebraria o cara e, em seguida, eles me pegariam também. Mas como eu, de trás da árvore, vi, falei pra ele: "Não, não vou hoje, não!". Ele: "Vamos, vamos!". Eu: "O cara deve a você ou a mim? Ele deve a mim! Eu vou pegar o dia que eu quiser, não quero pegar hoje!".

E fui embora. Aí, dois dias depois, esse Salviano apareceu na mala do carro dele lá em Deodoro. Aí, os outros taxistas amigos dele, que já estavam meio cabreiros comigo, quando viram o corpo dele lá, já começaram a correr, com medo de serem as próximas vítimas, achando que tinha sido eu... Eles até foram na delegacia e registraram queixa contra mim, inclusive fui condenado, injustamente, peguei 19 anos nesse crime. Aí, esse outro cara, que vinha a ser amigo deles e que me devia o dinheiro, com medo também, que é que ele fez? Chamou a polícia, achando que eu ia lá receber o dinheiro que eu tinha pra receber. No caso, eu não fui, mandei um outro cara ir, mas aí a polícia toda estava lá gravando telefonema, tava tudo grampeado. Eu até conversei com o cara que eu mandei buscar o dinheiro e perguntei: "Tá tudo bem aí?".

O cara falou que tava tudo bem, mas não estava nada, ele estava rendido e falando pra mim que estava tudo bem. Então, eu marquei com ele lá em

São Mateus e falei: "Oh, pega esse dinheiro aí que eu estou te esperando aqui em São Mateus, em frente ao posto médico".

Como era cedo quando eu dei esse telefonema, eu fui em casa e falei com a Dayse que eu ia sair pra receber um dinheiro. Ela falou: "Leva a gente, está muito calor, eu só fico presa dentro de casa, vamos tomar um chope".

Saímos eu, ela e o Aramis, que era de colo na época, acho que com um ano e seis meses. Aí, paramos no centro da Pavuna antes de ir pra lá, tomamos uns dois chopes, comemos um frango e fomos na direção desse posto médico, mas eu não fui diretamente pro posto, fiquei à distância, numa distância bem grande. Pedi um guaraná, e ficamos em um barzinho tomando guaraná: Eu, a Dayse e o Aramis, no colo. À distância, o carro desse cara que foi buscar o dinheiro, que era um táxi, chegou. Ela quase apontou pro carro: "Olha lá o Beto!". Eu falei: "Não aponta, não, quero ver se ele está sendo seguido".

Mal falei isso, virou da rua de onde o táxi veio uma viatura da Civil preta e branca, que parou lá. Eu comentei com ela: "Tá vendo, ele foi seguido, e deve estar enquadrado pela polícia. Sorte que nós não ficamos lá onde eu marquei com ele. Daqui a gente vai embora".

Daí, quando eu paguei o guaraná, pararam com uma freada brusca um Passat e um bugre, que eram da polícia civil, da especializada. Me renderam, me algemaram, apanharam um saco de balas que estava na bolsa, uma arma, e me falaram que eu fui preso por acaso. Eles estavam indo lá pro lugar marcado com o Beto, o posto médico, mas deram minhas características pra eles, a rua estava deserta, não tinha ninguém andando na rua, só tinha eu ali, e com as características que eles tinham recebido... Eles frearam e falaram: "É ele!".

Me levaram então pra delegacia da Penha, e quando cheguei na delegacia, a imprensa toda estava lá e filmou tudo...

Eu fui pra cadeia dali mesmo, e quase ainda fui embora dali, mas a imprensa chegou e tiraram fotos... A Dayse estava comigo e a criança, daí eu pedi pro delegado pra não deixar fotografar eles. Botaram a gente mais pra dentro, e eles de longe tentaram ainda. Eu liguei pro advogado ir buscar eles. Ele, quando chegou lá na Penha, já era de noite, pegou a Dayse e o Aramis e levou eles embora. A imprensa foi embora, o pessoal que me prendeu, da delegacia especializada, foi embora também, mas o policial responsável não me colocou na carceragem, não, me colocou em uma sala lá e começou a conversar. Perguntou se eu queria tomar um banho, me emprestou uma toalha e falou: "Senta por aqui mesmo pra gente bater um papo".

A delegacia já estava deserta, só tinha ele mesmo quando começamos a falar em um acerto pra eu ganhar uma fuga. Ele já me botou em uma sala lá que eu vi que tinha uma janela que dava pra quebrar e ir embora. Daí, ele falou assim: "Pô, os caras são todos otários, não sabem ganhar dinheiro... o que tá mandando é o dinheiro. Vamos sentar aqui pra gente conversar". Aí, eu fiquei alegre e pensei: "Pô, eu vou embora!".

Era só telefonar e o dinheiro vinha, mas não deu tempo, pois, logo quando ele falou isso comigo, não demorou nada e uns 10 policiais começaram a sacudir a porta da delegacia, que tinha uma grade com uns cadeados grandões batendo. Era o pessoal da especializada que tinha me entregado e tinha ido embora pro Centro. Eles voltaram, parece que eles fizeram contato, eles comentaram lá, com o chefe de polícia da época, e o cara mandou eles voltarem lá e me pegarem: "Não deixem ele lá, não!". E não era pra extorquir, não, era com medo de eu ganhar uma fuga lá, pagar para o polícia responsável pra fugir.

8
Uma conversa sobre a vida na prisão

Alba Zaluar: Ailton, queria que você falasse mais sobre a vida na prisão. Pelo que você conta, é possível ter uma série de liberdades dentro da prisão, visita íntima oficial ou não, celular etc.

Ailton Batata: Pode ter tudo isso e mais revólver, pistola, droga... Mas depende também do sistema do lugar para onde eu for. Tem uma diferença de presídio pra penitenciária. O presídio é antes de o cara ser distribuído para uma penitenciária, porque é pela pena que ele foi condenado. No presídio, o cara já não tem tanta regalia porque é cela coletiva, cela com 30 homens ou cela com 40 homens, e fica trancado direto. Tem cela até para 45 homens. São essas casas de custódia[57] hoje, porque o presídio da Frei Caneca acabou, era o Hélio Gomes. Ali, não tem tanta liberdade, é um estresse total, é onde surgem muitas brigas em que um dá facada no outro. O cara fica muito tempo trancafiado e tem uns, já meio neuróticos, que não aceitam certas coisas. O cara só sai pro banho de sol uma vez por semana, e tem vezes que o cara nem sai pra ir tomar um sol. Para o presídio vai todo mundo, todos vão pro presídio, mas

---

57. Casa de custódia é o estabelecimento penal que recolhe os criminosos semi-imputáveis (psicopatas, débeis mentais), ou que praticaram crimes em estado de embriaguez habitual, para reeducá-los, integrando-os na vida social, mediante tratamento clínico. Quem está na casa de custódia ainda não está condenado, está respondendo a processo, e fica sob a responsabilidade do Estado para não fugir e não infringir a lei novamente.

ali tem o cara que vai cumprir oito, 10 anos de cadeia, e o cara que está condenado a mais de 20 anos. Esse tem direito de ir pra penitenciária. O cara vai ficar muitos anos preso, então, tem direito de viver sozinho. Se ele quiser, passa o dia todo sem olhar para a cara de ninguém. Então, na penitenciária, tem menos briga e confusão do que no presídio. O preso cumpre a pena como se ele tivesse dentro de uma quitinete, e a chave é ele que tem. Eu mesmo, quando estava na penitenciária, por vezes as pessoas me procuravam e eu não queria falar com ninguém. Eu abria a cortina, que lá se chama de vigia, e colocava o cadeado por fora. Eu não queria conversar com ninguém naquele dia. As pessoas vinham me procurar, olhavam na porta o cadeado do lado de fora, pensavam que eu estava andando pela cadeia! Um dia eu cismava: "Hoje vou dormir o dia todo!". Só há dois horários que tem que abrir a porta, que é para os guardas, os "confere". Ele abre o portão da galeria, então, quem está dentro do cubículo escuta o barulho. Aí, abre a porta, e todo mundo tem que sair e ficar em pé na porta: o guarda vem contando... É um "confere" de manhã e outro à noite. Fora isso, se o cara quiser, ele se tranca o dia todo, porque ali ele faz a comida dele e ele tem tudo ali dentro.

Luiz Alberto: Como se vive aí, pode se fazer a comida, tem gás, geladeira?

A.B.: Pode fazer comida com bujãozinho de gás que a gente compra na cantina. Muitos dos fogões são de resistência. Tem penitenciária que proíbe o de resistência e libera o bujãozinho. Na penitenciária de Niterói mesmo, liberava o bujãozinho. Ali, a gente faz a comida, tem panela, tempero, tem tudo... A cantina vende tudo, então, não precisa comer aquela comida "sem-vergonha" que eles dão. Lá tem caixa de isopor, que a gente chama de *freezer*, e põe tudo dentro: carne, frango, o que tiver. O gelo pro *freezer* também vendia na cantina. Não pode ter geladeira, não. Agora, quando tinha uma "geral", eles vinham arrancando esses fogões de resistência e quebrando — tinha muita gambiarra, gato, né?

L.A.: Como funciona o sistema de parlatório? É diferente no presídio e na penitenciária?

A.B.: O parlatório, em presídio, funciona assim: quando a visita do cara chega, aí ele sai da cela coletiva com cobertor, travesseiro e um lençol, tudo embaixo do braço. A visita dele aguarda lá na frente. Então, tem uns três quartinhos, o guarda indica um pra eles, e diz que tem tantas horas para ficar ali. Não sei se é uma ou uma hora e meia. Depois, quando ele sai, entra outro casal, entendeu?

L.A.: Ele não pode transar na cela dele mesmo?

A.B.: Não, porque no presídio é cela coletiva, mas quando o cara está no que é hoje essas casas de custódia, ele não tem direito à visita íntima com a mulher dele. Então, eles se juntam em um dos banheiros para transar, que na linguagem dos presos é o "pega ratão", aquela transa escondida, "na encolha". Mas, quando um agente penitenciário descobre, ele vai pro castigo, fica 30 dias no isolamento, e recolhem a carteira de visita da mulher. Agora, dependendo do plantão, de quem está de serviço naquele dia..., dava um dinheiro lá e "ninguém viu nada". O preso mesmo organiza uma fila: "Quem vai agora?" Entrava um casal; quando saía, entrava outro. Mas era feita a colheita da grana antes, e dava na mão dele, do guarda. No parlatório da penitenciária já é diferente. É um espaço só meu, onde eu posso receber a visita de nove horas da manhã até às cinco horas da tarde. A gente come, dorme, toma banho, tem chuveiro com água quente e caixa d'água. Mas isso a gente tem que montar, tudo compra! Você compra caixa d'água, chuveiro, compra cama, compra colchão, compra tudo. Vende de tudo na cantina!

A.Z.: A cantina é de quem?

A.B.: Ninguém sabe quem é o dono. Tem o responsável, mas o dono ninguém sabe quem é. Lá, a gente manda consertar a janela, coloca vidro, manda pintar tudo... Eu vou cumprir a minha pena ali, mas eu já gastei um dinheirão. Eu compro o cubículo também! Quando você chega, por exemplo, foi transferido da Água Santa, e o guarda te coloca pra dentro. Você chega com a sua mochila nas costas; então, ele diz: "Você vai para a galeria tal, cubículo tal". Você sobe as escadarias e chega ao lugar. Sabe o que é aquilo ali? É uma lixeira quebrada! O guarda só conhece o local no papel. No papel, ele sabe que está vazio, tem o três, o cinco e o sete. Então, o cara chega na penitenciária e ouve: "O seu cubículo é tal". Aí, você vai subindo com a sua mochila, e quando chega no lugar, não tem porta, não tem parede, está tudo quebrado! Como é que vai cumprir a pena ali? Então, tem um cara lá que não tem visita ou é um viciado que vai me dizer: "Fulano tá querendo vender o cubículo dele, vamos lá ver". Lá, tudo é vendido: as paredes, o espaço, tudo. Muitas vezes, o cubículo está até desativado, então o pessoal começa a jogar sacos de lixo ali e vira uma lixeira. Aí, fica "assim" de rato a noite toda, tudo destruído. Na penitenciária tem rato e coruja, e a gente fica olhando as corujas pegando os ratos. Aí, o que acontece? Vou ter que arrumar o cubículo. Dou R$ 30 ali e já contrato um pedreiro.

L.A.: Mas o pedreiro é preso também? É a cantina que vende cimento, tijolo, areia e essas outras coisas?

A.B.: O pedreiro é preso. Ele vai lá, dá um arremate e acaba de colocar a parede que está faltando. O cimento, o tijolo e a areia não são da cantina, não, isso vem das obras que são feitas dentro da cadeia.

A.Z.: Mas vocês pagam?

A.B.: Tudo é pago ali. Tem o cara que trabalha na seção de zeladoria, e tem o guarda. A gente já chama o cara que trabalha na seção de zeladoria pra ele chegar até o guarda. Aí, a gente compra o saco de cimento, a areia e tudo. Reforma aquilo e pinta todinho. Mas, neste cubículo, ele ainda não pode receber ninguém. Depois, ele vai ser transferido para um cubículo de parlatório. Quando a gente vai pra esse pavilhão que tem parlatório, vai ter que comprar, de novo, cubículo e fazer outra reforma. Aquele que eu usei, já deixei pra trás. Aquele é só para eu conviver ali até fazer o processo do parlatório. Porque o parlatório só tem um pavilhão de três andares, que é parlatório legalizado, os outros pavilhões não são. Depois é que o cara vai fazer aquele processo todo para o parlatório. A mulher vai passar por uma aula em que eles falam sobre doença sexual. Depois de uns dois meses é que a assistente social vai dizer se foi ou não aprovado.

L.A.: A sua mulher, antes da visita íntima, vai passar por um processo para saber se ela pode transar com você?

A.B.. Para ter o direito de ir ao parlatório, tanto ela como eu passamos pelo Serviço Social, pelo médico e pela psicóloga. Se for aprovado, recebe uma carteirinha que dá o direito dela entrar às nove da manhã, porque o horário normal da visita é das 13 horas às 17 horas. Quando a visita normal começa a entrar, a visita de parlatório já está lá dentro há muito tempo. Isso é só em penitenciária, no presídio não tem nada dessa mordomia.

L.A.: Nesse vaivém dos presos com as mulheres para o parlatório há algum desrespeito?

A.B.: A cadeia já é um lugar imprensado, então, tem sempre alguém transitando, subindo e descendo. Mas se o cara não tem intimidade com o outro, não conhece a mulher do outro, não pode nem cumprimentar e, quando passa pela mulher do cara, baixa a cabeça ou olha para o outro lado. Também em muitos lugares o pavilhão é só de parlatório, então, um cara que não tem visita, o que vai fazer lá? Ele não pode ficar transitando ali, porque pode surgir um problema depois que a visita for embora. Alguém vai chamar e falar: "Vem cá, tu mora aonde, no horário do parlatório tu transitando lá..., tu tá querendo dar uma de Alain Delon?". Em dia de parlatório, de visita, o cara não pode nem andar de óculos escuros! O "bagulho" vai ficar doido pro lado dele, com certeza ele vai ter problema depois da visita. Na cadeia é assim: se não respeitar as regras, o "bicho" vai pegar pra ele.

L.A.: Mas na questão do cubículo, quando você troca um cubículo por outro, o do parlatório, você vende aquele também?

A.B.: Não, eu não vendia, e muitos outros também não vendiam. Tem uma molecada lá no desespero que vende pra outros que estão chegando na cadeia, vindos de outro lugar. No meu caso, do Escadinha e outros lá, a gente largava aquilo pra trás. Escolhia um daqueles moleques e dava. Eram os caras que estavam sempre fazendo mandado pra gente: "Vai comprar gelo, vai comprar isso…" Não é o faxina, não, é aquele cara prestativo que faz favor, e em troca a gente ajuda.

A.Z.: É o que chamam de fiel? O que é o fiel?

A.B.: Fiel é aquele cara que dá a vida por aquele cara ali, mas eu não acredito nisso, não. O cara que é o chefe sempre morre na mão do segundo dele!

A.Z.: Você não acredita que tem gente fiel?

A.B.: Não, bandido não tem amigo.

A.Z.: E esses caras que são abusados sexualmente? Em um filme que eu vi sobre prisão tinha muito isso, o cara que lavava roupa, cozinhava…

A.B.: Não, não é assim, não. Por exemplo: num dia de sábado, eu chamava um cara lá e dizia: "Eu vou receber a minha visita amanhã, dá uma faxina aí!". Então, o cara ia lá, colocava tudo pra fora, dava uma faxina geral, limpava tudo pra eu receber a minha visita. Ele recebia um dinheiro por aquilo ali. No meio da semana, eu juntava a roupa todinha pra ele lavar.

A.Z.: Mas esse cara é considerado uma bicha, um homossexual?

A.B.: Não! Olha só: tem o cara que é bicha, mas lá dentro tem outro linguajar, não chama de homossexual, nem de bicha, chama de "garoto". Essa palavra lá dentro — "garoto" — é "viado", entendeu? Garoto é o cara que não pode beber no copo do outro, não pode dar um trago no cigarro do outro, porque ele é "viado". Mas não se usa essa palavra, se usa "garoto", entendeu? Então, tem uns caras neuróticos que gostam de "garoto", que é o cara que não anda com roupa de mulher, e quem olha assim pra ele, ele é um homem, mas não é, é uma bicha. Tem "viados" que fazem faxina, lavam roupa e cozinham, e tem uns caras prestativos que prestam serviços e também fazem faxina. Às vezes a visita tá vindo lá de baixo cheia de bolsas, ele já corre lá pra ela não carregar peso e leva até o meu cubículo. Vai na cantina correndo, compra gelo e refrigerante. Claro que é em troca de alguma vantagem. Às vezes é aquele cara que tá condenado a 20 anos de cadeia, mas não tem ninguém por ele, não tem nenhuma visita. E o sistema não dá um sabonete pro cara tomar banho, não dá uma toalha, uma escova de dente. Então, ele faz esse serviço para poder ganhar isso. Tem muitos que recebem por semana, e muitos que trabalham a semana toda. Às vezes, a gente acorda de manhã e manda comprar pão na cantina. Tem o pão da cadeia também, mas o pão que eles fazem lá é horrível. Então, a gente compra o pão daqui de fora, que a cantina leva. A cantina vende pão, manteiga, queijo, essas coisas todas. Muitos presos têm empregados. Quando acorda de manhã, o cara já está de pé lá. Aí, chama ele: "Vai lá na cantina, compra um pão, um leite...". A gente fica até preguiçoso tendo esse cara que trabalha pra gente — não forra nem mais a cama! Acorda de manhã, toma um café e dá a chave pro cara: "Vai lá e arruma o cubículo". O cara vai, limpa tudo, vê se tem roupa suja, já carrega pra lavar, depois te procura e dá a chave de volta. Recebe por semana. Quando acaba a visita de domingo, ele vai, recebe um dinheirinho e, às vezes, recebe até um pó ou uma maconha pra fumar. Eles estão ali cumprindo a pena deles, não têm uma visita, não têm uma mulher, não têm ninguém. Mas também eles não passam necessidade, comem bem, e quando a visita vai embora, costuma sobrar muita comida, daí eles sempre levam uma vasilha: "Junta essa comida aí, leva pra você comer". Acaba que muitos desses caras ficam igual a gente, acabam não comendo a comida que a cadeia serve, entendeu? Ele não faz isso só pra mim, faz pra outros também. Lá, na Lemos de Brito, tinham dois "garotos" que moravam, trabalhavam juntos o dia todo e arrumavam dinheiro pra caramba. De tardinha, assim, eles cheiravam o pó, fumavam a maconha deles e depois iam dormir juntos. Tem as bichas que fazem esses serviços, e tem os caras que não são bichas que também fazem.

L.A.: Preso que transa com um "garoto de cadeia" é malvisto?

A.B.: Não, porque isso acontece muito com esse tipo de cara que não tem mulher.

L.A.: Por exemplo, chegou lá um bandido que a mulher não vai visitá-lo, então ele chama um "garoto" para transar. Isso é malvisto?

A.B.: Olha só: é meio difícil…, até acontece, mas é coisa na "boca miúda", porque, às vezes, é um cara considerado. Tem sempre um grupo em que rola muita encarnação também, sabe? Um encarna no outro. Então, quem faz procura fazer no "sapatinho", pra ninguém saber. Mas é meio difícil, porque se a mulher do cara não vai, tem sempre outra que os caras colocam na "fita". Às vezes, um amigo da favela tá levando umas duas ou três mulheres lá pra dentro, parente, amiga… É meio difícil não ter mulher. Estão indo muitas mulheres de "termas" lá na cadeia. Os caras ligam, elas vão lá dentro. O cara que transa com outro lá dentro é porque quer.

A.Z.: Quer dizer…, essa desculpa não tem, o cara resolve transar porque gosta.

A.B.: É. Mas às vezes até acontece na base da farra. Os caras não comem "viado", não, entendeu, às vezes o cara cheira, cheira, fica "pancadão" e pede: "Porra, cara, chama fulano aí pra dá uma mamada". É assim, na base da sacanagem, entendeu, não é pra penetrar no cara, não. Quando o cara tá "cheiradão" de pó mesmo, gosta de sacanagem. Tinha um cara lá, esse cara até voltou pra cadeia, que era um tremendo matador. A quadrilha dele matou muito, invadiram outra favela, numa época anos atrás. De repente, lá dentro, o cara era o maior "mamador" que tinha dentro da cadeia. Esse era o cara que matava pra caramba. Os parceiros até abandonaram ele. A mulher dele chegou lá e descobriu que ele tava "mamando e dando a bunda", foi embora e abandonou o cara. Ele ficou sozinho. O programa dele era só ficar bajulando quem tinha pó. Os caras diziam: "Chama o fulano lá", só pra "mamar". Sem contar que, um bandidão aí (não vou nem citar o nome dele, porque o cara ainda tá vivo), no Rio de Janeiro, só ouvia falar o nome do cara: fuga espetacular da Água Santa, da Frei Caneca, assalto a bancos... Inclusive ele entrou em cana há pouco tempo. O sobrinho até tomou a boca de fumo dele depois que soube que o tio era "viado", não aceitou mais ele na boca. Descobriram que o cara estava "dando" lá dentro da penitenciária. As visitas estavam chegando lá perguntando: "Quem é a Tiazinha aí?" A minha mulher mesmo chegou dentro da penitenciária e me disse: "Quem é a Tiazinha aí?" Eu falei: "Que papo é esse?". Por que se falar assim lá dentro, o cara que só anda de pistola mete bala. Mas o cara gosta de ser "socado", entende? Vai falar isso lá dentro da penitenciária pro cara. Cara bandidão, com pistola na cintura, e que "dava, mamava", fazia tudo. Esse cara, mesmo preso, ainda era o dono da boca de fumo dele. Tava mandando na favela dele, e na cadeia dava mordomia pros moleques novos. Não faltava pó pros moleques cheirar, não faltava cigarro, cantina toda hora... Mas, aí, estava todo mundo desconfiado, e, de repente, aquele moleque novinho sumia, era transferido. Aí, foram descobrir que ele levava o moleque pro cubículo, o moleque "comia" ele e depois ele ameaçava que, se ele contasse pra alguém, matava, dava tiro e o caramba. O moleque metia o pé, saía fora, pedia transferência com medo, né? Teve um negão que foi transferido de São Paulo pra cá e o cara foi fazer isso com ele. Aí, o negão pulou e abriu a boca: "Bandidão nada, fulano é "viado". O cara meteu a mão na pistola, foi um tiroteio danado dentro da penitenciária. Deu polícia e tudo. O delegado foi lá e levaram eles pra serem ouvidos. Ele foi transferido.

L.A.: É possível numa penitenciária ter revólver?

A.B.: Na cadeia tem vários revólveres. Nas penitenciárias, quando elas são derrubadas, dentro das paredes se acham revólveres. Às vezes, quando o cara vai ser transferido, acontece muito isso nos presídios e nas penitenciárias: ele não fala pra ninguém, e mete o revólver dele dentro de um buraco na parede, porque ele não vai dar pra ninguém, não, a não ser que seja da mesma quadrilha. Deixa ali, mete num plástico, com bastante pano enfiado ali dentro, refaz o buraco com cimento e pinta. Deixa ali escondido. O tempo passa, de repente até um ano, e ele pode voltar. Ele também pode dar pra visita levar pra casa, ou então o revólver vai ficar lá, porque como é que o cara vai passar em uma geral? Vai entrar numa viatura que vai pra outra cadeia com um revólver? Se um dia ele voltar, ele já tem uma arma ali. Então, pode ser um revólver, como pode ser uma faca. Nem todos passam arma pra alguém. Dá assim, quando o cara tem a quadrilha dele, quando ele é o chefe da cadeia, o "frente". Ele vai ser transferido, mas tá deixando os soldados dele, aí ele deixa a arma lá. Também, ele não pode vender o revólver dentro da prisão, porque ninguém vende revólver, não, é uma coisa muito importante dentro da cadeia. Acontece isso também com esses facões de cabo branco que açougueiro usa — ninguém vende! É a mesma coisa que o revólver, fica escondido. Porque volta e meia tem rebelião, entendeu? Na cadeia, é ruim uma pessoa tá confiando em outra. De repente, o cara dá a faca pro outro, e ele pode ser morto com a própria faca que ele deu.

A.Z.: Quer dizer, todo mundo acha que pode ser atacado a qualquer momento?

A.B.: Isso acontece muito. Agora eu não sei, acho que parou um pouco, mas acontecia muita troca de tiro dentro da cadeia. Lá também tem bala perdida! Tinha um cara lá que o apelido dele era Senhor Madruga. Ele vendia artesanato e matou o pai e a mãe. Ele estava cumprindo pena por causa disso. Parece que tinha uma indenização da Rede Ferroviária. Aí, ele, de olho, matou o pai e a mãe. Mas isso ninguém sabia, só foi descoberto um tempo depois por aquele preso faxina que trabalha lá no Departamento de Pessoal, no setor de Classificação. Levantou a ficha do cara e descobriu. A mesma coisa o artigo do cara. Às vezes, um cara está no artigo de estupro e passando como bandidão, mas ninguém sabe. Mas quando levantam a ficha dele, a situação se complica. Então, esse Senhor Madruga vivia vendendo artesanato, só vivia assim, carregando uns quadros pela cadeia pra baixo e pra cima. De repente, surgiu uma troca de tiro dentro da galeria, um grupo correndo dando tiro pra cá, e o outro vindo atrás dando tiro. Vinha ele beirando nas escadas e ganhou dois tiros nas pernas. Todo mundo começou a falar: "Pô, até o Senhor Madruga, que não tinha nada com isso, levou dois tiros. Isso é praga porque ele matou o pai e a mãe!".

L.A.: Essas armas todas são de conhecimento do diretor e dos agentes penitenciários? Eles permitem ou não conseguem encontrar as armas para recolher?

A.B.: O diretor só toma conhecimento que tem revólver lá dentro quando escuta os tiros. Enquanto não escuta tiro, pra ele não tem revólver lá dentro. Só quem sabe que tem revólver lá dentro é quem levou. Talvez, um funcionário, porque uma mulher não tem condições de colocar uma pistola ou um 38 dentro dela. Não tem como a mulher levar. Mulher leva tóxico.

A.Z.: Tem revista íntima lá?

A.B.: Tem. Ela tem que levantar, abaixar, deitar em um troço e abrir as pernas para ser revistada. Assim mesmo, leva celular pequenininho e drogas. Mas são pessoas que trabalham com pouca coisa. Quem trabalha com muita coisa mesmo paga alguém pra levar. Fica ruim ir colocando pra dentro de pouquinho, tipo 100 gramas de maconha, porque tem que pagar uma mulher, outra e outra, numa base de umas cinco mulheres. Cada uma delas leva 100 gramas. Tem um grupo de mulheres que trabalha só pra isso, entendeu? Elas não têm parente nenhum preso, não têm marido, não têm filho, elas têm é carteira de visita. Vivem só disso. Mas pagando alguém é mais vantagem, porque já entra um peso bruto.

L.A.: O que acontece se, por acaso, um guarda facilitar a entrada de uma arma e for descoberto?

A.B.: Os outros guardas, o diretor da cadeia, todo mundo vai meter a porrada nele antes de levarem pra delegacia. Todo mundo vai bater nele, porque eles alegam que: "O cara é nosso colega de profissão, ele trouxe uma arma que pode ser usada contra nós em uma fuga". É isso que eles falam. Porque se o cara tem duas ou três armas para serem usadas em uma fuga, a bala vai comer pra cima dos guardas. O cara, em uma fuga, vai ter que sair matando quem estiver pela frente: ele mata ou morre. Na fuga, eles atiram pra matar mesmo. Então, eles ficam muito putos da vida por causa disso, quando é arma de fogo. Se o guarda é pego, ele vai ser preso, processado, é expulso e tudo, mas o perigoso é que existe uma arma dentro da cadeia. Com os facões vai dar o mesmo problema que os revólveres, porque é arma, porque mata. Quando é uma maconha ou cocaína, eles esculacham, chamam o cara de safado, mas fica só nisso.

A.Z.: Para onde vão esses guardas penitenciários que são expulsos? Eles participam das milícias aqui fora?

A.B.: Uns viram miliciano, outros viram bandido mesmo. Já tem uma coletividade, né? O cara tá levando pra cadeia tantos quilos de fumo, pó ou uma arma, aí, ele é expulso… Vai pedir socorro a quem?

A.Z.: Quando os guardas penitenciários, policiais militares ou civis são condenados por venderem armas, drogas etc., eles vão para a mesma prisão em que vocês estão?

A.B.: Não. Tem um setor deles que se chama "PO", até hoje eu não sei o que quer dizer isso. Tinha aqui na Frei Caneca, e tem lá em Bangu também. Ali, ficava agente penitenciário, bombeiro e polícia. É tipo aquele que tinha ali em Benfica, o Ponto Zero, que acabou porque era uma mordomia danada. Os caras iam até na rua, mas na Frei Caneca era tranca mesmo. Nesse PO era só polícia preso. Agora, foram transferidos pra Bangu. Em Bangu, no regime semiaberto, tem uma cadeia ao lado que é deles agora e, no pátio, tem uma tela que separa. Mas eles não podem se misturar com a gente, não, têm que ficar do outro lado da tela.

A.Z.: Como é que você arrumava tanto dinheiro para pagar empregado, arrumar o cubículo, comprar droga? Sua família levava dinheiro para você? Sua mãe, seu pai, seus irmãos?

A.B.: Eu, quando fui preso, ainda estava com um valor bom em dinheiro guardado, entendeu? E sempre tinha um presente de umas bocas que os amigos mandavam. Às vezes, a mulher chegava e falava: "Fulano mandou tanto pra você", ou "Recebi um recado aí que fulano falou que quando você tiver um tempo é pra mandar alguém ir lá na favela pegar 200 gramas de cocaína". Sempre vinham essas doações. Às vezes, do nada, assim, estou indo pro Fórum, ou então indo pro hospital penitenciário, encontrava um dono de boca: "E aí, rapaz, tá precisando de alguma coisa?". O preso sempre precisa de alguma coisa, né? Eu: "Não estou precisando de nada". Ele: "Manda alguém ir lá na boca procurar a fulana e pega 100 gramas de pó pra você". Ou outro manda assim: "Pede pra alguém pegar 200 gramas de cocaína lá". O cara me dá um presente de 100 gramas, o outro me dá 200, eu vou guardar aquilo pra cheirar? Não tem como, vou vender. Daí, entrava muito dinheiro com cocaína e maconha.

A.Z.: Você vendia lá dentro?

A.B.: Não, eu não vendia porque não precisava, o pessoal vendia pra mim.

A.Z.: Você gosta de cheirar? Faz mal para uma pessoa com pressão alta, não é? E maconha para relaxar? Você nunca foi viciado?

A.B.: Não, eu só cheirei quando eu era mais novo, mesmo assim, muito pouco, e eu era novo, não tinha pressão alta. Eu cheirava pouco, e só quando estava em um hotel, de madrugada. Nunca fui viciado, não. Também nunca gostei de maconha. Depois que eu já estava na cadeia é que eu passei a fumar maconha. Era uma coisinha pequenininha. Acabava de jantar, fumava deitado vendo desenho animado na TV até pegar no sono. Com o controle remoto, programava e ela desligava sozinha.

A.Z.: Há alguma hierarquia, dentro da prisão, que tenha a ver com a fama cá de fora, daí ter mais mordomia, ter mais respeito dos outros presos também?

A.B.: Dentro das cadeias todo mundo se respeita.

L.A.: Mas você disse que no presídio o pessoal se mata o tempo todo...

A.B.: Você falou uma coisa certa; o respeito é mais na penitenciária. No presídio, teve uma época que começou a entrar muito moleque novo, por isso teve matança. A maioria era de moleques funqueiros que começaram a se envolver com sequestro. Naquela época, 1994, estava uma "febre" de sequestro no Rio de Janeiro. Era um sequestro atrás do outro. Muita gente se iludiu, principalmente esses moleques novos, sem ter noção que sequestro é um crime hediondo. Foram condenados depois a penas de 20 a 30 anos de cadeia. Não tinham noção de nada. Eram moleques que chegaram em quadrilha e eram marrentos! Negócio de ficar rebolando com o som alto. Aí, teve uma matança porque as coisas estavam saindo do controle. Os moleques, todos novinhos, nunca tinham puxado cadeia. Eles estavam numa cadeia que já tinha um povão há muitos anos preso, e cheio de neurose. Os moleques levavam as coisas na brincadeira, rebolando, dançando *funk* e falando: "Que nada, esses caras aí achando que são mais cascudos porque são mais antigos na cadeia"... E o pessoal foi dando corda, porque não estava querendo provocar matança, né? Porque, quando tem uma matança, sobra pra todo mundo. O SOE invade; então, dá prejuízo. Às vezes, só por causa de uma morte, morrem mais 10. Mas aí, quando estavam quase perdendo o controle, os caras resolveram e fizeram uma matança dos moleques. Aí, voltou tudo ao normal de novo. Mas agora, quanto ao problema do presídio que eu estava falando, é o seguinte: tem um banho de sol por semana, mas nem em todos os presídios isso acontece, pois os presos nem sabem que têm esse direito. Então, os caras vão ficando amarelos, e é só friagem dentro desses prédios antigos, tudo já caindo... Se você entrasse em uma galeria daquelas, ficava louco de olhar aquele monte de fio pendurado, o reboco todo caindo, rato andando... Teve até uma época que o Bial, da Globo, foi lá e filmou aquilo tudo. Ali é uma friagem terrível; quando está um sol quente aqui fora, lá dentro está uma friagem danada, 40 ou 50 homens trancados, não abre pra nada ali, só vem na porta um carrinho trazendo a comida. O cara ali vai se estressando. Na cela, que eles chamam de cela coletiva, tem o cara que é o responsável, que responde pela cela, que não se chama mais de "xerife", chama de "frente", e todo mundo aceita o papo dele. Mas aí tem uns caras já meio esclerosados que não aceitam, não. Por exemplo: malhar dentro da cela. Ali tem uma friagem danada, e o cara tá lá malhando, malhando... Vai um e fala: "Deixa pra malhar lá no pátio porque aqui fica pingando suor". Aí, é motivo de ter matança. Aconteceu isso em uma cela que eu estava. O cara era aquele cara marrento, porque acontece isso: o cara achar que ele é o cara e não é. Então, tem aquilo: todos se respeitam, mas tem um que já quer extrapolar, não aceita o que os outros caras falam. Aí, nego fica só de olho nele... Eles vão tentando evitar... Vai um, dá um papo, vai outro... É uma cela em que todo mundo se respeita, mas aquele cara já não está querendo saber disso, não quer respeitar ninguém, é um cara marrento. Quando acontece isso, sempre tem uma tragédia, porque um dá um papo no cara, o cara não aceita e quer encarar. Eu vou dar um fim naquele cara ali, ou ele vai viver no "seguro". Ele chegou ali como um valentão, ele tem força porque malha — grandão, pulando corda todos os dias, e acha que está intimidando os demais com aquele corpão dele. Aí, chega um momento que estão pegando ele por trás com faca. Quando ele tenta reagir, outro pega também e dá uma facada, o outro vai e dá também. Ele tenta correr, mas às vezes não dá. Se o guarda ainda conseguir salvar ele, ele vai viver como? Isolado em um espaço pequeno, na "cela do seguro de vida". Depois, a coisa volta ao normal de novo, entendeu? Existe o respeito, mas de vez em quando tem um que quer mostrar as garras.

L.A.: Mas esfaquearam o cara, ele morreu ali dentro da cela, o que vai acontecer?

A.B.: O cara que assume vai pra delegacia.

L.A.: Um de vocês vai assumir que matou?

A.B.: Olha só, se é uma questão pessoal, então o cara vai assumir. Uma suposição: se eu matar um cara dentro da cela, eu vou ter que assumir, porque se eu não assumir, todos vão segurar aquele crime.

L.A.: Sim, mas se dois ou três deram facada no cara, vão os dois ou três assumir?

A.B.: Vão. Isso aí já é conversado, e não precisa ninguém mandar ou pedir, não..., já está na consciência dos caras que eles vão assumir aquilo ali. Tem 50 dentro daquela cela, três mataram, porque 50 vão ser indiciados naquele crime? Tem que ser os três mesmo, a não ser quando é em uma penitenciária aberta, conforme acontecia muito. Um cara mata e outro assume. O cara que nem matou vai pra delegacia e assina. O cara que matou a qualquer momento pode ir embora, mas tem outro cheio de cadeia pra pagar, que vai assumir, é o "robô". Isso já é uma coisa combinada pela facção. O cara que tem problema com a facção e chegou naquela cadeia, já é uma coisa programada que o fulano tem que morrer, já é uma coisa combinada. Um "robô" mata, ou um ou dois vão lá e matam. Quer dizer: já tem o robô que mata e o cara que vai pra delegacia assinar, pode até ser o mesmo. É outra coisa, não é uma questão pessoal, é quando alguém manda — ordem de facção, coisa de fora da cadeia.

A.Z.: Mas com o cara marrento é uma explosão, ou eles combinam: "vamos pegar esse cara"?

A.B.: Não, já não é uma questão de fora. Quando tem essas mortes que o robô vai e mata e assina, muitas das vezes já é uma questão daqui de fora. Então, o cara antes de entrar em cana já está programado, lá dentro, que se ele for parar lá, ele vai morrer. Aí, sim, já é uma coisa combinada. Agora, tem as mortes de momento, pois dentro de uma cela os caras se desentendem, é questão pessoal, não tem que arrumar robô pra matar, pra ir assinar. É uma briga igual ao que acontece aqui fora. Às vezes, em uma briga de trânsito, um cara não mata o outro? É assim, uma confusão que acontece do nada. Não é uma morte programada por facção. Tem muitas mortes dentro da cadeia que são de um cara que matou alguém aqui fora, aí tem um grupo que está lá dentro achando que não foi certo o cara ter matado. Aí, diz: "Pô, fulano matou meu amigo". Então, quando ele for em cana, já está programado pra morrer. É totalmente diferente. Essa situação da molecada do *funk* entrou no eixo, todo mundo passou a se respeitar, a conversar. Eu mesmo conversei com muitos, perguntava assim: "Pô, cara, quantos sequestros você fez?". Ele: "Porra, cinco sequestros". Aí eu perguntei: "Então, você está com dinheiro, né?". Ele: "Nada, a polícia estourou o cativeiro, não deu pra receber o resgate". Aí eu perguntava: "Quantos anos você tem?".

Ele: "Dezenove anos". Eu: "Condenado há quanto tempo?". Ele: "Quarenta e poucos anos". Eu falava: "Pô, você com 19 anos, rapaz, ninguém te instruiu que é crime hediondo, não?". Aí ele me perguntou: "O que é isso?". Então, você vê, moleque novinho com 19 anos...

A.Z.: E a prisão piorou também? Por que você acha que isso acontece lá? As pessoas ficam piores dentro da prisão?

A.B.: Na cadeia é o seguinte: na cadeia tem uns caras já bem carniceiros, bem carniceiros mesmo. A guerra de quadrilha tem dentro da cadeia, os caras querendo o poder na cadeia. Tem uns caras lá que matam mesmo, até com machado. Eu não sei se ficam pior, pelo menos eu não fiquei pior, mas eu era uma pessoa que não me apegava nesse negócio de estar andando em bando dentro da cadeia, só tramando. Porque têm muitos caras dentro da cadeia que são chamados, por alguns, de vermes. Aqui fora chamam os polícias de vermes, mas na cadeia também tem o "verme de cadeia", que são aqueles caras que estão sempre querendo roubar a vida de alguém, os caras estão sempre tramando pra tomar alguma coisa de alguém. Querem poder na cadeia.

L.A.: Isso não é a mesma coisa que robô?

A.B.: Não, não, mas lá tem muito isso, em algumas cadeias também, não são todas, não, agora está até mudando um pouco, parece que o pessoal está se modernizando. Pelo menos há alguns anos, não tinha muitas mortes na cadeia? Volta e meia estava no jornal: "Morreu tanto na cadeia tal, tanto em outra cadeia". O porquê desses problemas é que tem muitos grupinhos lá dentro. Os caras que às vezes não têm nada, quando chega um cara lá que tem uma condição, eles já ficam de olho grande. Aí, não tá conseguindo achacar, então começa a tramar, fica um botando no ouvido do outro, daqueles outros mais pilantras iguais a eles, e que se chamam vermes igual a eles mesmos. Fica um botando na cabeça do outro: "Oh, esse cara aí não sei o quê, ele tá bom de morrer". De repente, tá surgindo as matanças na cadeia, e quem não sabe o porquê, os caras inventam alguma coisa: "Ah, esse cara matou um amigo nosso lá na rua". Não foi nada disso, não aconteceu nada disso, tem muito cara lá dentro esquizofrênico, os caras só pensam em matar, matar e matar...

A.Z.: Esquizofrênico para você é o quê? Maluco?

A.B.: É.

A.Z.: Você acha que um cara que só pensa em matar, matar, é maluco?

A.B.: Não, nem todos, tem alguns...

A.Z.: Fernandinho Beira-Mar é maluco?

A.B.: Eu acho que não...

A.Z.: Ele só mata quando precisa?

A.B.: É, eu acho que sim, quando é necessário, né?

A.Z.: Você acha que tem gente que mata porque tem prazer em matar, porque gosta de matar?

A.B.: Aqui fora ainda não vi isso assim, não, mas na cadeia eu já vi!

A.Z.: Por isso que você está chamando ele de esquizofrênico?

A.B.: Não, não são todos que matam que são esquizofrênicos. Tem muitos lá que eu conheci e convivi. Mas não são eles que matam, não, só os caras que estão sempre tramando alguma coisa contra alguém, entendeu? Não é a pessoa pacata, mas o cara que não tem o que fazer. Fica naquele bolinho, assim, de cinco ou seis, andando pelos pavilhões da cadeia e achacando os outros. Quer fumar maconha, vai em um cara que vende e pede. Em outro, pede um pó. Aí, vai querer fazer aquilo todo dia. Chega uma hora que o cara diz que não, aí ele já começa a tramar pra matar o cara por causa de pouca coisa. Então, tem uns caras malucos que tiram a vida dos outros por nada. Dentro da cadeia acontece muito isso.

L.A.: Pode-se ficar dentro da cadeia sozinho?

A.B.: Pode, o cara se dá com todo mundo, mas quando forma o bolinho, ele sai fora.

L.A.: Esse "se dar com todo mundo" fora do bolinho não dá confusão para o lado dele, não?

A.B.: Depende de quem seja a pessoa, né? Mas o cara que vive sozinho vive bem, deixa de ser até olhado pela direção da unidade. Eu, por exemplo, pra não ser transferido pra Água Santa, eu sempre fazia isso, ainda mais quando eu estava tramando algum tipo de fuga. Aí mesmo é que eu vivia com medo e isolado.

L.A.: A fuga só dá para tramar sozinho, ou tem que tramar com dois ou três?

A.B.: Dá pra tramar sozinho, mas depende, o cara quer ir sozinho pra não atrapalhar e, às vezes, um descuido... O cara que quer fugir, se botar dois ou três, às vezes se torna mais difícil. Mas vamos dizer que o cara quer fazer um túnel; aí ele já vai depender de várias pessoas. Mas, mesmo assim, o cara, dependendo de várias pessoas pra fazer um túnel dentro de uma cadeia, não precisa ficar andando em bolo, em bando. Ele corre o risco de uma hora o agente penitenciário fazer uma chamada. Chama aqueles nomes todinhos que é pra descer lá embaixo, na Segurança. O cara desce, não está sabendo do que se trata, chega lá, já tem uma viatura aberta — todo mundo transferido pra Água Santa! Às vezes, já ventilou alguma coisa que foi parar no ouvido do chefe de segurança: "Esses caras estão tramando uma fuga, estão fazendo um buraco...".

A.Z.: O que acontece com um alcaguete na prisão?

A.B.: Ah, o caguete na prisão costuma morrer, mas quando eles descobrem esses problemas de fuga, às vezes ninguém fica sabendo quem caguetou. Muitas vezes é o chefe da cadeia, o "frente", que cagueta...

A.Z.: Para ter privilégio?

A.B.: Pra ficar ali, porque dentro da cadeia tem a disputa do poder. O cara aqui fora nunca foi dono de uma boca de fumo, nunca mandou em favela nenhuma e, chega lá dentro, o cara é o chefe, o "frente" da cadeia. Às vezes, os caras se encontram, ou no Fórum ou na cadeia, e perguntam: "Lá na cadeia tal, quem está de frente lá?". Aí, reponde: "Porra, é o fulano que está mandando lá". O cara é o "frente", manda matar, pinta e borda, mas cá fora o cara nunca foi nada. Então, o que acontece com esses caras? Eles ficam ali de donos, dizem eles que é "frente" da cadeia, que é pra outra facção não se infiltrar para tomar a cadeia. Ou então o Comando Vermelho diz que é para os caras do Terceiro Comando não se infiltrarem para tomar a frente da cadeia, entendeu? Então, ele se julga o chefe da cadeia. Muitas das vezes, o que eles fazem? O diretor e o chefe de segurança sabem quem é que manda dentro da cadeia, sabem que o cara tem um grupo grande, eles chamam de... Esqueci como se dá o nome, depois eu lembro... Não é bem soldado, não, mas são assim, os colaboradores dele... Então, tem o cara que é o chefão que manda, tem um abaixo dele e tem o resto do grupo. Às vezes, chega um cara que quer cumprir a pena dele e eles impedem do cara entrar dentro daquela penitenciária. Daí, avisa o cara: "Se entrar, vai morrer!". Aí, o cara volta. Muitos já mandam recados aqui pra fora pra mandar um quilo de fumo, outro dia, meio quilo de pó, e vão sobrevivendo assim. Eles não tinham nada aqui fora, não têm condição nenhuma, mas aí se julga o chefão. Muitas das vezes, eles fazem o jogo do diretor e caguetam muita coisa. Caras que se julgam bandidão mesmo, não estão nem sabendo que são eles mesmos que estão caguetando, que é o próprio "frente" da cadeia que está caguetando. Pra quê? Porque muita das vezes sempre o chefe de segurança ou o diretor vão lá e chamam o cara lá dentro pra uma conversa de pé de ouvido, de porta fechada: o diretor, o chefe de segurança e ele ou mais um. Eu conheci dois assim, pilantras pra cacete, eles me tratavam bem pra caramba, só que eu não ia na conversa deles. Um tinha o apelido de Peitão, e o outro, um oficial da Marinha que cometeu muito sequestro e foi parar na cadeia. Ele era um cara branco, de boa aparência e muito inteligente, resolvia as coisas aqui fora só na caneta. Já o Peitão já era um cara que malhava. Eram os dois chefes da cadeia. Voltando onde eu estava: O chefe de segurança e o diretor, o que querem? A cadeia deles tranquila. O diretor não liga pra esse negócio de estar vendendo pó e maconha, ele não está nem aí se estão vendendo, a única coisa que eles falam é: "Não quero morte nem fuga na minha cadeia!". Esses chefes de cadeia, tipo esses assim, quando chegam, estão sendo transferidos de uma cadeia pra outra. O diretor e o chefe de segurança, às vezes, já sabem que aquele cara ali gosta de ser líder, de comandar a cadeia; então, eles chamam pra uma conversa lá de pé de ouvido e dão logo um "terror" no cara: "Oh, eu não quero morte e nem fuga na minha cadeia; se tiver uma fuga na minha cadeia, vocês vão todos pra Água Santa e pro isolamento!". Então, ali já estão aterrorizados, porque Água Santa é o inferno.

A.Z.: Por que é um inferno?

A.B.: Aquele troço ali é subterrâneo, não tem cadeia pior do que aquela ali. Úmida, e bota úmida nisso! Fedorenta, não existe cadeia igual aquela, aquilo ali é o terror mesmo, ninguém queria ir pra lá. Quando o diretor dá o terror neles, ou o chefe de segurança, eles falam: "Não, não, senhor, tá tranquilo, o senhor sabe que, quando eu estou na área, é tranquilidade na cadeia!". Aí, sai da sala do diretor e vai para o meio dos presos, que falam: "Ele é o cara!". Mas, lá dentro, está caguetando os irmãos! Eu vi, e depois cansei de ver. Quando estava dentro do presídio da Frei Caneca, logo quando eu fui preso por causa de um corpo que acharam no porta-mala de um carro, lá no estacionamento do supermercado, em Ricardo de Albuquerque, o escrivão veio me ouvir. Eu até paguei por esse crime.

A.Z.: Mas, se você estava preso, como é que você matou?

A.B.: Não, eles vieram me ouvir, apanhar meu depoimento, o crime foi antes, tinha acontecido dias antes: mataram um cara lá, e eu segurei a culpa, fui condenado. Eu já falei sobre isso, dos caras que eram ligados ao grupo de extermínio, em Ramos... Foi um crime que eu fui condenado a 19 anos de cadeia, aí eles vieram me ouvir, o escrivão e um outro. Então, eles vieram me ouvir no presídio. Lá tinha um "frente" que era um cara muito grandão, assaltante de banco conhecidão, e o apelido dele era Gays. Não era *gay*, não, é Gays. Esse cara era muito respeitadão, era o terror da cadeia ali, tudo que desenrolava na cadeia tinha que passar por ele. A direção da casa e todos chamavam ele pra resolver os problemas da cadeia. Aí, no dia que o pessoal dessa 31ª DP veio me ouvir, aqui na Frei Caneca, me levaram para dentro da sala do chefe de segurança e colocaram uma máquina de escrever, que era para o pessoal da delegacia pegar o meu depoimento. Mas, no momento em que eu entrei, o chefe de segurança estava falando pra esse cara, o chefão, o mandachuva de tudo: "Olha, estão aparecendo uns cartões de visita falsos lá em cima, e isso não está legal. Eu vou cobrar de você!". Aí, o cara falou assim: "Não, meu chefe, fica tranquilo que eu vou ver isso, e é o seguinte: eu vou quebrar na madeira, vou meter a porrada se tiver alguém com cartão falso lá em cima". Eu sabia quem eram mais ou menos os caras, eram lá da galeria dele. Então, o que ele estava fazendo ali? Ele é o "frente" da cadeia, respeitado pelos presos, e está dentro da sala do homem lá caguetando os caras que estavam fora? Acontece muito isso com os chefes das cadeias. Eles mandam pra caramba, mas têm que fazer o jogo do diretor e do chefe de segurança. Porque, se não fizer, eles estão toda hora indo pra Água Santa. O cara vem, quer ser o líder da cadeia, se ele não fizer o jogo da direção, uma semana depois, eles mandam ele de volta. Os tempos foram mudando, aí em 2002 o pessoal se revoltou e começou a pegar só os chefes, os "frente", aí foi acabando isso.

A.Z.: Toda cadeia tem comando?

A.B.: Toda cadeia tem comando, mas sendo que tem cadeia em que o erro está no próprio comando, entendeu? Aquelas pessoas que não gostam de se envolver com comando de cadeia ficam quietas, na delas, não se metem com nada. Mas tem dias que o pessoal se revolta e mete a faca neles, ou os colocam pra ir embora. Esse cara mesmo, que era o chefão aqui na Frei Caneca, quando eu fui transferido pro regime semiaberto, em 2000, e cheguei lá em Bangu, ele estava convivendo no "seguro de vida", isolado. Os presos todos soltos e ele isolado atrás de uma grade. O cara foi o chefão, anos e anos, da Frei Caneca. Em todas as cadeias, o cara mandava. Chegou certo tempo que o pessoal se revoltou, achou que não estava certo, e ele foi pro "seguro".

L.A.: O que acontece quando chega alguém que cometeu um crime que não é considerado crime de homem, um estuprador, matador de criança? Estupram ele?

A.B.: Eles não costumam perder tempo com isso, não, eles matam logo. Uma vez eu vi um, no presídio, que fizeram ao contrário. Os caras estavam todos doidões de cocaína e bebendo caipirinha. Pagaram um dinheiro pro guarda pra ficarem soltos pela galeria, sem ir dormir, cheirando e bebendo. Na cantina vendia gelo e limão, e eles bebendo e cheirando. Daí, foram e arrebentaram a "cela do seguro", que é seguro de vida, e pegaram um cara que estava lá porque tinha estuprado uma família no Recreio dos Bandeirantes. Estuprou criança, idosa, todo mundo. Mas em vez de colocarem a "cela do seguro" perto dos guardas, colocaram lá em cima, onde só tem bicha! Na cela das bichas, tem batom, sutiã, calcinha... Aí, pegaram o cara e colocaram nele sutiã, calcinha, pintaram a boca, os olhos e fizeram ele desfilar na galeria, com a bunda cabeluda. Ficaram desfilando com o cara pela galeria, dando porrada nele e falando: "Olha aqui o cara que estuprou a família lá no Recreio dos Bandeirantes, não é safado?". E davam tapa na bunda dele e gritavam: "Rebola aí, seu 'viado'!". Você queria que fizessem isso com a sua família? Até que um pegou o peru do cara, meteu o facão e falou: "Agora você não vai estuprar mais ninguém, seu filho da puta!". O cara desmaiou, mas isso deu a maior merda, e foi um montão de gente para a delegacia. Gente que estava só bebendo e cheirando, gente que faltava questão de seis meses para ganhar liberdade... Os caras não enfiaram o cabo de vassoura nele, cortaram logo o pau do cara. Acho que deu a maior merda pros guardas também porque, se o cara está no seguro de vida, tem que ser perto deles, né?

L.A.: Como é que os presos sabem, quando ele chega, que o crime que ele cometeu foi um desses que o pessoal não aceita?

A.B.: O comentário corre. A cadeia pode estar trancada, mas o comentário chega em todas as galerias. Chegou um bonde aí! É o "leva", o "coração de mãe", onde cabe sempre mais um! Sempre tem um cara, que é um faxina, que serve café de noite pros guardas, daí ele vê quando os caras chegam. Ele faz um sinal pra cima: "Joga a teresa aí!". É uma cordinha com uma sacola, onde ele põe o bilhete: "Chegou um 'leva' com fulano, beltrano e sicrano, e tal situação assim, assim...". Pode ter um cara inexperiente que vai pensar: "Pô, vou pro miolo, vou desenrolar...". Quer dizer: ele tá pensando que o pessoal vai acreditar na história que ele vai contar. Por exemplo: o cara que matou uma mulher grávida e a criança, e acha que vai desenrolar na hora. Ele não vai chegar lá dizendo que matou a mulher e a criança, ele vai, pra tentar se limpar, dizer que foi um acidente. Os caras podem até falar pra ele: "Não, isso é uma questão pessoal sua, um acidente, está tudo certo". Tem muitos bobos que confiam quando ouvem: "Você é irmãozinho da gente, não esquenta com isso, não, você é parceiro, é braço. Se tiver precisando de alguma coisa aí, pede". Mas, no dia seguinte, ou até na mesma noite, ele pode aparecer pendurado numa corda ou com uma faca metida nele. O cara que sabe como funcionam as coisas, pensa: "Pô, aquela parada não foi legal, matei a mulher de barriga e a criança, eu não vou me arriscar em desenrolar porra nenhuma". Chega pro funcionário e fala: "Não posso ir pro miolo, não, me põe no seguro". É ruim de confiar em bandido; ele é foda, é escama. Bandido não tem amigo, e quem conhece não confia.

L.A.: Um preso, quando chega na prisão, pode pedir para ir direto para a cela do seguro de vida?

A.B.: É uma medida de segurança, não sei bem, que isola o cara. Ele vai ficar ali sem banho de sol e sem regalia nenhuma. Não pode sair dali, porque senão pegam ele — é seguro de vida mesmo! Mas quando tem uma rebelião na cadeia, as primeiras vítimas são os caras do seguro. Porque, se é rebelião, cadê os guardas e os diretores? Não entra ninguém! Quem são os caras que aparecem na televisão com a faca no pescoço? Você pensa que são os caras que convivem com eles lá? Não, não são, não! O pessoal já arrebentou o cadeado da cela do seguro e trouxe eles ali pra frente. Acabou a rebelião e morreram uns cinco ou seis, são eles, os caras do seguro.

L.A.: Qual era a fama do galpão da Quinta?

A.B.: O galpão da Quinta da Boa Vista tinha o apelido de cadeia do amor. Se falar cadeia do amor, o pessoal sabia que era o galpão da Quinta da Boa Vista — a cadeia que os travestis todos queriam ir pra lá. Faziam uma cela lá, tipo Vila Mimosa, uma cela só pra isso. Então, tinha pessoa que nem gostava de ir pra lá, por causa da fama dessa cadeia. Mas, no passado, muita gente queria ir pra lá porque era uma cadeia que dava muitas condições de fugir. Eu mesmo, em 1990, consegui sair da Água Santa, até com o nome trocado, para ir pra lá e poder fugir. Lá, os caras cobravam uma mixaria, e eles mesmos puxavam os presos pelo muro para cair no Jardim Zoológico, entendeu? E muitas fugas foram subterrâneas, pra sair lá no Jardim Zoológico, lá dentro. Então, tinham uns chefões, em uma época lá, que os caras ajudavam, e eram considerados os chefes da cadeia, mas, muitas vezes, quando o buraco estava quase saindo lá fora, eles mesmos, os "frente", caguetavam pro diretor. As pessoas ficavam todas em falso: "Pô, quem caguetou, como é que descobriram isso?". Imagina o cara fazer um túnel durante um mês, e naquele terreno da Quinta da Boa Vista, que por baixo é cheio de óleo. Não sei o que foi ali no passado, mas sei que é muito óleo. Um cara entra em um buraco daquele pra escavar, o cara parece até mecânico, volta cheio de óleo. E, pra sair dali até o Jardim Zoológico, leva dias: uma tampinha de um bueiro, um ralo. Nego entra por ali e vai escavando por baixo. Quando está faltando coisa de um metro, descobrem... Foi caguetado pelo "frente"!

L.A.: Os caras não ficam com falta de ar nessa escavação?

A.B.: Não, isso tudo é preparado antes, porque a boquinha é um bueiro. Então, após entrar ali dentro, ela vai ser escavada para fazer uma bacia, e depois faz o túnel. Ali, põe ventilador e as gambiarras de luz.

L.A.: Onde se arruma tanta gambiarra e ventilador?

A.B.: Todo mundo colabora. Se for pra fugir, todos colaboram, todos fazem vaquinha comprando leite e jogando pro buraco onde os caras estão trabalhando. Nego dorme lá num calor danado, mas quer ir embora, quer fugir, então: "Leva o meu ventilador". Quer ir pro buraco também, mas até pra fugir dali tem que ter uma escala. Não é qualquer um que pode chegar e ir entrando, não! A escala é: eu, beltrano, sicrano... Só depois de 20 minutos é que pode ir o outro, porque se der alguma coisa errada, aquele grupo já foi na frente. Então, é feito dessa forma: o ventilador, as lâmpadas, vai tudo pra dentro do buraco, e muito leite pra quem está trabalhando lá embaixo. Mas as fugas dessa cadeia só eram descobertas quando faltava um metro pra cair fora... Era sempre assim, faltando um metro, eles descobriam. Tinha vez que muita gente quase morria, porque, quando era descoberto, a polícia chegava jogando bomba dentro do buraco, não queria saber se tem dois, três ou cinco lá dentro. Em todas as fugas que são descobertas, são os chefes que caguetam. Os caras falavam: "Só pessoas responsas que sabiam daquela fuga!". O chefe da cadeia sempre dizia que não ia na fuga: "Estou com pouco tempo pra puxar". O cara não vai fugir porque vai caguetar pra quem estiver mandando naquela cadeia ali. Descobriram, em 1991, que aquela cadeia da Quinta da Boa Vista era toda esburacada por debaixo.

L.A.: Quando acham um túnel, os caras não tampam?

A.B.: Eles tampam só a entrada, jogando concreto. O problema do túnel é que o chefe cagueta, então não dá pra fugir assim, só pagando! Pagando, muita gente conseguiu sair dali, dando dinheiro. Mas, às vezes, nem dá o dinheiro pra ele, pois alguém conhecido ou alguém da família paga aqui fora, pra quando o cara estiver de plantão ele ajudar o cara a fugir.

A.Z.: O que você acha pior: poder dentro da prisão ou poder fora? Você também contou histórias aqui de grupo de extermínio, grupo de PM, e outros bandidos com quem você se deparou. Também eram complicados? Tinha que ter muito jogo de cintura, espertza e muito cuidado?

A.B.: É verdade. O poder na cadeia é o seguinte: tem muita gente que tem um poder aqui fora, principalmente com o pessoal de certa facção acontece isso. Na área dele, ele é o cara, quem sabe é ele, ninguém faz nada sem autorização dele. Ele chega dentro da cadeia, já não é assim...

L.A.: Você tem religião?

A.B.: Eu fui a um centro de macumba com minha ex-sogra, usei até uma guia que mandaram fazer lá. Uma guia vermelha e preta. Tem até uma matéria de um jornal aí que eu estou com essa guia vermelha e preta. O repórter do *Jornal do Brasil*, eu não sei o que ele fala lá, mas sei que ele disse que eu era flamenguista, se referindo à guia. Mas, depois que eu fui parar na cadeia, eu vi tanta coisa errada que aconteceu na minha vida, que eu falei: "Pô, esse negócio de macumba é ilusão, eu não quero saber disso, não, e não ponho mais meus pés lá". Como meu pai e minha mãe são pessoas de frequentar a missa, a Igreja Católica, aí, comecei a frequentar na Água Santa, e tinha os dias da missa... Tinha um padre muito sacana, que falava palavrão pra caramba, o padre Bruno Trombeta. Ele gostava de chamar os outros de "vacilão": "Tu é muito vacilão"! Na penitenciária mesmo, sempre tinha missa do padre Bruno, e ele: "Vai sentando aí, seu vacilão, vai sentando..."; ele já chegava colocando ordem. Quando acabava a missa, ele começava a falar e todo mundo ia conversar com ele, né: "Pô, padre, pedi pra não sei quem ver logo o andamento desse processo". Aí, às vezes, nego estava falando e ele: "Cala a boca, seu vacilão". Ele tratava muitos assim. Tinha nego que falava assim: "Vacilão é você, rapaz, está lembrando que toda vez que você ia na Ilha Grande morriam dois caras lá?". Os caras falavam mesmo, toda vez que ele ia ao presídio, na Ilha Grande, morria uns dois ou três. Nego colocava pilha nele, falava que ele era pé-frio, porque toda vez que ele ia visitar a Ilha Grande, lá tinha matança. Outros achavam que ele levava ordem de alguém de outra cadeia.

A.Z.: Nem no padre a turma confiava?

A.B.: É verdade. Mas eu sei que, em 2003, eu saí do centro e passei a frequentar a Igreja Católica mesmo, que é a religião da minha família. Quando eu saí da cadeia, fiquei sabendo que a dona Albertina, que era a macumbeira, tinha entrado pra Igreja Universal, que ela tinha fechado o centro de macumba dela, em Caxias. Aí, foi morar em Saracuruna e jogou tudo que tinha fora. Foi até o meu sogro que me falou. Entrou pra Igreja Universal, mas parece que depois de alguns meses que estava na Universal ela veio a falecer. Faleceu primeiro o marido dela, e depois ela. Ela veio aqui tentando converter a gente e falou que macumba é tudo uma mentira, que aquilo tudo que ela fazia no centro era mentira. Que fazia aquilo pra tirar proveito dos bobos.

L.A.: Na cadeia se respeita o padre, o pessoal da pastoral? Porque a informação que eu tenho não é bem assim. Eu tive um familiar que vivia na Igreja e era da pastoral penal, e certa vez ele quase foi feito de refém numa rebelião. Os presos mesmos avisaram que não tinha nada disso, não, se tivesse rebelião, ele entrava de refém também. Ele resolveu desistir, depois de passar uns 10 anos nisso. Eu pergunto: se respeita isso ou não?

A.B.: Pô, até o cardeal, se tiver uma rebelião com fuga, ele não vai conseguir sair de lá, não. Se alguém quiser fazer ele como refém, nego pega mesmo, vai usar para se defender.

A.Z.: E pastor?

A.B.: Pastor ninguém vai dar valor.

L.A.: Você chegou a ver aquele filme documentário do Leonardo Paredes, em que quando teve uma rebelião que ele chefiou, naquele presídio de Goiás, eles prenderam várias autoridades: polícia, desembargador, advogado... Mas é o caso que você comenta. Os caras que mataram ele eram os dois mais chegados a ele. Eram os "segundos" dele.

A.B.: Eram os parceiros dele?

L.A.: Os dois que eram colados nele foram os que mataram ele, a tiros, dentro da cadeia.

A.B.: Mas é sempre assim: o cara quando é o que manda, que chega no auge, morre pela mão do segundo, do braço direito dele.

L.A.: Qual é a sua explicação para isso?

A.B.: Às vezes, é quando não há uma concordância em alguma coisa que eles planejaram, nas atitudes. Na Frei Caneca, aconteceu uma situação assim: Tinha um cara pacato, lá de Volta Redonda, que foi preso e condenado a três anos e pouco. Chegou aqui no Rio pra Água Santa e começou a se envolver nessas guerras que tem dentro da cadeia, independente de facção. Na época, tinha certa facção que estava em maioria na Água Santa. Ele começou a se envolver naquelas confusões, não tinha conhecimento de nada das desavenças que estavam havendo aqui em alguns morros. Eu sei que, de repente, ele matou um, já foi condenado. A pena dele já não era mais de três anos, já estava chegando a quase 20 anos. Não demorou muito, ele matou outro, e aí o cara ficou alucinado, só pensava em matar. Teve até um guarda, na Água Santa, que se "encostou"[58] por uma causa assim: esse matador já deixava as grades do cubículo dele, na Água Santa, serradas pra, quando passasse um inimigo, ele pular pra pegar. Então, quando esse guarda passou, levando um preso para a enfermaria ou para o Fórum, não me lembro mais, ele tomou o preso da mão do guarda com dois facões, desses que os açougueiros usam. O guarda parecia que nunca tinha visto aquilo, começou a tremer e tremer, foi socorrido e se "encostou". O cara passou a ser temido em todas as cadeias do Rio de Janeiro. Matou muita gente, muitos caras que eram chefes dentro de vários presídios. O nome dele era Tandeco. Ao falar no nome desse cara, muitos já tremiam e pediam transferência. Eu sei que o cara matou muito, muito mesmo, e muitos caras de disposição. Eu tenho pra mim que o cara matou em uma base de uns 30 por essas cadeias.

---

58. Encostar aqui tem o sentido de se aposentar.

L.A.: E não mataram ele?

A.B.: Ele formou um "bonde" grande, um quadrilhão. Sempre existe, por trás disso, extorsão. O cara que é o chefe da cadeia está extorquindo quem vende pó, quem vende maconha, jogo de bicho, está mamando naquilo tudo ali. Os caras querem ser chefe de cadeia pra estar extorquindo os outros. Tudo é deles. Então, todo mundo fala daquele cara: "Quem é o frente da cadeia, da cadeia toda?". "É o fulano". Mas, aqui fora, ninguém ouviu falar naquele fulano, mas, por causa das atitudes do cara, ele passou a ser temido por todos. Na prisão, tem muitos caras que são abandonados, não têm uma visita, não têm família ou a família não vai, o cara não tem uma mulher. Então, se o cara esperar que o Estado vá dar um tênis ou um chinelo pra ele calçar, uma calça, uma camisa, um sabonete, ele vira mendigo, porque na cadeia também tem mendigo. Não é só aqui fora, lá também tem. Os caras andam descalços, todos rasgados, sujos... Ele, o chefe da cadeia, teria a obrigação de dar uma assistência, né, pra quem não tem nada. Ninguém dava nada, só depois de certo tempo passou a dar, porque as igrejas começaram a entrar nos presídios, e aí os crentes dão. Eles levam lá um sabonete, uma pasta de dente, o cara vai lá e pendura no ouvido, não é nem do pastor, é do obreiro da igreja. Aí eles vão, levam doação, uma camisa, uma calça ou um chinelo. Então, isso tudo causava uma desavença. Muitos não concordavam com esses chefes que não davam nada. Por isso, começou a ter muita rebelião em tudo que era presídio. Começaram a matar os chefes. Muitos dos caras que eram chefes e tinham quadrilha dentro do presídio começaram a sair "voado", pedir transferência, largar a penitenciária e ir parar lá em Água Santa, que era o lugar de ficar encurralado, protegido no "seguro". Então, esse cara, o Tandeco, começou a combater (era errado também); aí, surgiu o quê? Aqui fora, pouca gente ouviu falar, mas surgiu uma nova facção que esse cara criou. Então, tinha um cara que se chamava, não lembro o nome, mas tinha um cara muito grandão que a vida do cara era jogar futebol de salão. Tinha torneio de futebol de salão no presídio, e o cara tinha um chute que goleiro nenhum ficava na frente. Então, o seguinte: esse cara estava cumprindo a pena dele ali e foi embora. Não demorou muito tempo, esse cara voltou. Voltou como? Ele, quando foi preso, era num processo leve, mas ficou pouco tempo em liberdade e voltou depois de ter cometido vários sequestros. Aí, se juntou a esse cara da nova facção e começou a matar também. Esse outro, quando diziam: "Fulano chegou na cadeia", um monte já pedia transferência para outra unidade. Então, começou a se dividir as cadeias — quando ele chegava, dividia tudo! Se aqui era de uma facção, aí já tinha que ter umas duas galerias só para as outras facções. Então, muita gente que tinha boca de fumo aqui fora já começou a pagar um tributo: "Manda um quilo de pó pro fulano lá na cadeia". O cara veio de lá de Volta Redonda e não era nada lá fora; aqui, já está mandando! Às vezes, o cara que está aqui fora escuta: "Ah, tem um tal de fulano aí que está dominando as cadeias todas". Aí, esses donos de boca, já cagam aqui fora, falam: "Manda um quilo de fumo pro fulano", nem conhece o cara. O cara não era nada lá na cidade dele. O cara já está com um quilo de pó lá dentro; aí, o que o cara faz? O cara já está vendendo, arrumando um dinheiro, já está mandando comprarem uns dois ou três revólveres aqui fora pra levar lá pra dentro. Aí, o cara que já tinha dois facões, já está cheio de revólver, armando a quadrilha toda. Aos poucos, o cara está dominando os pedaços, as cadeias. Então, eu sei que esse Tandeco infernizou as cadeias do Rio de Janeiro. Até os guardas estavam preocupados com ele. Os guardas mesmos, quando ouviam falar no nome desse cara, falavam: "Pô, fulano vai chegar, fodeu, acabou o sossego". Aí, de repente: "Fulano morreu!". Sabe quem matou ele? O cara que era o segundo dele, que era esse que jogava futebol de salão e que era outro pacato. Aí, acabou, ele foi morto pelo segundo dele! Aí, desandou a quadrilha, acabou... Tem uns poucos espalhados por aí dessa facção nova, mas tudo, a bem dizer, assim: "no seguro de vida". A maioria eles mandam para um seguro de vida lá em Campos.

L.A.: Você não participou de nenhum grupo dentro da cadeia?

A.B.: Eu mesmo nunca fui de me ligar em quadrilha, nesse negócio de querer ser líder dentro da cadeia. Tem muito líder, dentro da cadeia, que nunca foi líder aqui fora, ninguém conhece o cara, mas lá dentro o cara é chefe. Eu tive um nome, uma situação aqui fora, respeitado por todos.

Posfácio: do mundo do crime ao mundo da ciência

Luiz Alberto Pinheiro de Freitas

> ... os homens não são criaturas gentis que desejam ser amadas e que, no máximo, podem defender-se quando atacadas; pelo contrário, são criaturas entre cujos dotes pulsionais deve-se levar em conta uma poderosa dose de agressividade. Em resultado disso, o seu próximo é, para eles, não apenas um ajudante potencial ou um objeto sexual, mas também alguém que os tenta a satisfazer sobre ele sua agressividade, a explorar sua capacidade de trabalho sem compensação, utilizá-lo sexualmente sem o seu consentimento, apoderar-se de suas posses, humilhá-lo, causar-lhe sofrimento, torturá-lo e matá-lo. *Homo homini lupus*[59] (Freud, 1974a:33).

1. Introdução

Nos primórdios do estabelecimento dos grupos humanos, a difícil convivência entre eles produziu o crime. Ele é a resultante das paixões do homem, da paixão do amor, do ódio e da ignorância. Do amor — que o liga ao outro, mas não preenche suas faltas; do ódio — pelo incômodo da presença desse mesmo outro que sempre lhe tira parte da liberdade; e da ignorância — instalada por sua censura para não lhe permitir ter

---

59. "O homem é o lobo do homem", frase do dramaturgo Plauto (254-184 a.C.) contida no ato 2 da peça *Asinaria*.

acesso, por meio da consciência, aos seus desejos inconscientes. Deve-se ao transgressor a instalação da lei, dos códigos que todos devem respeitar para que possam se estabelecer e conseguir um mínimo de estabilidade para a vida comunal. Todo grupo social cria algum modelo de lei em virtude da infinidade de tipos e graus de transgressões orientadas por Eros e Tânatos — muitas vezes combinadas. Este jogo das paixões fará com que a comunicação humana seja permanentemente da ordem do mal-entendido e não do bem-entendido. Se, para o homem, saber de si já é uma tarefa difícil, mais ainda será saber do outro. É nesse sentido que se poderá dizer que o homem não terá jamais um acesso direto à linguagem do seu desejo inconsciente — acrônico e incognoscível — e que só surge por meio da fala. Daí a denominação "oculto retórico".

Tanto o crime quanto o seu autor podem ser analisados, para efeito de estudo, mediante duas vertentes: a da psicanálise e a da sociologia. Recorre-se a esta divisão apenas para buscar um maior esmiuçamento da questão, visto que o mundo psíquico e o social estão em oposição inclusiva.

Aqueles que estudam e tratam da alma humana jamais vão ter acesso ao sem-número de patologias que acometem os indivíduos em seu percurso de vida. Para enriquecer o conhecimento das mais diferentes formas de o homem se apresentar no mundo, um psicanalista pode: além dos pacientes que atende, utilizar-se da literatura, conhecendo os personagens que os escritores criativos oferecem à interpretação, ou sair em busca de homens que dificilmente irão procurá-lo, aqueles que vivem ou viveram dentro do mundo do crime.

Então, em 2001, quando defendi, no Instituto de Drogadependencia de la Universidad del Salvador de Buenos Aires, a tese intitulada *Adolescencia, família y drogas — la función paterna y la questión de los límites*, interessei-me pela pesquisa da professora Alba Zaluar realizada na Cidade de Deus. Esta pesquisa havia redundado na profícua obra *Condomínio do diabo* (Zaluar, 1994). Como coordenadora do Núcleo de Pesquisas das Violências da Universidade do Estado do Rio de Janeiro (Nupevi/Uerj), estava entrevistando, com um de seus orientandos, antigos chefes do tráfico. Entre eles encontrava-se Ailton Bitencourt, que, devido ao seu conhecimento do mundo do crime, era quem intermediava a vinda desses ex-chefes. Foi nesse contexto que fui recebido e gentilmente convidado pela professora Alba a participar de um novo projeto, ou seja, entrevistar e escrever a quatro mãos sobre "Ailton Batata da Cidade de Deus".

As histórias contadas por Ailton geraram aproximadamente 60 horas de gravação. Produziram certamente um efeito catártico, bem como uma intensa satisfação narcísica — "um homem que fez alguma coisa".

2. A PSICOPATOLOGIA DO CRIME

A psicopatologia do crime comporta três dimensões: a transgressão, a motivação (consciente e inconsciente) e o cumprimento da pena (Ambertín, 2006). A partir daí, procurei levantar algumas hipóteses a respeito da evolução do percurso delitivo, das motivações inconscientes que teriam levado Ailton a esse mundo dos excessos transgressivos, bem como os efeitos em sua subjetividade, decorrentes das penas recebidas. É necessário acrescentar que não se trata de "psicanalisar" Ailton, mas de, utilizando-se dos conceitos oferecidos por Freud, apresentar algumas interpretações, entre as inúmeras possíveis, sobre a acidentada vida que, consciente ou inconscientemente, escolheu.

2.1. A transgressão

Os tempos do percurso transgressivo podem ser facilmente identificados: iniciam-se com os arrastões na padaria, ainda criança, passam pelos "ganhos" no picolé do japonês, na pré-adolescência. A seguir, já adolescente, surgem os assaltos à mão armada às Kombis de entrega, bem como às residências, ao lado da composição de um arsenal de armas. Aos 18 anos, estabelece uma "boca de fumo", com todas as implicações de crimes que uma atividade deste tipo vai incluir: corrupção, subornos, roubos, agressões, disparos de armas de fogo, mortes etc.

Coloquei a seguir, de forma ordenada e concentrada, o percurso transgressivo, sua evolução, bem como os comentários que Ailton fez. Nesta sequência, fica evidente o "caminho" para a independência financeira. Ele vai se alastrando e crescendo em termos de periculosidade, tanto para si quanto para o entorno social.

2.1.1. Havia uma molecada, tudo arruaceiro, que quando faltava luz no bairro, no morro, descia aquele bando do Urubu para a padaria e fazia um "arrastão". A gente apanhava coisa pra comer, apanhava aqueles tabuleiros de pão doce e os tabuleiros de pudim. Não vamos dizer que era roubo, porque aquilo ali era uma farra. [...] Nós não considerávamos nem como roubo, a gente não tinha nem noção pra roubar nada, era uma arruaça mesmo, saía rindo, gritando pelo meio da rua, comia aquele pudim todo, depois jogava o tabuleiro pro alto.

2.1.2. Vendi picolé pro japonês durante muito tempo. Eu só passei a ganhar dinheiro com o picolé do japonês depois que veio uma maldade na minha cabeça... [...] Sempre derretia um bocado de picolé; então, eu já catava os palitos no meio da rua e, na hora de prestar conta pro japonês, eu jogava os palitos todos dentro da caixa. Se derreteram cinco picolés, já derreteram 15! Aí, eu disse: "Agora eu comecei a ganhar um dinheiro!".

2.1.3. Desde a primeira vez que eu vi um cara assaltar uma Kombi, eu "firmei" de fazer só aquilo também. A minha tara era sair pros lugares de fora dali pra assaltar. Não podia ver uma Kombi de entrega de cigarro. Na época, dava muito dinheiro — não existia cofre nos carros. Quando a gente assaltava a Kombi de cigarro ou o caminhão de cerveja, a gente não estava levando o dinheiro dele, do motorista. A gente não enfiava a mão no bolso de ninguém, a gente já via o dinheiro dentro daquela nota fiscal. [...] Eu fiquei viciado em fazer só aquilo ali.

2.1.4. Era tudo ladrão, assaltante. [...] Sempre um contava uma história, outro contava outra: "Eu fui numa casa aí, arrumei não sei quanto de ouro, arrumei um revólver". O outro já contava: "Lá no Recreio, eu já escolhei uma mansão e, pelo que parece, os moradores estão viajando. Há dias tudo trancado, tudo fechado. Não quer ir comigo, fulano?". Um convidava o outro, mas não faziam parte de uma quadrilha. Todo mundo portava um revólver.

2.1.5. Tinha um sargento do Exército que emprestava umas armas calibre 45, muito bonitas, que ele tinha. Quando a gente voltava, dava uns presentes para ele, às vezes, um cordão de ouro bonito ou um relógio e dinheiro. Depois, eu fui comprando muito revólver e guardando, com os dólares que nós arrumamos na Barra da Tijuca. Eu pensei: "Vou passar a comprar bastante; aí, não preciso pegar arma com ninguém, e nem tem quer estar dando presente e dinheiro para os outros. Se eu perder uma arma, terei outra". Queria ficar independente.

2.1.6. No próximo convite para assaltar, falei: "Daqui a 15 dias, eu vou fazer 18 anos, e o que passou, passou, foi uma etapa no Padre Severino, e eu não vou pra cadeia por causa desse negócio de assalto, não". [...] Seu Rato já era um senhor de idade meio doente que ainda vendia a maconhazinha dele. A polícia pegou o velho [...], aí não tinha mais maconha pra vender ali. Então, eu cismei e comecei a comprar pra vender também. [...] Eu comecei com pouco, comprei dois cartuchos de 100 gramas. E fiz do mesmo jeito, aqueles baseadinhos que o velho fazia. Foi dando dinheiro e eu gostei daquilo. Gostei e falei: "Ah, não quero saber mais de assaltar, não, vou ficar vendendo isso aqui". Fiquei vendendo aquela maconhazinha..., até que fui comprando mais quantidade.

No discurso de Ailton, nota-se uma autocondescendência a respeito das atividades empreendidas. Os arrastões na padaria eram farra, roubar o japonês era permitido porque ele, o vendedor, era explorado. Assaltar uma Kombi era um problema menor, porque o dinheiro não era do motorista. Ele só assaltava casa vazia, de quem estava viajando, jamais com alguém dentro. A maioria das armas compradas eram as desviadas das forças militares ou produto de furto ou roubo. Conforme assegura, ele queria ficar, ainda adolescente, independente financeiramente e também dos pais; então, quando fica "de maior", forma sua "boca".

2.2. As motivações da transgressão

Ao ouvir Ailton, nota-se que ele não consegue uma "explicação" para a sua carreira delitiva. Pelos relatos apresentados, não há nenhuma referência a implicações psicológicas de sua família: ele apenas comenta sobre o ambiente em que vivia; ou ao entorno social, visto que na sua casa ninguém era bandido. Esta é uma parte da verdade. Seguramente, o ambiente, o lugar onde vivia, rodeado de pessoas à margem da lei, entra de forma decidida na composição da sua atividade. Entretanto, a origem da violência, em qualquer pessoa, seja quem for, está na família. Recorrendo então aos conceitos da psicanálise, podemos apontar algumas hipóteses para o estabelecimento do campo propício ao plantio dos seus atos transgressivos.

Para entrar na vida do crime, são necessárias algumas condições, sendo a principal delas originada por quanto afeto a criança recebe, primariamente de sua mãe e posteriormente de seu pai,[60] assinalando-se que o "verdadeiro nascimento" ocorre quando, ao perceber-se grávida, a mãe começa a pensar e a falar sobre seu futuro filho. Sabemos que muitas vezes essa fala sobre o filho nem sempre é só de alegria. Muitas vezes o filho vem, inconscientemente, "por acaso" — como resultante da vida sexual. As concepções sobre contracepção não são levadas em conta. A mãe, na maioria das vezes, mais do que o pai, assume os riscos psíquicos e financeiros da gravidez com uma naturalidade alienada — a vida é assim!

Nada sabemos desses primeiros momentos de Ailton, apenas que surge como o segundo filho de um casal sem recursos financeiros,

---

60. As referências ao pai e à mãe devem ser consideradas função materna e função paterna — aqueles que exercem a função, não necessariamente os naturais.

vivendo no alto do morro, numa casa sem eletricidade, água corrente e saneamento básico. Após Ailton, ainda virão mais três, duas irmãs e um irmão — cinco filhos, naquele momento. A vida era muito dura para o casal, possivelmente, sobrava pouco tempo para uma educação que primasse pela vertente amorosa. Os filhos sofriam, "na carne", as durezas desse tipo de vida. Por exemplo, ao carregar, na cabeça, uma lata d'água de 20 litros morro acima: "A sensação era de que a lata ia enterrando o garoto chão adentro".

Não é incomum numa comunidade carente, em virtude das deficiências materiais em que vive o indivíduo, que o nível de frustração seja permanentemente incrementado, aumentando, assim, o estresse e os conflitos dentro da família. Atende-se às necessidades de subsistência, mas descura-se muito da atenção amorosa, bem como há uma leniência relacionada à importante questão dos limites, das regras a serem respeitadas. Elas é que futuramente comporão o sentido ético do cidadão. Em psicanálise, se dirá que há uma "falência da função paterna".[61]

As circunstâncias não favoreceram Ailton. Aos oito para nove anos, após a prisão do pai e o consequente agravamento da situação financeira da família, deu-se uma escolha: três filhos foram distribuídos e dois permaneceram em casa com a mãe.

Conforme assinalava Freud em 1921 (1974b), na base da fraternidade está o ódio, e não o amor. O ser humano tem que, na fratria, construir o amor, balizado pelas coordenadas que a função paterna vai lhe apresentar. Não poderá agredir ou até mesmo eliminar os irmãos rivais, sob pena de perder o amor dos pais. Os irmãos são elementos desagradáveis a princípio, pois vêm ocupar um espaço em que cada um gostaria de estar só — uma posição narcísica que todos nós queremos: o único da mamãe, do papai, da professora, do chefe etc. Pode-se perceber o alcance do ódio fraterno quando se tem que conclamar as pessoas para as "campanhas da fraternidade" — se fosse algo intrínseco ao ser humano, não haveria necessidade de se convocar tais campanhas!

---

61. Esta função tanto pode ser exercida pela mãe ou pelo pai.

Por mais que Ailton pudesse aceitar os argumentos de sua mãe de que só os menores ficariam com ela, a sensação foi de ter sido preterido, de outros serem mais gostados do que ele. Este tipo de sentimento é comum a todos os seres humanos. Sente-se rejeitado, e na verdade foi, apesar dos argumentos a favor da terrível escolha.

> Não, não teve explicação por que minha mãe ficou com dois e eu fui para a casa da minha madrinha, e também nem passou pela minha cabeça perguntar. Eu sei que pra onde eu fui eu não queria ficar, eu fugia e fugia... Eu não conhecia nada, mas descia aquele morro de São Carlos correndo. [...] Quando minha mãe ia me visitar, na hora em que ela ia embora, eu descia correndo atrás, querendo ir embora com ela. Minha mãe entrava no bonde, e eu corria atrás do bonde. Ela tinha que saltar e me levar de volta.

Percebe-se, nas entrelinhas, o montante de angústia que o menino passou a sentir, ao ser enviado para um lugar em que não conhecia ninguém. É muito penoso viver sem respaldo afetivo, ainda mais aos oito para nove anos. Pode-se argumentar que não havia outra solução, e que a mudança era uma forma de não passar fome. Todavia, não podemos deixar de considerar que, como não temos controle sobre o que sentimos, não haveria como o menino não sofrer. Uma criança, ao ser enviada para a casa de estranhos, vai se sentir muito rejeitada, produzindo uma crise de angústia que redundará em um quadro depressivo. Ela não terá recursos psíquicos para atenuar as fantasias que passarão a atormentá-la: um ódio inconsciente a seus pais, vistos como rejeitadores, e aos irmãos que foram escolhidos para ficar. Esclarecemos que este ódio inconsciente o levará a ser acusado por sua censura interna como um mau filho, bem como um mau irmão. Paralelamente, começa a se instalar a necessidade inconsciente de punição.

Podemos concordar que, diante de tal quadro, o lado negativo da ambivalência amorosa ficava muito intensificado — instaurava-se um ódio contra tudo e todos. Amor e ódio são lados de uma mesma moeda, não estão separados, estão sempre juntos, ou seja, nossos sentimentos são sempre ambivalentes (amor + ódio), apenas diferenciam-se pela quantidade. Uma mãe que ama muito seu filho terá, em muitos momentos, mesmo que passageiros e de baixa intensidade, também sentimentos hostis contra ele. O contrário de amor não é o ódio, é a mais profunda indiferença.

É necessário considerar que é o pai, ou melhor, aquele que encarna a função paterna, que vai inseri-lo no grupo social apontando as coordenadas pelas quais ele terá que se balizar para ser aceito como cidadão. Estas coordenadas referem-se aos dois principais temas da vida humana: a agressividade e a sexualidade — e que muitas vezes estão imiscuídas. Caso essa função não seja plenamente exercida, apresente-se de forma débil ou de forma tirânica para o sujeito, este poderá ter comprometida sua relação com os limites, com os interditos, em suma, com a lei. Uma lei, para ser respeitada, tem que ser temida, mas é necessário que esta apresentação da lei seja feita em nome do amor, e não do terror. Aí começa a fabricação do "homem à margem da lei", cuja origem está na "falência da função paterna". Esclarecemos ainda que a mãe, que de alguma forma recebeu as marcas desta função psicossocial, pode também ajudar na construção da obediência à lei, produzindo em seu filho uma percepção da vida como um percurso que tem que ser vivido dentro de limites estritos — éticos.

> Eu vivia só preso dentro de casa, não podia ir à rua, não podia brincar com ninguém, era só ir pra escola e pra dentro de casa, e de dentro de casa pra escola. Ainda apanhava de mão e de vassoura do marido da filha da minha madrinha. Eu me lembro que teve um Natal ou Ano Novo em que eu fiquei muito triste com aquilo tudo, muito isolado... Eu lembro que chorei e tentei fugir, queria saber da minha mãe... Nesse dia, eu levei umas porradas desse cara, ele correu atrás de mim... Pra ser sincero, eu ficava com muita raiva mesmo. Eu não tinha liberdade pra nada; quando me mandavam ir à rua fazer um mandado, comprar alguma coisa, eu ia lá pro pico do morro pra fazer mandado pros bicheiros. Tinha uma dona Antonia, que era dona dos pontos dos bichos lá. Era aquele movimento de jogo

do bicho, eu ganhava meu dinheirinho e ficava com ele escondido. Mas quando chegava em casa, escutava pra caramba, e ainda ficava de castigo.

Os descaminhos em que um ser humano adentra apresentam qualidades diferentes, ou seja, a vida no crime apresenta várias nuances, desde um furto até o assassinato. Os níveis de violência contra o outro são diretamente proporcionais ao montante de afeto recebido na infância, e a forma pela qual foi introduzido no respeito às leis, incluindo aí a frequência e os tipos de castigos que recebeu nesta fase.

Segundo conta, sua mãe o incentivava ao estudo; todavia, infelizmente, não tinha a sua volta pessoas que pudessem traduzir o estudo como um meio que o levasse a pensar num trabalho que pudesse valorizar — não havia um horizonte profissional: "Eu estudava mesmo, gostava mesmo de estudar. Mas, nessa época, também não pensava 'vou ser isso ou aquilo'. Estudava mesmo por obrigação".

O mundo, pela ótica de Ailton, comportava três tipos de homem: "Eram os que não fazem nada para ganhar dinheiro — nem pra roubar, nem pra assaltar e nem pra trabalhar! Tem o cara que trabalha, tem o cara que é bandido e tem o cara que é vagabundo". Parece que o trabalhador e o bandido ficam em pé de igualdade, ambos fazem "alguma coisa" para ganhar dinheiro.

Conforme afirmei em texto de 2002, o adolescente necessita de modelos de identificação, pois está constantemente buscando pessoas para se identificar, para aliviar seu drama edípico. Identifica-se com ídolos e líderes, numa tentativa de organizar seu eu um tanto fragilizado e confuso. Precisa deslocar para figuras substitutas seus amores e ódios, preservando assim os amores parentais. A esta necessidade de modelos identificatórios alia-se a busca de desafios, de correr riscos — a pura adrenalina! No entanto, quando suas condições psicológicas são precárias, quando o seu contexto familiar é conturbado, tanto a escolha de modelos quanto a noção dos riscos que corre são severamente distorcidas.

Procura daqui, procura dali, chegou um momento em que eu já nem tinha o dinheiro da passagem pra sair da Cidade de Deus e ir procurar emprego fora. Eu desisti, a bem dizer, por causa disso. Mas, como eu não saía de dentro da Cidade de Deus, o tempo foi passando, eu não tinha mais dinheiro no bolso, e já via aqueles caras que chegavam cheios de ouro, a galera do Cabeleira, do Marreco, Jorge Nefácil. Os caras apareciam na favela cheios de ouro e grana.

Fica evidente que as pessoas do seu entorno a serem admiradas e "copiadas" não eram os trabalhadores sem dinheiro e sem projeção, eram os bandidos, a "galera do Cabeleira". Como no morro de São Carlos, admirava os famosos bandidos da época: Neném Russo, Mineirinho, Cara de Cavalo, Micuçu, entre os de maior destaque na crônica policial. Em outra linguagem: os seus "modelos de identificação", os homens de sucesso, do dinheiro, eram os assaltantes. Afora que, nessas comunidades, há uma glamourização do risco, o andar armado gerando fantasias eróticas no mundo feminino mais alienado. Como disse Ailton: "Mulher gosta de homem de cintura grossa!", ou seja, "andar armado produz tesão". Há um encantamento pelo poder de vida e morte que têm esses homens fora da lei. Contudo, o preço a pagar por esse modo de vida não se limita à possibilidade de morte ou encarceramento: o adolescente paga com sua saúde psíquica. Ele se perturba nesse contexto altamente perverso em que a lei, que não pode ser plenamente internalizada, é substituída por uma lei de fancaria — os acordos sociais não são respeitados.

Da mesma forma, a proposta capitalista por *status* e consumo é insistentemente veiculada; o bombardeio dos meios de comunicação em direção a um consumo desenfreado, a um modo de vida como na televisão, faz com que valores éticos fundamentais sejam descartados em detrimento de valores imediatistas de prazer e consumo. Cria-se, pela televisão, pelas revistas e pelos jornais, uma cultura que preconiza e valoriza o sucesso, uma cultura em que os exibicionismos e as performances são moeda corrente — o indivíduo precisa ser um vencedor, precisa ter poder. E para ser o vencedor será necessário, muitas vezes, e isso pouco importa, utilizar-se de meios eticamente discutíveis para alcançar o máximo de visibilidade social — um pacto social perverso.

Fica evidente que a vida no tráfico, apesar de extremamente perigosa, tem seus atrativos, pois traz para o jovem aquilo que a sociedade diz ser o elixir da felicidade — "poder". Poder conseguido por meio do dinheiro, das armas, e por pertencer a um grupo forte que lhe oferece emoções e lhe dá a sensação de ser alguém. Possibilitará o reconhecimento social na comunidade, bem como fácil e rápido acesso ao mundo das mulheres.

2.3. O cumprimento da pena

Ailton foi condenado a uma pena de 56 anos por três crimes: dois homicídios e um constrangimento de testemunha. Recorreu e teve a sanção penal reduzida para 36 anos. Do total legal permitido de 30 anos, cumpriu 15 em regime fechado e o restante em liberdade condicional.

O pacto social, na concepção da psicanálise, é o resultado da luta entre as pulsões de vida (Eros) e as pulsões de morte (Tânatos). O acordo que resulta em interdições, direitos e deveres é o que permitirá a convivência humana. Quando rompido, é o mesmo grupo que, mediante suas instituições, determinará as sanções a serem aplicadas. A lei existe não para submeter, desqualificar, mas para, em nome de Eros, permitir a convivência social.

A punição tem como finalidade levar o autor de uma transgressão a refletir sobre seu ato, assumi-lo como um ato de desobediência aos acordos firmados. Para que isso ocorra, é necessário que o punido possa dizer alguma coisa sobre sua implicação no acontecimento delitivo. Esse assentimento subjetivo, desde que ocorra, é que permitirá alguma transformação psíquica, ou seja, por meio da punição "devida", da expiação do seu crime, é que ele poderá retomar seu lugar no grupo — passando então a acatar as leis preconizadas por sua comunidade. Claro está que, uma implicação parcial, ou uma não aceitação do seu crime, poderá levá-lo a reincidir, mantendo-se na senda da transgressão.

O processo criminal examina o fato à luz do direito: não considera, no cumprimento da pena, aquilo que o detento pode dizer, ou não, sobre as motivações de sua atividade delitiva. Tarefa um tanto utópica, pois não há no sistema penitenciário psicanalistas preparados para levantar com os presos as motivações inconscientes de seus crimes, nem examinar e discutir o processo da construção daquela atividade marginal, visando à sua reintegração social. Podemos assinalar que a simples punição, no caso de Ailton, de início, não funcionou como um inibidor de suas atividades delitivas. Contrariamente, serviu como um incentivo ao confronto com os representantes da lei.

> Quando menor, eu fui preso várias vezes, e ia parar no Padre Severino por causa do detetive Touro, da Polícia Civil. [...] Era uma época em que, menor ou maior, tinha que ficar preso todo mundo junto. Quando eu era menor, o detetive Touro me torturou muito no pau de arara, naquela delegacia. Em três oportunidades ele me prendeu e me pendurou no pau de arara.

Essa imposição da lei pela via do terror, ou seja, a punição sádica, nada ajuda o preso a refletir sobre seu ato, não favorece a assunção da culpa, nem serve para um projeto de auto e heterorreparação. Um ato delitivo deve, dentro de um contexto de discussão sobre ele, produzir uma culpa geradora de uma "depressão produtiva" que visa à recuperação do faltoso. No caso de Ailton, como se pode depreender, a violência foi expandida.

> Nessa segunda vez que eu fui preso, estava lá o cara que me levou o dinheiro do revólver, dentro da cela. Ele estava com o osso da canela quase do lado de fora, sem poder andar, esticado no chão, sem socorro médico, porque o Touro prendeu ele, pegou um aro de carro e estourou na canela dele. O Touro, qualquer delito, podia ser leve, ele torturava, machucava mesmo. Eu até tirei proveito e me vinguei da volta que ele havia me dado.

> Ele era grande pra caramba, mas eu pisei na perna dele, pois ele não podia brigar comigo e nem me bater. Eu fiz isso quase na hora de sair, antes de ser transferido, porque eu era menor.

Nos 15 anos em que esteve preso, Ailton passou por várias situações de alto risco. Como podemos ver na entrevista sobre a prisão, a vida em um presídio, e mesmo numa penitenciária, envolve uma série de riscos que em nada contribuem para a recuperação do interno. Ao contrário, na maioria dos casos, ela perverte ainda mais o já comprometido mundo psíquico do apenado. Não fica muito claro o que ocorreu no cumprimento da pena, que levou Ailton a se afastar do mundo do crime.

3. Conclusão

Ailton, apesar da sua pouca cultura, tem uma inteligência acurada para a percepção dos "processos identificatórios", bem como para os aspectos sociológicos da comunidade em que estava inserido. Pela relevância de sua percepção e da proposta de "solução", transcrevo:

> Acho que ninguém nasce pra ser bandido, ninguém... Porque, se for ver, o cara pode ser o maior bandidão, e, no passado, na família dele, o pai não foi, a mãe não foi, ninguém da família foi bandido. Meu pai e minha mãe têm problemas do coração, minha irmã também tem — são hipertensos. Se o cara tiver o pai ou a mãe bandidos, o cara está herdando aquilo? Eu não acho que a pessoa nasce pra ser bandido. De repente é a necessidade, é onde ele vive, onde ele cresceu, onde ele viveu. As crianças estão crescendo, estão com oito, nove anos, e a boca de fumo é ali. Estão indo e vindo da escola, e estão olhando pra boca. Estão vendo os caras fumando, cheirando, portando pistola, fuzil, vendo toda hora os caras contando um monte de dinheiro, um monte de mulher... Quando chega da escola e troca de roupa, vai pra rua brincar e continua vendo aquilo tudo. Daqui a pouco, ele já está com 11, 12 anos, aí, já começa a ter necessidades, quer uma

roupa, quer um tênis, e a mãe não tem condições de dar; aí, já começa a falar: "Quando eu crescer, vou ser igual a fulano". Dali a pouco, abandona a escola, se encosta na boca, começa ficando na esquina de vigia, fogueteiro, até chegar a portar uma arma. Então, se o governo investisse, ele ia ganhar alguma coisa, ia estudar. Se tivesse pelo menos um salário pra aprendiz de alguma coisa, ele não ia ter tempo pra estar ali o dia todo olhando pra aquela bandidagem. Ia ter o dinheiro dele, e isso enfraqueceria o tráfico. No decorrer dos anos, ia faltar soldado, porque soldado é igual a ventania: mata um, vem outro. Mas se travar aqueles que estão embaixo, eles não vão chegar lá. Esses que já estão, vão morrer ou vão pra cadeia; daí, vai enfraquecer a boca e, no decorrer dos anos, vai faltar soldado pro tráfico. O que acontecia antes, e acontece até hoje, é a fartura que se vê em boca de fumo. A molecada fica olhando aquilo e, se não tiver o que fazer, já mistura com outros, começa a comentar... Daqui a pouco, alguém pede um favor pra boca, e aí já está se infiltrando. Era o caso do meu filho. Ele estava estudando, treinando em um clube. Abandonou o treino, ficou com um tempo livre. A minha mãe já não pôde mais controlar. Ficou solto, se misturando. O jovem, na Cidade de Deus, se estudar de manhã, não vai ter tempo para ficar na rua vendo aquilo e se influenciar. Não aceita papo, não adianta conselho. É o caso também de quando eu era moleque e comecei a me envolver com esses bagulhos. Meu pai e minha mãe também falaram muito. Eu prometia que ia sair fora, e nunca saía. Passava pela minha cabeça que eu estava sempre querendo muito, querendo arrumar muita fartura.

Ao iniciar as entrevistas para a confecção deste livro, Ailton já havia deixado a prisão: estava trabalhando na assistência social da prefeitura do Rio e mantinha-se afastado do mundo do tráfico de drogas, apesar de ter recebido algumas ofertas para assumir sua antiga atividade. Ao que parece, não só o cumprimento da pena o auxiliou nessa retificação subjetiva, a sua "inscrição na história" também o fez: relatada de forma disfarçada no filme *Cidade de Deus*, o colocou numa posição de destaque dentro do universo do crime. Muitos sabem que o personagem Sandro Cenoura é o Ailton Batata da Cidade de Deus. Dentro da sua concepção, "ele é alguém conhecido", ou, como afirmei, inscrito na história da Cidade de Deus. Sem dinheiro, mas com fama. Havia se tornado um personagem da crônica do tráfico de drogas e, agora, podia apresentar a própria biografia, com alguma crítica sobre seu percurso no crime. A liberdade condicional, o trabalho conseguido na prefeitura e o convite da professora Alba para as primeiras participações com os doutorandos do Nupevi/Uerj deram início a uma experiência catártica que o levou, inconscientemente, à procura de uma ressignificação de sua vida.

Freud (1974c) chamou atenção sobre a importância do "falar", do "dizer a um outro" o que se pensa, o que lhe provoca mal-estar. Não há saída para o problema psíquico fora do discurso — o homem está condenado ao dizer, ao falar, tem que se dirigir a um outro, na busca incessante de sentido, de explicação para os acontecimentos de sua vida, principalmente os de seu mundo interno. E é por meio desse encontro com o outro que ele pode diminuir a sua angústia existencial. O grande filósofo francês Althusser (1992), na sua obra, nos fala de quanto o seu impronunciamento o impediu de falar, de "contar seu crime", visto que não foi a julgamento. Após matar a mulher, ele precisava falar sobre seu crime, procurar um sentido para seu ato. O não falar aumentava extraordinariamente sua angústia.

Ailton, ao procurar a professora Alba, ao produzir este encontro qualificado, dá início ao "caminho da palavra": é para ela que, inicialmente, começará a falar de sua vida e de seus crimes, no espaço protegido da universidade. Fica claro que ele precisava falar, possivelmente com a racionalização[62] de esclarecer a questão Ailton Batata/Sandro Cenoura. Entretanto, a outra intenção, e da qual conscientemente não se dava conta, era a de diminuir o seu mal-estar psíquico.

Com o projeto do livro, Ailton discorreu, com mais detalhes, sobre a sua vida para uma antropóloga e um psicanalista: uma vida que produziu um encarceramento de 15 anos, ou seja, uma história de desqualificação que é transformada, pela introdução de dois representantes da ciência,

---

62. Mecanismo de defesa do eu.

em objeto de estudo, visando às causas e às consequências, não só psíquicas como sociais, de tal percurso. Nós, os "ouvintes", não externávamos nenhum juízo de valor sobre suas atividades, diferentemente do que ocorrera na maior parte da sua vida. Nós tínhamos a curiosidade dos pesquisadores acadêmicos. Penso que este falar para a ciência, e após os muitos anos de reclusão, o fez mudar sua posição subjetiva. Passa a ser um homem valorizado ao contribuir para a ciência. De bandido passa a caso para estudo, ampliando a sua importância no cenário não só da crônica do tráfico de drogas, como da psicossociologia, à medida que oferece à sociedade o exemplo de superação da ideologia de que "os fins justificam os meios". Pode fazer uma passagem qualificada, do valor do dinheiro para o valor do discurso, ou seja, de fora do crime, ele pode dizer alguma coisa, com propriedade, sobre esse mundo da transgressão.

Ailton pode fazer alguma coisa diferente, não valer apenas por sua liderança no tráfico. Este fazer alguma coisa, nos dias de hoje, deve ser entendido da seguinte forma: ao contar a sua história, ele auxilia os estudiosos das matérias do direito, da sociologia e da psicanálise a levantar hipóteses que contribuam para a compreensão do enredamento do homem na atividade transgressiva. Apesar de sabermos que ela é inerente ao ser humano, devemos examinar caso a caso, visto que a transgressão é antes de tudo uma questão de grau, de quanto, inconscientemente, ele tenta manter sua liberdade, não se submetendo aos acordos sociais.

Ao examinar a história de Ailton, percebe-se que não se pode conceber o estudo de nenhum ser humano sem se considerar que o mundo do sujeito é sempre biopsicossocial. A divisão entre biológico, psíquico e social é puramente acadêmica e equivocada, pois tanto o biológico quanto o psíquico e o social estão em oposição inclusiva.

Entretanto, para a manutenção da espécie, o homem tem que viver agrupado. Aí entra a lei, um organizador que atua sobre o psíquico com a força do que foi combinado entre os membros da grei, ou seja, o homem, para viver em grupo, tem que obedecer às regras estabelecidas pelos membros da sociedade a qual pertence — regular seus desejos eróticos e tanáticos. O descumprimento dos acordos o leva a ser apenado, excluído do grupo social e isolado, para que possa, após o "arrependimento", ser novamente aceito por seus pares. Isto implica uma mudança no seu mundo psíquico e, caso esta não ocorra, é comum a reincidência, sendo então novamente excluído da vida civil. Na vida há uma tríade: eu, o outro e a lei.

Referências bibliográficas

ALTHUSSER, Louis. *O futuro dura muito tempo*. São Paulo: Companhia das Letras, 1992.

AMBERTÍN, Marta. *Culpa, responsabilidad y castigo en el discurso jurídico y psicoanalítico*. Buenos Aires: Letra Viva, 2006. V. 1.

FREITAS, Luiz Alberto. *Adolescência, família e drogas — a função paterna e a questão dos limites*. Rio de Janeiro: Mauad, 2002.

FREUD, Sigmund. O mal-estar na civilização. In: _____. *Edição standard brasileira das obras psicológicas completas*. Rio de Janeiro: Imago, 1974a [1930]. 24v.; v. 21, p. 133.

_____. Psicologia de grupo e análise do ego. In: _____. *Edição standard brasileira das obras psicológicas completas*. Rio de Janeiro: Imago, 1974b[1921]. 24v.; v. 18.

_____. Estudos sobre a histeria. In: _____. *Edição standard brasileira das obras psicológicas completas*. Rio de Janeiro: Imago, 1974c[1893-1895]. 24v.; v. 2.

ZALUAR, Alba. *Condomínio do diabo*. Rio de Janeiro: Ed. UFRJ/Revan, 1994.

Este livro foi impresso nas oficinas gráficas da Editora Vozes Ltda.,
Rua Frei Luís, 100 – Petrópolis, RJ.